城市轨道交通及地下工程建设人员培训教材

城市轨道交通地铁土建工程总承包管理指南

杨庭友 主编

中国建筑工业出版社

图书在版编目（CIP）数据

城市轨道交通地铁土建工程总承包管理指南/杨庭友主编. —北京：中国建筑工业出版社，2019.9
城市轨道交通及地下工程建设人员培训教材
ISBN 978-7-112-24075-3

Ⅰ.①城… Ⅱ.①杨… Ⅲ.①地下铁道-工程施工-承包经营-技术培训-教材 Ⅳ.①U231

中国版本图书馆 CIP 数据核字（2019）第 162485 号

本书为城市轨道交通及地下工程建设人员培训教材，全书图表丰富、内容容易理解，共包括4篇：第一篇 概述、第二篇 总承包管理组织机构建设、第三篇 总承包管理体系建设、第四篇 总承包管理思考。期望在行业发展中起抛砖引玉作用，实现设计、采购、施工等各阶段工作的深度融合和资源高效配置，使工程建设项目利益和价值最大化。

本书可为我国城市轨道交通地铁土建工程总承包管理人员、技术人员、作业人员提供参考和借鉴，也可作为院校师生的参考资料。

责任编辑：司 汉 李 阳
责任校对：芦欣甜 李欣慰

城市轨道交通及地下工程建设人员培训教材
城市轨道交通地铁土建工程总承包管理指南
杨庭友 主编

*

中国建筑工业出版社出版、发行（北京海淀三里河路9号）
各地新华书店、建筑书店经销
霸州市顺浩图文科技发展有限公司制版
天津翔远印刷有限公司印刷

*

开本：787×1092毫米 1/16 印张：12¾ 字数：318千字
2019年11月第一版 2019年11月第一次印刷
定价：**38.00**元
ISBN 978-7-112-24075-3
（34572）

版权所有 翻印必究
如有印装质量问题，可寄本社退换
（邮政编码100037）

本书编委会

主　任：杨庭友

副主任：程景栋　余仁国

委　员：段军朝　赵阶勇　董天鸿　谢　成　方道伟　彭忠国
　　　　王玉恒

主　编：杨庭友

副主编：程景栋　余仁国　段军朝

参　编（按姓氏笔画为序）：

王　珊	王正东	王金胜	王秋添	文　俊	石新超
布占江	龙　宇	叶　韵	叶鹏炜	冉　炼	朱克锐
任　飞	刘锡良	祁圣洲	孙　钊	李　宁	李　光
李　柯	李　亮	李雨青	李家顺	杨　春	何　波
何凯罡	邹华顶	张　伟	张　能	张来飞	陈　林
陈　浩	柳楚卫	徐　智	郭程鹏	唐能权	梅华国
曹　鹏	彭祖梁	童文祥	谢朝兴	甄世荣	谭　迪

前　言

随着我国改革开放不断深入，尤其是近年来城市化进程不断加快，城市轨道交通建设作为我国建筑业的重要组成部分也进入了新的发展阶段。当前，城市轨道交通工程的建设与管理在快速扩张中面临新的难题，因此，加快推行工程总承包模式正成为交通行业建设发展的重点任务之一。

城市轨道交通建设是国民经济支柱产业的重要组成部分，改革开放 40 年来取得了辉煌的发展，以城市地铁为例，截至 2018 年底，我国地铁运营里程已逾 5000km，占全球约 35%。然而，城市轨道交通建设仍存在着行业发展方式粗放、监管体制机制不健全、工程建设组织方式落后等诸多问题。解决这些问题的关键在于改进与完善工程建设传统组织模式，推行工程总承包模式，目的是打破项目被人为分割及碎片化的弊端，使责任层次更明晰、责权利更统一，从而培育出高水平、高质量的总承包企业及与其配套的专业企业，以提升企业核心竞争力。

党中央国务院先后于 2016 年和 2017 年发布专门文件——《中共中央国务院关于进一步加强城市规划建设管理工作的若干意见》和《国务院办公厅关于促进建筑业持续健康发展的意见》，文件中明确指出"深化建设项目组织实施方式改革，推广工程总承包制，加强建筑市场监管，严厉查处转包和违法分包等行为，推进建筑市场诚信体系建设"、"加快推行工程总承包"和"加快推行工程总承包的各项具体要求"等相关要求。可见，推行工程总承包管理不仅是城市轨道交通行业发展的未来趋势，更是国家对相关企业发展提出的更高的新要求。

中建三局集团有限公司作为中国建筑的优秀排头兵，积极响应党中央国务院的号召，致力于打造世界一流企业，依托中建三局集团有限公司承接的首条地铁全线工程（成都轨道交通地铁 11 号线一期工程），推行实施总承包管理模式。在不断摸索地铁工程技术、经济、组织、管理、协调等资源的高效集成配置过程中，编制完成《城市轨道交通地铁土建工程总承包管理指南》。本书主要包含总承包管理组织机构建设、总承包管理体系建设和总承包管理思考，期望在行业发展中起抛砖引玉作用，实现设计、采购、施工等各阶段工作的深度融合和资源高效配置，使工程建设项目利益和价值最大化。

本书在编写过程中，得到了四川大学符文熹教授、叶飞博士等专家、学者的大力支持与帮助，在此一并表示诚挚的感谢！

由于编者水平有限，在编写过程中难免有不妥和疏漏之处，敬请广大读者批评、指正。

目 录

第一篇 概述 ··· 1
1 总承包管理简介 ··· 2
1.1 工程项目承包模式 ··· 2
1.2 总承包管理的基本内容 ··· 3
2 地铁工程简介 ··· 3
3 成都轨道交通11号线项目简介 ··· 5
3.1 工程概况 ··· 5
3.2 承包模式 ·· 10

第二篇 总承包管理组织机构建设 ··· 11
4 组织机构建立 ·· 12
5 部门管理职责 ·· 14
5.1 综合办公室管理职责 ·· 14
5.2 安全生产监督管理部管理职责 ·· 15
5.3 质量管理部管理职责 ·· 15
5.4 征拆工作部管理职责 ·· 16
5.5 工程管理部管理职责 ·· 16
5.6 技术部管理职责 ·· 17
5.7 机电管理部管理职责 ·· 17
5.8 商务合约部管理职责 ·· 18
5.9 财务资金部管理职责 ·· 18
6 管理制度建设 ·· 19
6.1 设计管理类制度 ·· 19
6.2 技术管理类制度 ·· 19
6.3 征拆管理类制度 ·· 20
6.4 生产管理类制度 ·· 20
6.5 质量管理类制度 ·· 21
6.6 安全管理类制度 ·· 21
6.7 财务管理类制度 ·· 22
6.8 商务合约管理类制度 ·· 22
6.9 综合事务管理类制度 ·· 23

第三篇 总承包管理体系建设 ··· 24
7 投融资管理 ·· 25
7.1 融资管理原则 ·· 25

- 7.2 融资管理组织体系 25
- 7.3 融资管理流程 26
- 7.4 监督与检查 27

8 设计管理 27
- 8.1 相关单位职责分配表 27
- 8.2 设计供图管理 28
- 8.3 设计优化及设计交底 29
- 8.4 设计图纸及文件管理 30
- 8.5 对于站后工程设计管理的把控 30

9 征拆管理 31
- 9.1 迁改协调管理体系与制度 31
- 9.2 征地拆迁管理 33
- 9.3 交通疏解管理 34
- 9.4 管线迁改管理 36
- 9.5 管线保护管理 36

10 技术管理 38
- 10.1 施工组织设计、方案管理 38
- 10.2 施工测量、监测管理 41
- 10.3 试验检测管理 51
- 10.4 科技创新成果管理 55
- 10.5 技术标准管理 58
- 10.6 工程资料管理 59

11 隧道施工管理 61
- 11.1 盾构隧道施工管理 61
- 11.2 暗挖隧道施工管理 84

12 工期与计划管理 91
- 12.1 相关单位管理职责分配表 91
- 12.2 总体工程筹划管理 92
- 12.3 生产计划管理 94

13 生产履约管理 95
- 13.1 生产管理概述 95
- 13.2 生产管理 97
- 13.3 进度控制 115

14 安全管理 119
- 14.1 运行控制 119
- 14.2 重特大危险源管理 124
- 14.3 关键环节的安全管理 127
- 14.4 安全信息化管理 136

15 质量管理 138

15.1	质量的方针和目标	139
15.2	质量保证体系	139
15.3	质量管理职责	139
15.4	过程质量管控	140
15.5	常见质量通病防治	146
15.6	样板管理	147
15.7	验收管理	150
15.8	质量创优管理	152
15.9	质量投诉与事故处理	153
15.10	考核与奖罚	153

16 环境管理 154
16.1 环境管理概述 154
16.2 环境管理体系建设 154
16.3 环境管理重难点 155

17 土建工程移交管理 156
17.1 移交的内容 156
17.2 移交工作的组织 156
17.3 场地移交原则 157
17.4 车站移交标准 157
17.5 铺轨基地（含轨排井）、轨行区移交标准 158
17.6 移交流程 159
17.7 移交奖罚 160
17.8 移交后场地管理界面划分 160

18 商务合约管理 160
18.1 概算管理 161
18.2 招标采购及分包商管理 162
18.3 分包商管理 164
18.4 计量及分包结算管理 166
18.5 变更及签证索赔管理 168
18.6 风险管控 170

19 财务管理 172
19.1 费用预算及管理 172
19.2 财务资金管理 173
19.3 税务管理 173
19.4 后勤设备资产及办公用品管理 175

20 综合事务管理 177
20.1 党建管理 177
20.2 行政管理 178
20.3 群团工作 180

20.4　新闻宣传管理……………………………………………………… 181
　20.5　监督管理…………………………………………………………… 182
　20.6　维稳与风险管理…………………………………………………… 185
第四篇　总承包管理思考………………………………………………… 190
　21　对组织机构设置的思考……………………………………………… 191
　22　对生产资源管理的思考……………………………………………… 193
　23　对施工标段划分的思考……………………………………………… 194
　24　对商务统筹管理的思考……………………………………………… 195
参考文献……………………………………………………………………… 196

第一篇 概 述

成都轨道交通11号线一期工程总投资额约165亿元，线路全长23.37km，全地下敷设，设站18座（其中福州路站不在承包范围内）、18区间、1出入场线，另设回龙停车场1座，从终点站兰家沟站接轨，在昌公堰站附近设主变电所1座，工程体量及复杂程度可谓空前。该项目同时具有前期协调难度大、施工工法复杂、安全生产风险高、施工界面划分多、信息化要求高等诸多难点。

该工程是中建三局集团有限公司（后文简称：中建三局）承接的首条完整全线路地铁工程，可供参考的类似工程案例较少。经过近三年对地铁线路工程管理的积极探索与实践，中建三局在地铁项目总承包管理方面取得了一些经验，同时也对不足之处进行了深入思考，并提出了一些积极的建议，总结形成了本书，主要以成都轨道交通11号线一期工程土建工程施工阶段的总承包管理思路和方式方法为主开展论述，可供类似工程管理借鉴和参考。

1 总承包管理简介

1.1 工程项目承包模式

在工程建设领域,项目承包模式主要包含以下几种:

1. 设计-招标-建造(DBB)模式

DBB模式在国际上通用,主要强调工程项目的实施必须按照设计-招标-建造的顺序方式进行,只有一个阶段结束后才能开始另一个阶段,我国在建设鲁布革水电站工程时采用的就是这种模式。该模式通用性强,而且可自由选择咨询、设计、监理方,有利于合同管理、风险管理和减少投资。但是工程项目要经过规划、设计、施工三个环节之后才能移交给业主,项目周期长,业主管理费用高,前期投入大,变更时容易引起较多索赔。

2. 设计-建造模式(DB)模式

DB模式是指当项目原则确定后,业主只选定唯一的实体负责项目的设计与施工,设计-建造承包商不但对设计阶段的成本负责,而且可用竞争性招标的方式选择分包商或使用本公司的专业人员自行完成工程,包括设计和施工等。

3. 建造-运营-移交(BOT)模式

BOT模式是一种将政府基础设施建设项目依靠社会资本的一种融资、建造的项目管理方式。政府开放本国基础设施建设和运营市场,授权项目公司负责筹资和组织建设,建成后负责运营及偿还贷款,协议期满后,再无偿移交给政府。

4. 建造-移交(BT)模式

BT模式是BOT模式的一种变换形式,指一个项目的运作通过项目公司总承包、融资、建设验收合格后移交给业主,业主向投资方支付项目总投资加上合理回报的过程。

5. 设计-采购-建造(EPC)模式

EPC模式,又称之为"工程总承包"模式。在EPC模式中,业主只需大致说明投资意图与要求,其余工作均由EPC承包单位来完成。业主不聘请监理工程师来管理工程,而由自己或委派业主代表来管理工程,承包商承担设计风险、自然力风险、不可预见的困难等大部分风险。该模式一般采用总价合同。

6. 建设-管理(CM)模式

CM模式是指从开始阶段就雇用具有施工经验的CM单位参与到建设工程实施过程中来,以便为设计人员提供施工方面的建议且随后负责管理施工过程。该模式由业主、CM单位和设计单位组成一个联合小组,共同负责组织和管理工程的规划、设计和施工,CM单位负责工程的监督、协调及管理工作,在施工阶段定期与承包商会晤,对成本、质量和进度进行监督,并预测和监控成本和进度的变化。CM模式的最大优点是可以缩短工程从规划、设计到竣工的周期,节约建设投资,减少投资风险,可以比较早地取得收益。

7. PPP模式

PPP模式是指政府与私人组织之间,为了提供某种公共物品和服务,以特许权协议为基础,彼此之间形成一种伙伴式的合作关系,并通过签署合同来明确双方的权利和义务,以确保合作的顺利完成,最终使合作各方达到比预期单独行动更为有利的结果。

在当今的城市轨道交通工程领域,工程项目常以单条线路为单位,采用投融资+施工总承包模式+回报模式或PPP模式进行整体发包,凡是采用这两种模式,总承包单位均需要履行项目建设期的总承包管理职责。

1.2 总承包管理的基本内容

总承包管理的内容会因合同的不同而有所差异,但基本的管理目标和任务类似。总承包管理单位应树立为业主和项目建设服务的观念,作为项目建设重要参与方,不仅要服务于自身利益,也必须服务于项目的整体利益,在从事管理活动中应协调好自身利益和项目整体利益之间的对立统一关系。

1. 总承包管理的目标

一般应包括以下内容:(1) 安全管理目标;(2) 进度管理目标;(3) 质量管理目标;(4) 合同管理目标;(5) 环境管理目标;(6) 成本管理目标;(7) 生产要素管理目标。

2. 总承包管理的任务

一般应包括以下内容:(1) 投融资管理;(2) 设计管理;(3) 征拆协调管理;(4) 技术管理;(5) 工期与计划管理;(6) 安全管理;(7) 质量管理;(8) 环境管理;(9) 土建移交管理;(10) 商务合约管理;(11) 财务管理;(12) 综合事务管理。

2 地铁工程简介

城市轨道交通是指在城市中修建快速、大运量、大众化、用电力牵引、线路全封闭的轨道交通工程。目前,城市轨道交通的主要形式有地下铁路和高架轻轨,如图2-1所示。

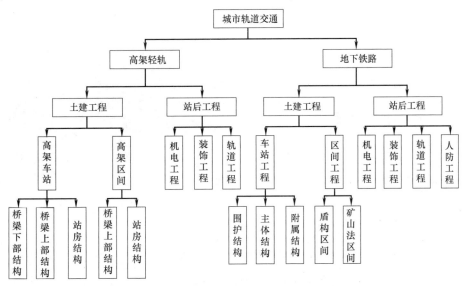

图 2-1 城市轨道交通主要组成示意图

地铁土建工程是城市轨道交通地铁工程的实体组成部分，主要包括车站工程、区间工程和停车场及车辆段工程三部分。

地铁车站是城市轨道交通路网中重要的建筑物之一，是供旅客乘降、换乘和候车的场所，通常由车站主体（站台、站厅、设备用房、生活用房）、出入口及通道、通风道及地面通风亭等三大部分组成。地铁车站又分为岛式车站和侧式车站两种，其中岛式车站为主流形式。地下车站结构多为矩形框架结构或拱形结构，其中使用最为广泛是地下两层、三层多跨框架结构。以地下两层框架结构车站为例，车站可分为站厅层、站台层两部分，如图 2-2 所示，结构由结构顶板、结构中板、结构底板、侧墙及结构柱组成。

地铁工程通常在城市中修建，其施工方法的选择会受到地面建筑物、道路、城市交通、环境保护、施工机具以及资金条件等诸多因素的影响。因此，施工方法不仅要从技术、经济、修建地区的具体条件考虑，而且还要考虑施工方法对城市生活、交通的影响。车站工程的主要施工方法是明挖法，其他施工方法还有盖挖法、暗挖法。

区间工程是地铁车站之间的连接部分。城市轨道交通区间主要可以分为地下区间、高架区间，其中地下区间按照施工方法可分为明挖法区间、矿山法区间、盾构区间。

1. 明挖法区间

在场地开阔、建筑物稀少、埋深浅、交通及环境允许的地区，应优先采用施工速度快、造价较低的明挖法施工。明挖法施工的地下铁道区间隧道结构通常采用矩形断面，与车站结构形式类似，一般为整体浇筑或装配式结构，其优点是其内轮廓与地下铁道建筑限界接近，净空可以得到充分利用，结构受力合理，顶板上便于敷设城市地下管网和设施。

2. 矿山法区间

在城市区域、交通要道及地上地下构筑物复杂、管线较多的地区，可以采用矿山法施工，其结构形式一般为拱形结构，基本断面形式有单拱、双拱和多跨连拱。城市轨道交通矿山法区间多采用喷锚暗挖法施工，按照衬砌结构形式，喷锚暗挖法又可以分为复合式衬砌、整体式衬砌。暗挖矿山法隧道二次衬砌施工如图 2-3 所示。

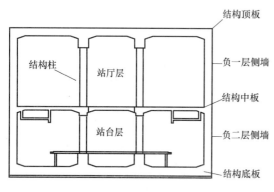

图 2-2 某岛式车站横断面示意图

图 2-3 暗挖矿山法隧道二次衬砌施工图

3. 盾构区间

在松软含水地层、地面构筑物不允许拆迁、施工条件困难的地段，采用盾构法施工隧道能显示其优越性：振动小、噪声低、施工速度快、安全可靠，对沿线居民生活、地下和地面构筑物及建筑物影响小。盾构法修建的区间隧道衬砌有预制装配式衬砌、模筑钢筋混凝土整体式衬砌与预制装配式衬砌相结合的双层衬砌以及挤压混凝土整体式衬砌三大类，成型盾构隧道如图 2-4 所示。

停车场、车辆段一般为地上两层结构：第一层为运用库，第二层为汽车库、住宅物业办公管理、设备用房等。上部预留物业开发接口，可开发商业住宅等结构。停车场、车辆段是车辆停放、检查、整备、运用和修理的管理中心所在地。若运行线路较长，为了有利于运营和分担车辆的检查清洗工作，可在线路的另一端设停车场，负责部分车辆的停放、运用、检查和整备工作。

图 2-4　盾构隧道成型图

停车场、车辆段的主要业务有：
(1) 列车在段内调车、停放、日常检查、一般故障处理和清洗。
(2) 车辆的技术检查、月修、定修、架修和临修试车等作业。
(3) 列车回段折返乘务司机换班。
(4) 设备和机具的维修及调车机车的日常维修工作。
(5) 紧急救援抢修队和设备。

3　成都轨道交通 11 号线项目简介

3.1　工程概况

成都轨道交通 11 号线一期工程位于成都市，跨越高新区、天府新区及双流区，主要沿中柏大道、新成仁路、夔州大道、福州路、正兴 42 路、迎宾大道敷设，呈北—南—西走向，如图 3-1 所示。

成都轨道交通 11 号线一期工程全长 23.37km（正线 21.97km+出入场线 1.4km），全地下敷设，设站 18 座（西部会展中心站不在承包合同范围内）、18 区间、1 出入场线，其中换乘站 9 座。另设回龙停车场 1 座，昌公堰站设主变电所 1 座。新通大道站～蒲草塘站、昌公堰站～松林站区间（共计 8 个区间，长度约 5.5km）为低瓦斯区段；蒲草塘站～昌公堰站区间（共计 5 个区间，长度约 4.7km）为高瓦斯区段；其余 5 个区间无瓦斯。

成都轨道交通 11 号线一期工程主要由土建工程和站后工程两部分组成，土建工程主要包括车站工程和区间工程，站后工程主要包括常规机电设备安装工程、装饰装修工程、站后系统工程等，本工程项目结构如图 3-2 所示。

由图 3-2 可以看出，成都轨道交通 11 号线一期工程的土建工程主要包括车站、区间、出入线段、停车场、既有线接口、人防工程等部分。成都轨道交通 11 号线一期工程包括

17 个车站，各站点的具体信息见表 3-1。

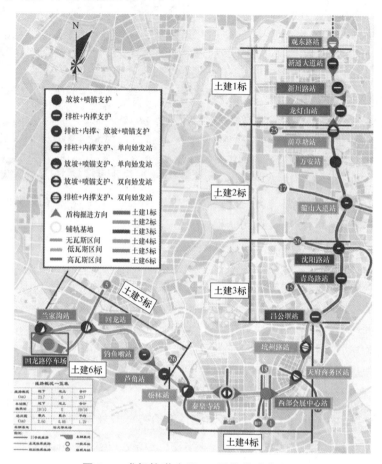

图 3-1 成都轨道交通 11 号线线路走向图

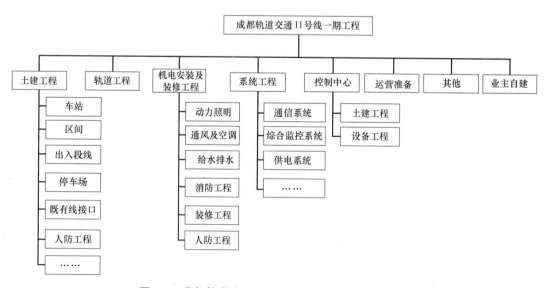

图 3-2 成都轨道交通 11 号线一期工程项目结构图

成都轨道交通 11 号线车站设计情况统计表   表 3-1

车站名称	车站形式	尺寸（长×宽，m）	基坑深度（m）	围护结构类型	土方量（万 m³）
新通大道站	地下二层岛式	240.2×21.1	19.48～22.67	围护桩＋内支撑	11.3
新川路站	地下二层岛式	262×21.1	17.43～17.96	围护桩＋内支撑	10.3
龙灯山站	地下二层岛式	218.8×22.5	17.67～23.68	围护桩＋内支撑	9.6
蒲草塘站	地下二层岛式	339.14×22.1	18～25.2	围护桩＋内支撑	15.92
万安站	地下二层岛式	186×21.1	11.5～27	放坡开挖	27.8
麓山大道站	地下二层岛式	260.9×22.5	18.7～28.26	围护桩＋内支撑	18.1
沈阳路站	地下二层岛式	610.6×21.1	14.66～22.03	放坡开挖	41.76
青岛路站	地下二层岛式	266×21.1	16.46～17.44	围护桩＋内支撑	12.74
昌公堰站	地下二层岛式	240.2×21.1	17.1～26.2	围护桩＋内支撑	18.36
杭州路站	地下二层岛式	338.3×21.1	17.03～22.53	围护桩＋内支撑	19.43
天府商务区	地下二层岛式	235.2×23.3	25.66	围护桩＋内支撑	20.61
秦皇寺站	地下二层岛式	262×21.1	17.03～22.54	放坡开挖	28.66
松林站	地下三层岛式	626.5×21.1	9.68～26	围护桩＋内支撑，放坡开挖	55.06
芦角站	地下二层岛式	255.5×21.1	13.5～17.1	放坡开挖	19.34
钓鱼嘴站	地下二层岛式	340.4×21.1	16.9～24.1	围护桩＋内支撑，放坡开挖	39.38
回龙站	地下三层岛式	219×22.5	26.5～27.51	围护桩＋内支撑	17.13
兰家沟站	地下二层岛式	511.6×21.1	15.1～18.5	放坡开挖	34.73
回龙停车场	框架结构	面积13.4 万 m²	/	/	171.33

成都轨道交通 11 号线一期工程区间施工包括 18 个正线区间及停车场出入场线，其中观东站～蒲草塘站、昌公堰站～兰家沟站区间采用盾构法施工；蒲草塘站～昌公堰站、芦角站～钓鱼嘴站、西博城站～秦皇寺站局部区间以及停车场出入场线采用明挖法＋矿山法施工。具体设计详情如下：

1. 盾构区间

观东站（不含）～蒲草塘站区间、昌公堰站～芦角站区间，钓鱼嘴站～兰家沟站区间为盾构法施工区间，具体情况见表 3-2。

盾构区间设计概况   表 3-2

区间名称	区间长度(m)	结构形式	施工方法	备注
观东站～新通大道站	705	单洞单线圆形隧道	盾构法	无瓦斯
新通大道站～新川路站	469	单洞单线圆形隧道	盾构法	低瓦斯区段
新川路站～龙灯山站	574	单洞单线圆形隧道	盾构法	低瓦斯区段
龙灯山站～蒲草塘站	700	单洞单线圆形隧道	盾构法	低瓦斯区段
昌公堰站～杭州路站	846	单洞单线圆形隧道	盾构法	低瓦斯区段
杭州路站～天府商务区站	849	单洞单线圆形隧道	盾构法	低瓦斯区段

续表

区间名称	区间长度(m)	结构形式	施工方法	备注
天府商务区站～西博城站	979	单洞单线圆形隧道	盾构法	低瓦斯区段
西博城站～秦皇寺站	20.5	单洞单线隧道	矿山法	低瓦斯区段
	22.4	中间风井	明挖法	
	1009	单洞单线圆形隧道	盾构法	低瓦斯区段
秦皇寺站～松林站	1218	单洞单线圆形隧道	盾构法	低瓦斯区段
松林站～芦角站	368	单洞单线圆形隧道	盾构法	/
钓鱼嘴站～回龙站	1923	单洞单线圆形隧道	盾构法	下穿府河
回龙站～兰家沟站车站	1426	单洞单线圆形隧道	盾构法	下穿5号线

成都轨道交通11号线一期工程盾构区间设计外径为6000mm，内径5400mm，采用环宽1500mm/1200mm、厚度300mm的管片拼装而成。盾构隧道断面设计如图3-3所示。

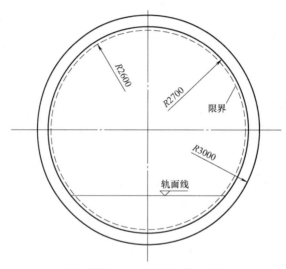

图3-3 盾构隧道典型设计断面图（单位：mm）

2. 矿山法＋明挖法区间

蒲草塘站～昌公堰站段为矿山法及明挖法施工区间，具体情况见表3-3。

矿山法及明挖法区间设计概况　　　　表3-3

区间名称	区间长度(m)	结构形式	施工方法	备注
蒲草塘站～万安站	355	单洞单线	矿山法	高瓦斯区段
	87	/	明挖法	
万安站～麓山大道站	278	单洞单线/单洞双线	矿山法	
	420	/	明挖法	
	230	单洞单线/单洞双线	矿山法	
	146	/	明挖法	
麓山大道站～沈阳路站	489	单洞单线/单洞双线	矿山法	
	1074	/	明挖法	

续表

区间名称	区间长度(m)	结构形式	施工方法	备注
麓山大道站~沈阳路站	26	单洞单线/单洞双线	矿山法	
沈阳路站~青岛路站	377	单洞单线	矿山法	高瓦斯区段
青岛路站~昌公堰站	1176	/	明挖法	
芦角站~钓鱼嘴站	472	单洞单线隧道	矿山法	非瓦斯区段
出入场线	1448	单洞双线隧道	矿山法	区段

矿山法区间单洞单线开挖断面尺寸为 6960mm×7336mm,设计断面如图 3-4 所示;单洞双线开挖断面尺寸为 12941mm×10110mm,设计断面如图 3-5 所示。上述两种方法均采用台阶法施工。明挖区间采用单层矩形结构,设计断面如图 3-6 所示。

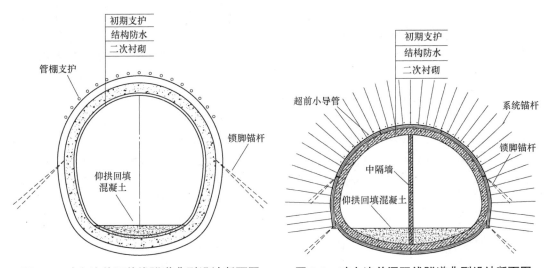

图 3-4 矿山法单洞单线隧道典型设计断面图　　图 3-5 矿山法单洞双线隧道典型设计断面图

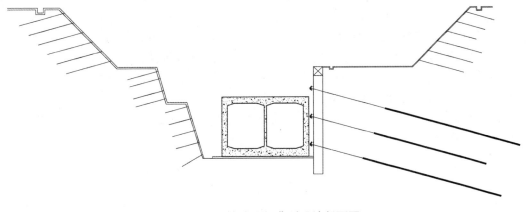

图 3-6 明挖法区间典型设计断面图

成都轨道交通 11 号线一期工程主要有以下施工特点:

1. 协调量大,迁改工作任务重

成都轨道交通 11 号线一期工程全线总长 23.37km,跨越 3 个行政区域,10 个站点在施工期间需要进行交通疏解，房屋、桥梁等18座建（构）筑物和61处电线杆、电塔等需要拆除，241条管线需要迁改，施工需要征地和租地面积达1548亩，需要对接的单位多达30余家，而业主仅负责配合完善手续，主要工作由中建三局牵头自行完成，征地拆迁协调难度极大。

2. 施工风险高，安全管控难度大

成都轨道交通11号线一期工程全线除深基坑开挖、高大模板施工、管线迁改及保护、起重吊装等重大危险源外，还存在低瓦斯地层盾构法施工（8个区间）、高瓦斯地层矿山法施工（4个区间）、盾构下穿不仅有地铁5号线及220m宽府河等特别重大危险源，而且施工安全管控难度大。

3. 涉及专业多，接口管理极复杂

成都轨道交通11号线一期工程线路长、体量大、专业全，包含土建、人防、铺轨、常规机电、装饰装修、系统工程（供电、通信、综合监控、站台门、气体灭火及VRV）等多个专业，全线施工标段项目部多达26个，现场长期处于多专业、多单位、多工种交叉作业状态，项目面临接口管理、地盘管理、轨行区管理等多项新课题，项目总承包管理难度大。

4. 施工任务重，资源组织难保障

成都轨道交通11号线工程量大，且需要在3.5年内完成全部建设内容，平均每年的投资额约47亿元，资金压力巨大。同时成都轨道交通11号线一期工程全线钢筋需求总量达31.6万t，高峰期每天需消耗500t，混凝土需求总量达201.5万m^3，高峰期每天需消耗4500m^3，管片需求总量达1.5万环，高峰期每天需消耗100环，各项生产资源组织难度大。

3.2 承包模式

成都轨道交通11号线项目业主为成都轨道交通集团有限公司，施工总承包方为中建三局集团有限公司，采取"投融资＋施工总承包＋回报"模式，由中建三局集团有限公司履行11号线项目的施工总承包的合同权利和义务。根据主合同约定成立项目公司（即：中建成都轨道交通投资建设有限公司）负责本工程的融资、建设、管理及相关事项。其中土建、常规机电、装饰装修在内的工作内容由中建三局内部具有相应资质的单位实施，不具备相应资质的站后机电系统、轨道、人防等采取专业分包模式。

本项目与传统施工总承包模式有所不同，即合同价款的确定采取概算下浮模式，在投标阶段仅有初步设计图纸，无施工图，通过初步设计概算控制合同价款。

第二篇 总承包管理组织机构建设

本篇主要围绕总承包管理组织机构搭建、管理职责划分、管理岗位设置、管理制度建设等方面展开,详细阐述了企业如何统筹兼顾项目合同文件要求与企业内部管理要求、如何对总承包管理机构进行职能定位、如何通过团队和制度建设有效发挥管理职能等重要问题,为总承包管理活动开展奠定坚实基础。

4 组织机构建立

2017年6月16日，中建成都轨道交通投资建设有限公司（以下简称"项目公司"）正式成立。根据中建三局的管理要求，项目公司由董事会和建设指挥部两级组成。

董事会设董事会办公室，综合承担项目建设履约之外的管理职能，包括投融资、财务、法律合约及董事会日常事务管理等。建设指挥部主要履行工程总承包管理职责，负责项目建设履约及业主对接协调等，对外与项目公司按"两块牌子、一套班子"运作。指挥部领导层由7名班子成员组成，并设置副总工程师、质量总监和安全总监各1名，下设9个职能部门和1个驻地工程师组，建设指挥部组织架构如图4-1所示。职能部门有：安全生产监督管理部、质量管理部、征拆工作部、工程管理部、机电管理部、技术部、商务合约部、财务资金部、综合办公室。

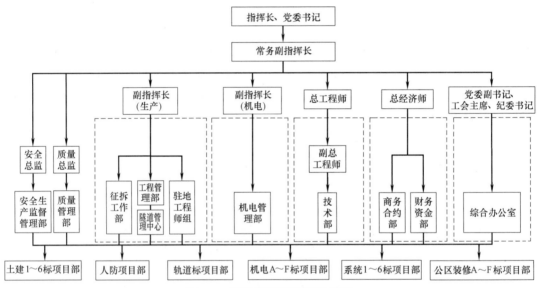

图 4-1 建设指挥部组织架构图

建设指挥部对外以项目公司的名义进行建设履约和对接协调，对内承担工程总承包管理职能，负责项目建设履约管理，包括计划统筹、工程管理、招标采购、技术管理、安全质量管理、设计、法务合约、商务管理等；负责检查、考核各标段施工单位的建设履约行为；协调解决项目建设中的技术、质量、安全及障碍问题。建设指挥部领导岗位和部门设置见表4-1，其岗位人员编制及配置见表4-2。

建设指挥部领导岗位和部门设置表　　　　表 4-1

部门/岗位	岗 位 设 置
指挥部班子	指挥长/党委书记、常务副指挥长、副指挥长、党委副书记、纪委书记、工会主席、总工程师、总经济师
总助级领导	副总工程师、安全总监、质量总监
工程管理部	履约及协调管理岗、生产计划与统计岗、轨道工程管理岗、隧道与盾构管理岗、暗挖施工管理岗、维稳联络岗、驻地工程师

续表

部门/岗位	岗 位 设 置
技术部	技术方案管理岗、施工技术服务岗、测量监测岗、试验检测岗、计划工程师、工程资料管理岗、科技管理岗、设计管理岗
安全生产监督管理部	安全工程师、环保工程师、信息化工程师
质量管理部	质量工程师、质量管理岗
征拆工作部	征拆协调岗
商务合约部	采购工程师、合约工程师、成本控制工程师、验工计价管理岗
财务资金部	会计核算岗、出纳岗
机电安装部	供电管理岗、弱电管理岗、装饰装修管理岗、常规机电管理岗
综合管理办公室	文秘与党建岗、人力资源管理岗、群团与宣传文化岗、行政管理岗、纪检监察与法务岗、综合事务岗

注：指挥部管理岗设置在轨道线路建设不同时期进行适当调整。

建设指挥部岗位编制及人员配置　　　　　　　　表 4-2

部门	岗位名称	单条轨道线建设模式编制（人）
指挥部班子	指挥长、党委书记	7～10
	常务副指挥长	
	副指挥长	
	党委副书记	
	纪委书记	
	总工程师	
	总经济师	
	工会主席	
总助级领导	副总工程师	3～5
	安全总监	
	质量总监	
工程管理部（隧道施工管理中心）	部门负责人	9～11
	履约及协调管理岗	
	生产计划与统计岗	
	隧道与盾构管理岗	
	暗挖施工管理岗	
	轨道工程管理岗	
	维稳联络岗	
技术部	部门负责人	9～11
	技术方案管理岗	
	施工技术服务岗	
	测量监测管理岗	
	试验检测管理岗	
	计划工程师	

续表

部门	岗位名称	单条轨道线建设模式编制(人)
技术部	工程资料管理岗	9～11
	科技管理岗	
	设计管理岗	
安全生产监督管理部	部门负责人	5～7
	安全工程师	
	环保工程师	
	信息化工程师	
质量管理部	部门负责人	5～7
	质量工程师	
	质量管理岗	
征拆工作部	部门负责人	3～5
	征拆协调岗	
商务合约部	部门负责人	5～7
	采购工程师	
	合约工程师	
	成本控制工程师	
	验工计价管理岗	
财务资金部	部门负责人	3～4
	会计核算岗	
	出纳岗	
机电管理部	部门负责人	25～30
	供电管理岗	
	弱电管理岗	
	装饰装修管理岗	
	常规机电管理岗	
综合办公室	部门负责人	8～9
	文秘与党建岗	
	人力资源管理岗	
	群团与宣传文化岗	
	行政管理岗	
	纪检监察与法务岗	
	综合事务岗	

5 部门管理职责

5.1 综合办公室管理职责

综合办公室的管理职责主要如下：
（1）负责建设指挥部各部门之间的工作协调。

（2）负责建设指挥部内部及各单位之间行政公文处理工作，以及建设指挥部制度流程汇编及更新管理工作。

（3）制定并贯彻建设指挥部薪酬与绩效管理制度，负责建设指挥部部门和员工绩效考核管理。

（4）建立建设指挥部与分包部党群工作体系，推动党群系统工作开展。

（5）制定建设指挥部新闻宣传管理制度，建立建设指挥部与分包部宣传体系，负责对内、对外新闻宣传工作和危机公关工作。

（6）执行上级单位CI管理要求，检查、监督分包部CI管理落实情况，负责文化建设管理。

（7）制定并贯彻建设指挥部纪检和效能监察制度，负责法律咨询、资信审查、合约法律评审、风险管控、印章管理等法律事务管理。

（8）制定并贯彻后勤、接待、保卫、小车班管理制度。

5.2 安全生产监督管理部管理职责

安全生产监督管理部的管理职责主要如下：

（1）贯彻执行安全生产的方针政策、法律法规、标准规范。

（2）建立健全安全管理体系，并编制安全管理制度，督促项目严格执行，对责任制执行情况进行检查考核。

（3）按照建设指挥部总体部署，根据政府有关部门、业主及上级单位相关要求，制定各类安全文明施工管理制度及标准，不断完善工作流程并监督、检查执行情况，对各标段安全生产进行监督管理。

（4）按照政府有关部门、业主及上级单位下达的安全目标任务，负责分解下达项目的安全目标责任，并督促完成。

（5）督促各标段完善相应的安全报监工作，定期和不定期地组织安全生产及文明施工检查，督促隐患整改，对现场重特大安全隐患和紧急情况有权令其停止作业。

（6）制定综合应急预案，并组织开展演练。组织各标段对全线重大危险源进行辨识论证，组织专家对各标段制定的安全专项方案进行审查，督促各标段制定相应急方案并进行演练。

5.3 质量管理部管理职责

质量管理部的管理职责主要如下：

（1）建立全线工程质量责任制度，制定全线质量管理工作目标和质量管理实施细则。

（2）督促各标段项目部建立健全质量管理体系与质量责任制度，编制质量管理计划，并督查各项目部质量管理体系的运行情况。

（3）督促各标段项目部编制项目《质量创优计划》《质量通病防治措施》《QC活动开展计划》等，并指导各标段项目部实施。

（4）负责全线各标段对外质量报表的编制、报送工作。

（5）督促各标段制定、落实工程重点部位、关键工序的质量旁站监督计划。

（6）督促各标段开展首件验收，对首件质量进行总结。

（7）定期对各标段进行质量检查，对出现的质量问题，下发质量整改单并监督整改、回复。

（8）每月/季对各标段质量管控情况进行考核，形成评价报告。

（9）组织召开质量例会，对工程质量情况进行分析总结，对存在的质量缺陷、质量通病问题提出整改意见并检查落实，使工程质量持续改进。

（10）对各标段项目部下发质量培训计划，并督促各标段项目部落实。组织专题质量培训，提升质量系统人员职业素养。

（11）制定全线工程创优、观摩策划，推动全线工程质量创优、观摩各项工作。

（12）发生工程质量事故时，组织控制事件发展并按规定程序及时上报，配合事故调查组开展事故调查分析和处理工作，建立质量事故台账，根据相关办法对项目部实施考核，并严格执行奖罚。

（13）做好相关工程质监站、业主、监理等外部单位的协调工作。

5.4　征拆工作部管理职责

征拆工作部的管理职责主要如下：

（1）负责前期对外协调工作，例如临时用地、征地拆迁、市政及交安设施拆除、绿化迁移、管线迁改、交通疏解等工作的对外协调以及完成临地批复手续办理等。

（2）负责协助业主与市、区县政府各级主管部门的沟通协调，为各项目部开展工程建设前期工作和正常施工营造良好、和谐的外部施工环境。

（3）负责组织各项目部前期工作人员的业务学习及培训。

（4）负责组织协调前期工作实施过程中项目部与业主、各区政府部门及各相关单位进行工作对接。

（5）统筹安排各项目部的前期工作，以"统筹、协调、管理、服务、监督、考核"为原则，组织各项目部按工作流程开展征地拆迁、绿化迁移、市政及交安设施拆除、管线迁改、交通疏解等前期工作。

（6）负责协调各项目部配合业主完成与工程项目建设相关的征地拆迁、市政及交安设施拆除、交通疏解、管线迁改及绿化迁移等方面的对外协调工作。

（7）负责定期和不定期检查和抽查项目部的前期工作进展情况。

（8）负责对项目部前期工作进行考核。

5.5　工程管理部管理职责

工程管理部的管理职责主要如下：

（1）负责统筹全线项目启动、策划与实施管理。

（2）负责督查标段项目部生产管理体系建设工作。

（3）联合技术部进行全线施工计划管理，负责全线项目施工计划的制定、执行、检查、预警、纠偏以及考核管理。

（4）在项目生产过程中对各标段项目部进度进行督管、协调、指导与服务，以确保工程履约。

（5）负责各类生产统计报表的编制、汇总与分析工作，组织召开月度生产调度会，加强工期计划考核和奖罚激励工作。

（6）负责组织开展劳动竞赛活动，制订工期责任状，对完成情况进行考核和奖罚。

（7）针对生产过程中暴露出的问题，及时组织相关单位召开生产协调会议，及时解决问题。

（8）负责全线路的环境管理工作。

5.6 技术部管理职责

技术部的管理职责主要如下：

（1）在建设指挥部总工程师及副总工程师的领导下，全面负责建设指挥部技术业务（包含设计协调、工筹计划、测量监测、试验检测、工程资料、方案审批、科技工作）管理，指导和监督项目部的技术管理工作开展，并对完成情况进行考评和奖罚。

（2）对上级单位下达的科技工作目标进行分解，并向项目部下达科技工作任务指标，与项目部签订科技目标责任状，并对科技工作开展情况进行检查，对完成情况进行考评和奖罚。牵头完成建设指挥部项目管理策划、全线重大危险源辨识相关工作，牵头完成科研课题、科技示范工程、绿色施工示范工程的申报、立项、过程管理及结题验收等工作。

（3）贯彻落实现行各级技术管理标准、规范，负责建设指挥部标准规范、书籍的管理。

（4）组织编制线路总体施工组织设计，审核项目部施工组织设计和重要施工方案；参与解决项目部施工中的重大技术问题，参与重大质量问题的处理和重大质量问题技术处理方案的编制及审核。

（5）组织开展科技进步工作，组织推广"四新技术"和国家建设部十项新技术，负责技术改进、合理化建议及降低能源消耗等工作。

（6）指导项目部开展绿色施工，组织绿色施工示范工程过程检查、验收工作。

（7）不断总结、提炼和修订，形成轨道交通工程专业相关的重点技术工作指南或管理办法，实现技术工作的专业化、标准化、制度化。

（8）参与制定建设指挥部技术、质量、安全等方面的管理制度或标准，整体提升中建三局在成都轨道交通市场的内在品质和外在形象。

（9）组织培训、交流、观摩、竞赛、评优等活动，加强技术管理人员大团队建设，提升下辖项目部相关技术管理人员的工作技能。

5.7 机电管理部管理职责

机电管理部的管理职责主要如下：

（1）负责统筹机电装修工程标段项目启动、策划与实施管理。

（2）负责督查机电装修工程标段项目部生产管理体系建设工作。

（3）负责机电装修工程项目施工计划的制定、执行、检查、预警、纠偏以及考核管理。

（4）对标段项目部进度进行督管、协调、指导与服务，确保工程履约。

（5）负责机电装修工程各类生产统计报表的编制、汇总与分析工作，组织召开月度生产调度会，加强工期计划考核和奖罚激励工作。

（6）负责组织机电装修工程标段项目开展劳动竞赛活动，制订工期责任状，对完成情况进行考核和奖罚。

（7）对生产过程中出现的问题，及时组织相关单位召开生产协调会议，及时解决问题。

（8）指导和监督机电装修工程标段项目的技术管理工作开展，并对完成情况进行考评和奖罚。

（9）贯彻落实现行机电装修工程技术管理标准、规范。

（10）参与制定建设指挥部技术、质量、安全等方面的管理制度或标准，整体提升中建三局在成都轨道交通市场的内在品质和外在形象。

5.8 商务合约部管理职责

商务合约部的管理职责主要如下：

（1）负责建设指挥部的合同管理、合同条款解释、合同执行工作。

（2）负责建设指挥部招标采购、分供商资源调查、合同签订、建立分包资源库。

（3）牵头全线概算修编工作，负责概算问题汇总反馈、牵头对接核对。

（4）负责与业主合约部、设计院、咨询、财评等单位的协调对接。

（5）负责全线验工计价、签证变更工作，办理分包结算。

（6）负责贯彻落实国家、省市的相关法律法规，执行公司及业主相关管理规定。

（7）负责指导各标段按照中建三局和业主的管理规定开展商务管理的相关工作。

5.9 财务资金部管理职责

财务资金部的管理职责主要如下：

（1）负责编制年度管理费用预算，并组织实施。

（2）负责资金回收、编制资金支付审批表，确保资金合理需要。

（3）负责组织费用成本核算，报销等账务处理，严格按费用管理制度控制、监督成本费用开支范围。

（4）负责审核与汇总所属项目的税务报表等各类报表，并按时上报。

（5）负责向有关部门或单位提供财务信息。

（6）负责发票开具、税款申报与缴纳。

（7）负责融资管理工作，做好融资资金的筹集。

（8）组织协调实施融资预算，设计融资方案。

(9) 协助办公室开展资产盘点工作。
(10) 协助组织经济活动分析工作。

6 管理制度建设

6.1 设计管理类制度

设计管理类制度主要包括《建设指挥部工程变更管理制度实施细则》《建设指挥部设计管理制度》，其主要内容详见表 6-1。

设计管理相关制度　　　　　　　　　　表 6-1

制度名称	主要内容
《建设指挥部工程变更管理制度实施细则》	(1) 总则：明确目标、依据及适用范围。 (2) 适用范围：变更的分类及定义。 (3) 设计变更：变更的分类、申请、费用审批、各部门职责、变更时限要求。 (4) 施工签证：施工签证的分类、审批及各方职责。 (5) 工程索赔：索赔的分类、等级及索赔流程。 (6) 工程量清单更新：工程量清单更新的原则、流程及各方职责。 (7) 其他工程变更：合同范围外、图纸勘误及设计优化
《建设指挥部设计管理制度》	(1) 适用范围：指挥部以及所辖各标段项目部。 (2) 设计管理目标：规范和统一设计管理工作，满足现场施工需求。 (3) 指挥部设计管理部：明确职责范围、目标、工作任务。 (4) 标段项目部：明确责任、目标、工作任务。 (5) 驻地工程师：明确相关职责。 (6) 工作要求：指挥部对标段项目部的要求。 (7) 奖励与惩罚：指挥部对标段项目部的考核

6.2 技术管理类制度

技术管理类制度主要包括《建设指挥部技术管理办法》《建设指挥部施工测量管理细则》《建设指挥部施工监测管理细则》《建设指挥部试验检测管理细则》《建设指挥部档案管理办法》《建设指挥部建设工程计划统计管理细则》，其主要内容详见表 6-2。

技术管理相关制度　　　　　　　　　　表 6-2

制度名称	主要内容
《技术管理办法》	(1) 总则：明确本办法适用范围、技术管理目标、管理原则、管理职能。 (2) 前期技术工作管理：明确前期技术工作主要内容及要求。 (3) 施工组织设计管理：明确职责分工、编审流程、格式及时间要求。 (4) 施工方案管理：明确职责分工、方案分类原则、编审流程、编制重点。 (5) 技术交底及技术复核：明确技术交底的时机、形式、交底记录、技术复核及整改通知、台账管理要求。 (6) 技术标准规范管理：明确技术标准规范的目录清单、管理要求。 (7) 设计文件管理：明确设计文件范围、职责分工、管理流程、台账管理要求。

续表

制度名称	主 要 内 容
《技术管理办法》	(8)图纸会审及设计变更管理:明确职责分工、组织形式、资料归档要求。 (9)科技工作管理:明确科技工作主要内容、责任分工、科技创效管理、示范工程管理、课题研发管理、科技成果管理的相关程序及要求。 (10)技术管理策划及技术风险预控:明确项目技术管理策划的内容、编审要求,规范项目技术风险分析管理的流程。 (11)监督与检查管理:明确指挥部对项目部技术管理工作的监督、检查方式。 (12)奖励与处罚:明确指挥部对项目部技术管理工作的奖励标准及额度
《施工测量管理细则》	明确地铁工程施工测量的主要内容、施工测量组织架构和职责、测量复核制度、相关标准要求及奖罚细则
《施工监测管理细则》	明确施工检测中的机构与职责、施工监测工作流程、施工监测工作要求、人员培训、监督检查、综合考评及奖惩办法
《试验检测管理细则》	明确试验测量管理、机构设置、职责划分、试验检测流程、试验检测工作要求、人员培训、监督检查、综合考评
《档案管理办法》	明确档案管理的管理职责、档案编制原则及归档范围、竣工档案质量及组卷要求、工程档案验收及归档、档案管理考评及归档延误及违约责任
《建设工程计划统计管理细则》	明确建设指挥部计划统计的管理机构及管理职责、计划统计工作要求、计划统计工作考核

6.3 征拆管理类制度

征拆管理类制度主要包括《征拆管理手册》和《征拆考核办法》,其主要内容详见表6-3。

征拆管理相关制度　　　　　　表 6-3

制度名称	主 要 内 容
《征拆管理手册》	包括征拆启动与策划、人员配备及职责、技术管理、进度计划管理、物资设备管理、分包管理、质量管理、安全管理、环境管理、商务管理、财务管理、信息管理等
《征拆考核办法》	包括签订责任状和考核细则,确保施工现场管线迁改、征地拆迁、交通疏解方面安全、质量、进度达到建设指挥部管理目标

6.4 生产管理类制度

生产履约管理类制度主要包括《进度管理办法》《履约考核综合评价办法》《移交管理办法》和《驻地工程师管理办法》,其主要内容详见表6-4。

生产管理相关制度　　　　　　表 6-4

制度名称	主 要 内 容
《进度管理办法》	包括进度管理体系、施工进度管理、进度考核管理等。明确全线进度管理基本原则;各标段根据建设指挥部下发的控制性生产计划合理开展施工部署、进行资源配置、工期分解,形成指导性生产计划,并由建设指挥部、标段各层级统筹施工生产、跟踪检查、指标对比、原因分析、纠正偏差、调整计划、考核评价的综合管理

续表

制度名称	主要内容
《履约考核综合评价办法》	包括组织机构及管理职责、检查时间安排及检查评分办法、奖励与处罚等内容,从安全、质量、进度、文明施工及环境保护、技术、商务和综合管理几个方面对各标段进行综合考评,通过考评促进整个项目的管理规范化,实现全面履约
《移交管理办法》	包括移交时间节点、移交原则、组织机构及职责、场地管理界面划分、场地移交标准、移交流程、奖励与处罚
《驻地工程师管理办法》	保证施工现场安全、环境、质量、进度指标达到建设指挥部管理目标,特制订该办法。该办法内容包括驻地工程师的授权、驻地工程师的职责、驻地工程师的考核细则等内容

6.5 质量管理类制度

质量管理类制度主要包括《质量管理手册》《质量管理岗位责任制度》《质量奖罚制度》《质量事故报告处理制度》等,其主要内容详见表6-5。

质量管理相关制度　　　　　　　　　　　　　　表6-5

制度名称	主要内容
《质量管理手册》	明确项目质量管理目标、体系、机构、计划、过程管控等
《质量管理岗位责任制度》	明确各层级、各岗位、各部门质量管理职责
《质量奖罚制度》	明确各类质量相关奖励、处罚标准及规定
《质量事故报告处理制度》	明确质量突发事件报告流程及注意事项
《质量教育培训制度》	明确质量教育培训相关规定
《质量检查制度》	明确质量检查、整改相关内容
《质量内部预验收制度》	明确首件验收、关键工序验收等流程要求
《质量管理评价制度》	明确质量管理评价相关标准、检查项目
《质量管理统计报告制度》	明确质量管理资料报送相关要求

6.6 安全管理类制度

安全管理类制度主要包括《安全生产责任实施细则》《考核管理细则》《安全生产教育培训管理实施细则》和《安全生产教育培训管理实施细则》等,其主要内容详见表6-6。

安全管理相关制度　　　　　　　　　　　　　　表6-6

制度名称	主要内容
《安全生产责任实施细则》	(1)明确生产经营单位管理层、分包责任,将责任主体落实到个人。 (2)增强生产经营单位各级主要负责人、各管理部门管理人员及各岗人员对安全生产的责任感;明确责任,充分调动各级人员和各管理部门安全生产的积极性和主观能动性,加强自主管理,落实责任;责任追究的依据
《考核管理细则》	(1)明确对各级管理人员、分包的考核标准,将考核结果纳入奖罚。 (2)加强总承包管理,强化监督、检查和服务的管理职能,确保工程质量安全,加快工程进度,规范施工管理行为,促进建设指挥部的履约管理,调动建设指挥部的工作积极性,使其全面履行合同所约定的职责

续表

制度名称	主 要 内 容
《安全奖罚细则》	(1)明确奖罚标准,为生产过程中的奖励、处罚等提供依据。 (2)更好地贯彻安全生产方针、政策、法规,落实安全生产的各项规章制度,明确奖罚标准
《安全生产教育培训管理实施细则》	(1)保证在生产过程中的安全教育培训有效的开展,明确安全教育培训有关的时间、内容等各项要求。 (2)加强安全生产教育培训管理,规范安全生产培训秩序,保证安全生产培训质量,促进安全生产培训工作健康发展,按照《安全生产法》和有关法律、行政法规的规定要求,制定安全生产教育培训实施办法
《应急救援与抢险管理细则》	(1)明确应急救援组织机构和抢险过程中可能面对的突发情况的处理措施。 (2)控制事故或在紧急情况下做出应急准备和响应,最大限度地减少可能产生的事故损失和对环境造成的影响
《危险性较大工程关键工序验收核准管理细则》	(1)明确危险性较大的关键工序验收标准及有关管理流程。 (2)全面提高危险性较大工程关键工序安全监督管理水平,规范关键工序验收核准流程,确保危险性较大工程关键工序施工生产安全平稳可控
《安全隐患排查治理暨精准防控管理细则》	(1)明确标准排查治理生产过程中的安全隐患,明确防控的措施。 (2)通过及时采取安全隐患整改措施,以消除现实的、潜在的事故隐患,从而减少和预防事故的发生,确保安全生产和安全标准化的有效运行
《机械设备安全管理细则》	(1)明确机械设备的管理要求,在现场作业过程中的防护措施,现场安全保障等内容。 (2)机械寿命的全过程中,采取各种形式的技术措施、组织措施,消除一切使机械遭到损坏,使人身健康与安全受到威胁,使环境遭到污染的因素或现象,避免机械事故发生,实现安全施工生产
《盾构施工安全管理细则》	提高盾构施工安全管理的水平,确保盾构机及配套设备在盾构施工中能发挥最大的效能,安全顺利地完成施工生产任务
《暗挖隧道施工安全管理细则》	根据安全生产管理法律法规及有关安全管理要求,通过制定管理细则加强对工程建设过程中暗挖隧道施工的控制管理,防止和减少安全事故的发生
《瓦斯隧道安全管理细则》	使通风与瓦斯管理工作能够得到正常的开展,加强瓦斯隧道施工现场管理措施,杜绝瓦斯事故的发生,根据工程的特殊性,制定针对性措施确保瓦斯隧道施工安全

6.7 财务管理类制度

财务管理类制度主要包括《建设指挥部报销管理细则》,其主要内容详见表6-7。

财务管理类制度　　表 6-7

制度名称	主 要 内 容
《建设指挥部报销管理细则》	确定报销的对象与范围;规范报销签字手续与审批流程;明确各项费用的报销标准;报销单填制要求及交送时间

6.8 商务合约管理类制度

商务合约管理类制度主要包括《分供方遴选实施细则》《合同管理实施细则》《分包商管理实施细则》和《验工计价实施细则》等,起主要内容详见表6-8。

商务合约相关制度 表 6-8

制度名称	主 要 内 容
《分供方遴选实施细则》	包括招标小组的成立、职责,招议标原则,招标流程,招议标监督及处罚规定
《合同管理实施细则》	包括合同授权管理、订立管理、履行管理、纠纷管理、奖惩措施
《分包商管理实施细则》	包括分包商采购及合同管理、分包商进出场及过程管理
《验工计价实施细则》	包括组织机构与职责,验工计价原则,标段月度验工、季度计价流程,建设指挥部季度计价流程,合同外验工计价资料要求及流程
《结算管理实施细则》	包括各部门职责、结算周期、工程量原则、结算时间与结算资料
《成本管理实施细则》	包括成本计划的制定、考核与监督、成本管理的执行与效果、成本体系的建立与运用

6.9 综合事务管理类制度

综合事务管理制度主要包括《新闻宣传管理实施细则》《劳动纪律及文明办公管理办法》《会议管理实施细则》和《职工休息休假工作实施细则》等,其主要内容详见表6-9。

综合事务管理相关制度 表 6-9

制度名称	主 要 内 容
《新闻宣传管理实施细则》	明确对内、对外新闻报送、危机公关等处理流程
《劳动纪律及文明办公管理办法》	包括考勤考核、办公区卫生考核、办公用语规范等内容
《会议管理实施细则》	包括会议策划、会场纪律、任务督办等内容
《职工休息休假工作实施细则》	明确职工休息、休假、调休等内容
《车辆及驾驶员管理实施细则》	明确车辆采购、调度、维护,驾驶员管理等内容
《后勤管理办法》	包括食堂、保安、保洁管理,办公设备维护
《公文管理办法》	明确公文处理流程、时限、责任人等内容
《薪酬与绩效管理办法》	明确职工薪酬统计与发放,绩效考核及兑现等内容
《CI管理实施细则》	明确总包及分包方CI标准,CI建设、维护、更新等内容

第三篇 总承包管理体系建设

本篇主要围绕具体的总承包管理活动展开。根据专业职能不同，将总承包管理活动划分为投融资管理、设计管理、征拆管理、技术管理、工期与计划管理、安全管理、质量管理、环境管理、土建工程移交管理、商务合约管理、财务管理、综合事务管理共十二部分的内容，分别以管理业务为主线，全面展现了总承包管理项目的完整运行过程。

7 投融资管理

7.1 融资管理原则

项目公司按照"统筹管理、分级实施、平台统一、风险控制、经济适当"的原则进行融资业务管理。

1. 统筹管理原则

项目公司融资业务采取"一事一议"的审批形式，由中建三局集团有限公司全盘掌握融资情况，进行集中管控，统一安排与督促推进。融资方案必须上报中建三局集团有限公司审批，未经审批，严禁实施。项目公司每年融资预算额度应经中建三局集团有限公司董事会审批后下达，可根据实际情况按季度进行预算调整。

2. 分级实施原则

项目公司是融资业务的实施责任主体，负责融资业务的落地实施，建立健全融资业务体系；完善岗位责任制，配置专人专岗具体负责；确保融资业务开展的及时性、有序性，实施的针对性、有效性。

3. 平台统一原则

项目公司开展融资业务时，采取招标、竞争性磋商等方式确定合作机构。同等条件下，优先选用中建股份直接或间接控股的金融机构或选择中建三局金融机构合作库中的机构作为通道和载体。未经中建三局及中建股份批准，项目公司不得私自合资或单独设立如基金公司、资产管理公司、投资管理公司等机构。

4. 风险控制原则

项目公司应遵守国家相关法律法规及中建股份与中建三局相关管理规定，实现对融资项目实施前、实施中及实施后的全过程风险管控，科学决策融资方案，不盲目追求融资规模，强化融资内部管理。同时就实施的融资方案，由法务人员或外部律师事务所出具法律意见书。

5. 经济适当原则

融资业务的开展应合理利用和积极争取国家及各级政府优惠政策，加强与金融机构沟通，尽力降低融资成本。项目公司应根据投资项目所处的金融市场环境、商业模式、投资期限、投资收益等商业因素，在合理可行的前提下确定交易对手和融资方案，实现交易条件和融资成本的优化。

7.2 融资管理组织体系

融资管理组织体系主要包括融资管理体系和融资管理职责分工两个部分。

1. 融资管理体系

主要有：（1）中建股份是融资业务的最高审批机构，中建三局董事会是融资业务的审议机构。项目公司融资业务必须经中建三局董事会审议，并报中建股份审批；（2）项目公司是融资业务的具体实施主体，是融资业务的着落点，承担融资管控的直接责任。

2. 融资管理职责分工

主要有：（1）中建三局金融业务部负责建立金融机构合作库，为融资提供资源支持；负责对融资业务的指导、监督、管理及考核。按要求向中建股份金融业务部报告有关融资业务情况及具体融资安排，上报融资方案；（2）项目公司开展融资业务，应加强项目投资策划工作，落实融资前置工作，负责融资方案初步洽谈与对比分析，相关合同文本的拟定等具体工作，并将融资方案及合同等上报中建三局审批；（3）项目公司负责具体实施融资业务，包括资金安排，账务核算等具体工作，并及时向上级单位反馈实施情况。项目公司应明确融资各方权责，并建立有效的内部管理和风险防范机制。

7.3 融资管理流程

融资管理流程主要有项目跟踪阶段、项目前期阶段、项目决策阶段、项目实施阶段和项目存续期阶段等五个阶段。

1. 项目跟踪阶段

主要内容有：（1）根据项目情况与金融机构沟通，判断项目的可融性，为项目筛选提供参考依据；（2）融资方案编撰、投标资料准备、编写投标融资方案，同时准备投标相关资信材料，包括贷款意向函等；（3）中标后参与项目合同评审及合同谈判；（4）合法合规性资料收集。例如项目融资所需项目立项/建议书批复、项目可行性研究报告批复、环评报告批复、选址意见书、建设用地规划许可证、建设工程规划及施工许可证、项目用地预审意见、项目图审合格证、土地使用权证等资料；（5）联系金融机构，配合成立项目公司。

2. 项目前期阶段

主要内容有：（1）在项目立项阶段，由项目公司在金融合作机构准入基础上，选定不少于两家合作机构进行初步融资洽谈，并建立结构化融资需求台账；（2）在项目评审阶段，项目公司上报投资议案至中建三局投委会评审时，应明确是否进行结构化融资，对于拟采用结构化融资的项目应附上相应融资方案，中建三局金融业务部就具体方案提出专业意见并反馈。

3. 项目决策阶段

主要内容有：（1）项目实施获中建股份批复后，由项目公司向中建三局金融业务部提交结构化融资业务申请表，中建三局金融业务部在收到申请后，协助项目公司制定结构化融资方案，及配合、指导其与金融机构就融资方案、交易条件等主要商业条款进行谈判，并提供专业技术服务及融资资源支持；（2）结构化融资方案在获得金融机构书面批复，并出具初步融资合同后，按照中建三局内部管理要求，由项目公司拟定结构化融资方案，并发起融资方案评审流程。流程审批通过后，由中建三局金融业务部拟定融资议案上报中建三局董常会审议，审议通过后上报中建股份审批。

4. 项目实施阶段

主要内容有：（1）结构化融资方案获中建股份批复后，由项目公司发起合同评审流程,中建三局相关职责部门协助项目公司上报中建股份,完成合同的审批与签订;(2)在融资方案实施过程中,融资条件发生重大变化的(包括但不限于交易模式、融资期限、融资规模等),应比照上述流程,由项目公司完善相应的审批手续;(3)融资合同签订后,项目公司应在10个工作日内将相关融资合同及有关资料报中建三局金融业务部备案;(4)按照项目资金需求,准备金融机构所需资料并提款,资料包括融资合同、提款申请、股东会董事会决议等。

5. 项目存续期阶段

主要内容有:(1)项目公司应合理配置融资资金,平滑项目公司资金流,须定期编制《项目现金流量表》《资金筹划表》等,并将相关资料向局里报备;(2)项目公司定期会向中建三局金融业务部汇报融资实施情况,按月编制并上报投资项目结构化融资业务实施情况。

7.4 监督与检查

项目公司须加强对融资业务的管理工作,并接受主管部门的不定期检查,主要内容包括:

(1)融资业务相关岗位及人员的设置情况。
(2)融资业务制度的执行情况。
(3)融资方案的合法性及效益性。
(4)融资业务核算情况。
(5)融资使用情况及归还情况。
(6)各类融资业务台账及融资上报信息的完整性及准确性。
(7)融资业务相关的审批文件、合同资料的保管情况。
(8)融资方案的执行情况,与批准方案是否一致。

8 设计管理

8.1 相关单位职责分配表

设计管理主要职责分配见表8-1。

设计协调管理职责分配表　　　　表8-1

职能	职责分配	
	建设指挥部	标段项目部
对外协调工作	对接业主相关部门、总体院、设计监理、强审等单位,必要时对接工点设计院	负责现场技术管理工作并对接工点设计院
设计供图管理	审核标段项目部上报的图纸需求计划,并报业主及总体院,由总体院下发到工点设计院执行	适时地提出图纸需求计划并报建设指挥部技术部,跟踪工点设计院进度计划的执行情况

续表

职能	职责分配	
	建设指挥部	标段项目部
设计优化策划	负责对全线的设计方案进行优化策划	配合建设指挥部对标段项目部的设计方案进行优化策划
图纸管理	负责全线图纸的领取和发放；建立图纸台账并及时更新	负责标段项目部的图纸保管和使用；建立标段项目部图纸台账并及时更新
图纸会审及设计交底	审阅图纸并参加图纸会审及设计交底工作	积极审阅图纸，参加并协助业主或监理组织图纸会审及设计交底工作
设计变更管理	负责全线设计变更的内审工作并跟踪变更进度；建立全线设计变更台账并及时更新	负责标段项目部的费用变更外审工作；建立标段项目部的设计变更台账并及时更新

8.2 设计供图管理

8.2.1 设计供图计划的制定

城市轨道交通工程包括前期工程、围护结构施工、主体结构施工、轨道工程施工、装饰装修施工、常规机电安装施工、供电工程安装施工、弱电系统安装施工等多个施工阶段，各施工阶段前后衔接，有清晰明确的施工工序，不同阶段涉及不同专业的图纸，且专业间互为制约、接口关系繁杂，施工前形成一套系统的出图计划是极其重要的。

经建设指挥部评审的工筹计划是设计供图计划的基本依据，建设指挥部技术部需督促标段项目部严格按照已评审的工筹计划制定施工图纸需求计划，对标段项目部上报的图纸需求审核后汇总为一整套系统的出图计划，并牵头标段项目部对接相关单位保证出图计划得以落实。

需要注意的是出图计划具有时效性，图纸需求计划至少于施工前2个月形成并提交业主及总体院，以便于设计院合理组织设计工作。

8.2.2 设计供图的管控与调整

建设指挥部技术部除了统筹图纸需求计划外，还需牵头标段项目部分层次对接相关单位及部门，以确保设计院按现场需求履行出图计划。

具体来讲，由标段标项目部针对性地对接各工点设计院，实时掌握设计进度，过程跟踪设计方案，及时获取过程设计资料。建设指挥部技术部则需对全线设计进度进行统筹分析，并及时对设计进度与出图计划之间的偏差进行纠偏。建设指挥部技术部牵头对接设计总体总包、设计监理、业主各相关部门等，借助各方力量推动影响设计方案的不确定因素，如：管线影响、规划调整、周边地块需求等。

另外，由于现场往往会出现不可控因素导致施工方式和施工步序发生调整，需要设计院在较短的时间内提供设计图纸，而设计工作涉及的专业多、单位多，出图具有严格而繁琐的流程，因此建设指挥部技术部在确保供图的思路上需具备灵活性，一方面通过与设计院及业主技术部的沟通加快审图进程；另一方面将设计成果进行合理切割，在设计方案稳定合理的基础上，分阶段、分区块出具以合理调度设计资源，最大限度满足现场各个时期的图纸需求。设计图纸审查流程如图8-1所示。

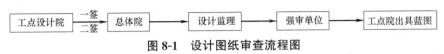

图 8-1 设计图纸审查流程图

8.3 设计优化及设计交底

8.3.1 设计优化策划

建设指挥部技术部除了保证出图进度满足现场施工外，另一个重要任务是进行设计优化策划。根据设计阶段的不同，设计优化的侧重点不同，通过不同的方式实现。

1. 设计阶段

初步设计阶段策划的重点在于根据自身资源及优势，超前进行场地资料收集，全面进行施工策划，确定出适合现有资源的工法，合理分布的工作面，可实施的管线保护、迁改方案以及有无建构筑物重大制约的结构方案，通过精心策划、有效沟通将优化方案体现于设计方案中。

2. 施工图设计阶段

施工图设计阶段与初步设计不一致的地方即为变更，而变更有严格的变更管理办法。此阶段的设计优化重点应转移至便于现场施工方面。技术部需督促标段项目部与工点设计院密切联系，过程中了解设计方案，并结合现场研究设计方案是否合理，是否便于施工。若遇工点设计院无法直接在施工图中体现出设计优化，则由建设指挥部技术部牵头，通过变更的方式实现。

在成都地铁11号线实施过程中进行的设计方案优化主要案例见表8-2。

设计优化案例表 表8-2

内　　容	工期	造价
成都地铁11号线新通大道站车站与6号线观东路站连接，观东路站～新通大道站区间原设计采用暗挖法施工，经建设指挥部与业主和6号线、11号线总体院沟通协调后，业主同意将该区间由暗挖法改为盾构法	节省工期3个月	两条线路初步设计概算修编分别做相应调整
成都地铁11号线麓山大道站铺轨基地位于麓山大道，该车站沿规划路下方布设，距离周边社区较近，施工频遭投诉，阻工情况时有发生，多种因素导致工程整体滞后，无法满足移交铺轨基地的工期要求。建设指挥部根据现场情况提出将该铺轨基地调整至临近麓沈明挖区间，可满足铺轨的节点工期要求	节省工期20天	减少费用56.15万元
成都地铁11号线回龙停车场出入场线全长1397.8m，初设图纸采用矿山法施工，在兰家沟站和回龙停车场各设一个工作面，在DK0+900位置设置一座竖井同时向车站和停车场施工，共设4个工作井进行本段暗挖隧道施工，根据现场情况，为提高功效、降低施工安全风险，同时便于施工，建设指挥建议将施工竖井改为斜井，与主线在DK0+700附近相交，线路长约210m。采用斜井，洞内渣土和施工材料可直接采用车辆运输，避免垂直运输，效率高，发生险情时，逃生速度更快；同时，可采用大型挖掘机，臂长满足施工要求	节省工期4个月	增加195万元

8.3.2 图纸会审与设计交底

标段项目部在收到设计图纸后,项目经理、项目总工应组织项目技术人员认真学习图纸,审查图纸中是否存在安全质量设计缺陷,并就设计缺陷问题与工点设计院进行有效的沟通。积极参加监理单位或业主单位组织的设计交底和图纸会审,并做好正式图纸会审和设计交底的记录、整理工作。

8.4 设计图纸及文件管理

8.4.1 设计图纸及设计变更台账

对于需要进行设计变更的内容,标段项目部在与业主和设计院充分沟通后,提请设计变更申请单,经建设指挥部审核同意后,报施工监理、工点院、总体院、设计监理、业主各相关部门审批后方可实施。建设指挥部技术部在整个过程中起到协调、监督的作用,标段项目部对办理的设计变更内容负责,设计变更台账要做到实时更新。对于不合理的变更内容,建设指挥部技术部有权制止项目部继续办理和实施。设计变更流程如图8-2所示。

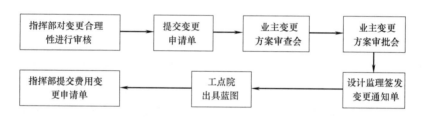

图 8-2 设计变更流程图

8.4.2 设计文件管理

按业主要求进行图纸收发,做好收发登记,确保图纸第一时间发放到标段项目部。做好设计变更、图纸会审记录、洽商记录、技术核定单等台账并及时更新。

8.5 对于站后工程设计管理的把控

站后工程于土建工程进入尾声后进场,两个版块的施工相对独立自成体系。对于站后工程来讲,设计任务不局限于设计院,大部分深化设计工作由施工方、厂家配合完成。针对此特点,站后工程的设计管理工作分为两个部分:一是深化设计管理,以机电装修部为主牵头标段项目部、厂家进行设计联络、深化设计,向设计院反向提资;二是设计图纸与设计变更管理,建设指挥部技术部与机电装修部相互配合协作完成,两个部门作为桥梁纽带,通过与业主、设计院的有效沟通实现现场图纸及设计优化需求,其中关于设计方案的审核以机电装修部作主导,技术部配合完善变更流程、建立相关台账、备份相关资料等。

9 征拆管理

因施工企业的特殊性和工程项目自身的特点，施工企业面临的社会环境日趋复杂，一方面为了获取工程项目得以启动的相关审批，需与建委、安监、质监对接。工程进场后需与涉及的国土、规建、林业、水务、交管、城管、环保等部门对接以解决在项目施工过程中随时出现的矛盾和问题。市政项目多受管线影响，需进行管线迁改或保护，需与各产权单位对接以求更快更优的为各工点排解障碍。政府涉及征拆的相关职能部门主要职责关系如图9-1所示。

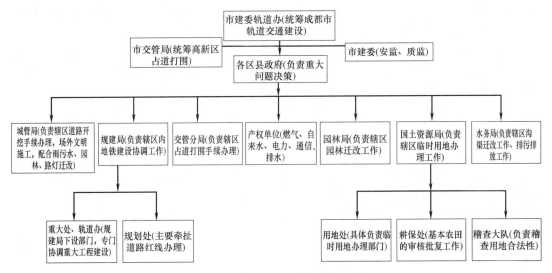

图9-1 职能部门主要职责关系图

轨道交通在建设的同时，企业也承担着一定的社会责任。所以，如何确保企业社会形象的同时实现完美履约显得尤为重要。在此过程中，为了化解内、外各种矛盾，为施工生产创造宽松、和谐、顺畅的外部环境，减少不必要的损失，提高工作效率、树立良好的企业形象，施工企业中的协调工作不可或缺。协调工作可以减少各项工作难度，使各项工作效率得到提高，减少各种人为障碍。同时对提升企业在当地政府、民众中的形象，树立良好的信誉和口碑，巩固既有市场，利于企业做大做强、滚动发展均有重大作用。协调工作做得好，往往可以达到事半功倍的效果，可以说协调工作是生产力得以发挥的重要因素。

9.1 迁改协调管理体系与制度

9.1.1 部门设置及人员配置管理

城市轨道交通工程建设指挥部设征拆工作部，部门设经理1名、副经理1名、经理助理1名、经办人2～3名，标段项目部设征拆工作部，设协调经理1名（可由项目副书记、副经理兼任）、经办人1～2人。

9.1.2 对外协调工作制度

轨道交通对外协调工作贯穿每个项目施工的全过程，是工程施工顺利进行的重要保证。主要工作内容有：根据合同约定，分阶段对所辖范围内及周边影响区域的关系进行协调，并对有可能影响工程顺利推进的不确定因素进行事前评估和对策研究，超前或平行于生产进行的政策性强、沟通频繁的一项综合性工作。其最大工作成效体现在为工程顺利推进扫清障碍，按目标计划占有施工场地和配套资源，并同时加强同当地政府、机关、各职能部门、人民群众的合作，造福一方百姓，结合轨道工程实际情况，特制定以下工作制度：

（1）充分熟悉明确项目招、投标文件及合同中的主要内容：包括项目投资主体、资金来源、当地配套政策、征地拆迁具体规定、征迁工作计划安排、财产赔付标准和赔付程序、政策宣传、民俗民风及宗教信仰等。

（2）弄清本项目的征迁赔付费用数目，根据工程进度安排提前进行重点、难点工作的开展，做好每月或每年度资金计划，确保赔付到位。依据合同文件界定应赔付的范围和细目，不多赔付、不重复赔付，坚决维护企业的利益。

（3）加强同当地政府、公安、协调等部门的沟通工作，及时了解业主和当地对征迁工作的新政策、新规定，密切同基层村社组织的关系，做好同被征迁村民的宣传解释工作，坚持"讲政策、明事理，多解释、交朋友"的原则，减少群众因不理解政策等原因发生阻工、上访事件。同时协调各施工队因交叉施工、施工队与当地群众之间因施工发生的摩擦、矛盾，主动会同相关部门妥善解决，协调及时，处理到位。

（4）利用企业优势，在力所能及的范围内，积极开展和谐共建活动，使当地人民能够时刻感受到施工企业的真诚，支持并帮助施工企业克服因地域、语言等方面对工程进展造成的困惑。

（5）重视宣传工作，在对外宣传上重点是把握度、按政策办事。对无理要求应态度鲜明给予拒绝，有理有据。主动请教当地协调部门，做好基层干部群众的思想工作，找对切入点。同时，在具体施工中，告诫施工人员在规定的范围内进行生产活动、不扰民，未进行赔付不得随意动工，保护和珍惜当地企、事业单位、人民群众的财产。

（6）在拟征用的区域，以现场施工负责人或使用人确认范围，会同工程管理部进行地形地物的测量，核查工作，并形成资料，便于征用的丈量统计和后期恢复。该资料中包括：征用物的使用人，征用物的类型、数量，征用期限，后期恢复，测量数据、图标。

（7）根据工程的推进，及时复核已到期或提前可以恢复的征地、道路等临时工程，督促使用人及时交付，最大限度节约经费。

（8）建设指挥部协助标段项目部进行工程用地等征用工作，经常性询问工程进展情况，提前做好征用计划，不耽误生产，为标段项目部创造一个良好的施工环境。

（9）影响工程的不利因素多，在现场一时无法解决的问题，就必须及时向主管领导汇报，并根据影响事项的具体原因，拟定报告，及时上报业主和地方协调机构。根据该问题对工程的影响程度及时跟踪反馈信息，专人催办加大工作力度，争取在最短时间内得到解决。

9.1.3 任务划分

征拆管理任务主要划分为建设指挥部征拆工作部工作任务与标段项目部前期工作

任务。

建设指挥部征拆工作部工作任务主要如下：

(1) 前期对外协调工作主要内容：临时用地、征地拆迁、市政及交安设施拆除、绿化迁移、管线迁改、交通疏解等工作的对外协调以及完成临地批复手续办理等。

(2) 负责协助项目业主与市、区县政府各级主管部门的沟通协调，为各施工项目部开展工程建设前期工作和正常施工营造良好、和谐的外部施工环境。

(3) 负责组织各施工项目部前期工作人员的业务学习及培训。

(4) 负责组织协调前期工作实施过程中施工项目部与业主、各区政府部门及各相关单位进行工作对接。

(5) 统筹安排各施工项目部的前期工作，以"统筹、协调、管理、服务、监督、考核"为原则，组织各施工项目部按工作流程开展征地拆迁、绿化迁移、市政及交安设施拆除、管线迁改、交通疏解等前期工作。

(6) 负责协调各施工项目部配合业主完成与工程项目建设相关的征地拆迁、市政及交安设施拆除、交通疏解、管线迁改及绿化迁移等方面的对外协调工作。

(7) 负责定期和不定期检查和抽查施工项目部的前期工作进展情况。

(8) 负责对施工项目部前期工作进行考核。

标段项目部前期工作任务主要如下：

(1) 深入调查、收集、核对和整理施工红线范围的征地拆迁、管线迁改、市政及交安设施拆除、绿化迁移等的数量、类别及权属，并分类建立前期调查台账，按照调查台账格式、内容及要求按时报建设指挥部征拆工作部。

(2) 听从指挥，积极配合业主、各政府相关部门和建设指挥部按时完成工程项目前期协调工作。

(3) 按建设指挥部征拆工作部要求按时上报前期工作日报、周报、月报、年报。各施工项目部每天和每周四按格式、内容要求完整编制前期工作日报及周报，月末和年末上报前期工作月报和年报，并按时报建设指挥部征拆工作部。

(4) 为便于了解和掌握前期工作进度及存在的问题，保持前期工作的连续性，各施工项目部应对每个工点内的征地拆迁、市政及交安设施拆除、管线迁改、绿化迁移、交通疏解建立动态管理进度台账，每周更新一次并报建设指挥部征拆工作部。

(5) 按前期工作进度及时编制承包商申报表报建设指挥部征拆工作部审核。

(6) 根据工作需要，及时编制上报亟待协调解决的重大前期问题专题报告和其他资料。

(7) 根据各车站总体前期工作，按格式编制动态前期工作统筹计划，并上报至建设指挥部征拆工作部审核，以指导各项目部从容开展前期工作。

9.2 征地拆迁管理

征地拆迁管理包括征地拆迁主要内容以及征地拆迁工作流程。

1. 征地拆迁的主要内容

(1) 对影响轨道工程永久工程建设（风亭、出入口）的国有、集体土地的征收；

(2）对影响轨道工程非永久工程建设的国有、集体土地的租用及返还；(3）对影响轨道工程建设的房屋进行拆除。

2. 征地拆迁的工作流程

（1）工程项目得到批复以后，由业主收集汇总土地报征基础资料，以取得国土部门的《建设用地批准书》等相关合法用地文件，开始启动征地拆迁工作；(2）根据稳定的工程项目建设用地方位进行摸底调查，主要包括土地性质及地面附着物的分布情况等，估算拆迁费用，提出初步拆迁方案，供业主决策；(3）根据摸底情况，业主通过直接委托工程建设用地辖属政府或招标确定征地拆迁实施单位，并签订征地拆迁协议；(4）根据工程建设需求，制定拆迁方案，业主根据签订的征地拆迁协议约定的工期跟踪、监督拆迁进度，以满足工程建设用地需求。征地拆迁工作具体流程如图 9-2 所示。

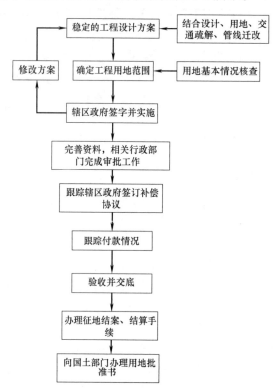

图 9-2 征地拆迁工作流程图

9.3 交通疏解管理

交通疏解管理主要工作内容有：道路导改、绿化及地面附属物的拆除，牵扯办理《占道施工及建设项目开工统筹管理核准通知单》《挖掘占用道路通知》《挖掘、占用城市道路许可证》。

交通疏解管理的工作流程为：办理《占道施工及建设项目开工统筹管理核准通知单》流程详如图 9-3 所示，办理《挖掘占用道路通知》流程详如图 9-4 所示，办理《挖掘、占用城市道路许可证》流程详如图 9-5 所示。

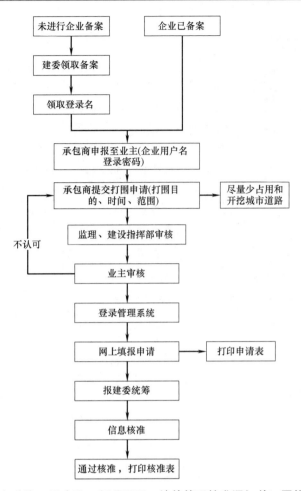

图 9-3 《占道施工及建设工程项目开工统筹管理核准通知单》网络申报程序

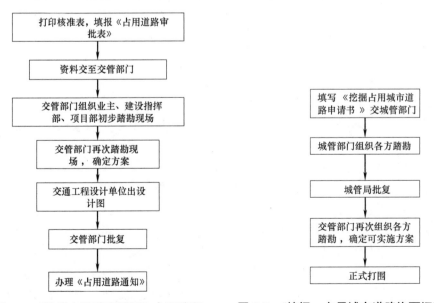

图 9-4 《挖掘占用道路通知》办理流程　　图 9-5 《挖掘、占用城市道路许可证》办理流程

9.4 管线迁改管理

市政管线是指自来水管线、电力管线、煤气管线、通信管线、排水管线以及各类管线涉及的相关设备设施等。管线迁改管理以确保市政管线运营安全，符合城市规划要求，满足地铁建设需求，符合相关技术及行业规范，有计划实施相关工作为原则进行。

管线迁改管理主要工作内容有：(1)地下管线探测，收集地铁站点相关站位及线路走向资料；(2)管线综合设计，收集稳定的站点资料和详实管探资料，进行迁改方案设计，征求规划、产权单位意见并修改设计，稳定设计方案报规划审批并最终取得规划批复；(3)管线迁改施工图设计，依据规划批复的管线综合进行各专业管线迁改施工图设计；(4)管线现状核实；(5)管线迁改计划统筹，制定可实施性管线迁改施工组织方案，并按照计划办理相关占道统筹和申报工作；(6)前期管线工作技术交底，对各相关单位需要配合和协调的问题、迁改进场时间和完成时限、现场计量和文明施工要求等进行明确；(7)依据管线施工图设计和管线计划统筹方案，实施各专业管线迁改具体作业。

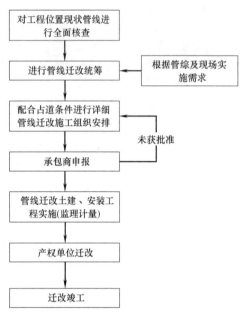

图 9-6 管线迁改工作流程图

管线迁改工作流程如图 9-6 所示。

9.5 管线保护管理

市政管线是指供水、排水、燃气、燃油、热力、电力、通信、照明、广播电视、交通信号、公共视频监控、国防及军用电缆及其他用途的各类地下（上）管线、管沟及其附属设施。管线单位是指地下（上）管线产权或管理单位。

管线保护管理条例主要包括：

(1) 建立管线保护制度体系：1)标段项目部进场后须建立健全管线保护现场巡查制度，并邀请管线单位参与现场巡查；2)落实管线保护项目部岗位职责。

(2) 标段项目部每工点应配备不少于 2 名专职管线安全保护专员，简称管线专员。

(3) 管线调查及探测。主要包括：1)在施工前，标段项目部必须根据设计文件并结合现场实际，组织对施工范围内管线进行详细调查，完成书面的调查核实报告；邀请管线单位指导编制管线保护专项方案，属于重特大风险源的应按照《重大危险源安全管理办法》实施，属于一般风险源的应按照《一般危险源安全管理办法》流程实施及完成各项审批程序，纳入轨道交通施工开工验收条件重点内容；2)在开挖作业前，标段项目部必须坚决实行"先探后挖""双确认"原则，并再次核实相关管线的类型、规格、数量、埋深、走向、运行状况、影响范围及所属产权单位等。编制《管线迁改及保护管理手册》，制定详细的管线保护计划,建立管线保护包保责任制清单,落实具体责任人;3)采用管线探测仪,同时辅以人工开挖探孔、探槽(沟)方式进行探测;盾构区间上方不明地段、联络通道、加固区域及其降水井均需进行管线探测;土方开挖区域破土前需沿开挖边界线人工开挖环形探槽(沟),每个桩及注浆孔破土前需在孔位采用人工开挖探孔,探孔及探槽(沟)须挖至地面3m以下;4)既要各相关单位现场确认,又要测量放线后各相关单位坐标确认。针对主体、附属、支(防)护结构、施工单位需提前测量放线,标识各结构影响范围,每桩位、注浆孔位探挖前需结合管线单位GIS地理信息系统核对管线位置。

(4)管线标识标牌。现场应按标准设立管线信息标识牌,内容包括管线的保护形式(废除、永久迁改、临时迁改、临时保护、原位保护)、各管线产权单位负责人、施工负责人、监理单位负责人、总包单位现场负责人、建设公司主管部门业主代表等信息及联系方式。

(5)管线交底。管线保护专项方案审批后,管线施工或临近管线区域在动土作业安全条件确认前每条管线实行两级交底;交底内容须明确管线类型、规格、平面位置、埋深、材质、运行状况、保护措施、影响范围、施工方式等各项参数,交底全过程邀请管线单位相关人员参与,并留存有管线单位签字的交底记录。主要包括:1)标段项目部方案编制人及项目技术负责人向管线专员、生产副经理、安全总监、监理单位总监代表、监理人员等管理人员进行管线保护安全技术交底;2)标段项目部管理人员、管线专员向作业班组及作业人员进行管线保护安全交底,交底方式以管线保护专项方案、管线手册并结合现场管线标识进行交底,双方共同签字确认。

(6)管线保护动土作业前须对施工安全条件进行确认。根据重大(要)性、影响范围等分为:一般管线、重大(要)管线、特别重大(要)管线三级。分级管理,分级验收见表9-1。

分级管理、分级验收表　　　　　　　　　　　表9-1

项目		分　　级		
		一般	重大(要)	特别重大(要)
分级指标 (包含但 不限于)	电缆	<10kV	小于10kV,大于100kV	大于100kV的军、国防用电(光)缆
	供水	<φ500mm	φ500mm及以上φ1000mm以下	≥φ1000mm
	雨污水	<φ1000mm	φ1000mm及以上φ1500mm以下	≥φ1500mm
	通信		一般通信线	军用、国防(通信)、影响学校、医院、消防、政府办公等
	燃气		中、低压	高压
组织验收单位		监理单位(总监)		
参加验收单位		管线单位、投融资单位(或SPV公司)、施工单位、设计单位、勘察单位、第三方单位	建设单位项目主管部门、管线单位、投融资单位(或SPV公司)、施工单位、设计单位、勘察单位、第三方单位	建设单位安质部、项目主管部门、管线单位、投融资单位(或SPV公司)、施工单位、设计单位、勘察单位、第三方单位

(7)管线保护。严禁在各类管线规定保护区内施工作业,若确需进入保护区作业,需经管线单位认可,并按:1)悬吊保护的管线采用硬质隔离保护,原位保护的管线需在地表标识出管线区域,在管线区域外沿30cm用彩旗绳设置立体警示隔离带,隔离带外沿

架设铁马架，严禁机械设备违规进入该区域作业；2）距离管线水平距离50cm、垂直距离100cm范围内禁止机械停放、作业及通行，若特殊情况下机械设备需在管线位置停放、作业及通行时，需在设备着力点下方铺设不小于20mm钢板；大型吊装作业按照经批准的专项方案执行；3）探孔及探槽（沟）开挖时需采取有效的支护措施，防止坍塌危及人身、附近管线及既有建构筑物的安全；各探孔需埋设深度不小于3m钢护筒；4）标段项目部必须对管线迁改后设置的管道堵头（尤其是雨污水管）、沿线管线（管道）的安全可靠性进行核实，设置"双封堵"既封堵断头井位置，又封堵上游临近检查井，避免因管道堵头质量问题造成施工安全隐患等上述标准执行。

（8）标段项目部在每日工序报备内容中，必须明确提出施工内容是否涉及管线，明确管线类型、材质、动土前各手续办理情况，与产权单位核实和交接情况，并落实管线责任人。

（9）管线作业或临近管线作业及不同工序转换时，由旁站监理、管线专员对作业班组人员进行交底，旁站监理、管线专员、作业人员共同作业签认后方可施工。

（10）管线迁改及邻近管线作业，监理及管线专员需全程旁站，并共同填写旁站记录备查。

（11）监测单位应按方案开展管线监测，信息化指导施工。

（12）应急管理。主要包括建立健全应急管理制度、建立应急管理机构和配齐应急物资三方面的管理。1）建立健全应急管理制度主要有：标段项目部应按照市政管网综合布置图并结合现场施工实际情况，编制管线破损、损毁、堵塞等突发事件处置方案，内容应包括：应急组织架构、应急预案、明确应急处理流程、应急联络机制、应急物资的备用与调度等。定期组织各级人员进行培训、教育及技术交底，按规定开展应急演练。2）建立应急管理机构主要有：成立应急指挥领导小组，由项目经理、项目总监任组长，主管安全副经理或安全总监任副组长；明确小组成员分工。3）配齐应急物资主要有：施工现场应配齐经管线单位认可的应急物资（包括但不限于管线保护区域内同等材料及型号的水管、燃气管、阀门、接头、作业工具等），并报监理审批验收。

10 技术管理

10.1 施工组织设计、方案管理

10.1.1 施工组织设计、方案管理职责分配

技术管理中施工组织设计和方案管理职责分配见表10-1。

施工组织设计和方案管理职责分配表　　　　表10-1

职能	部门		
	建设指挥部	施工单位	标段项目部
施工组织设计管理	组织编制、报审全线总体施工组织设计，并对标段项目部交底；审核标段施工组织设计并备案	审批标段施工组织设计	配合建设指挥部编制全线总体施工组织设计；组织编制、报审标段施工组织设计，并将文件报建设指挥部备案

续表

职能	部门		
	建设指挥部	施工单位	标段项目部
施工方案管理	监督检查标段项目部方案编制、报审情况,审核安全专项方案,参加专家论证会,方案备案管理	审批标段施工方案	制定方案编制与报审计划,编制报审各类施工方案,按要求组织专家论证,方案报建设指挥部备案

10.1.2 施工组织设计管理

1. 编制报审原则

施工组织设计编制报审应满足以下几条原则:

(1) 全线总体施工组织设计由建设指挥部组织、各标段项目部配合共同编制,依次报上级单位及监理、业主审批完成后,对标段项目部交底,总体施工组织设计编制报审流程如图10-1所示。

(2) 标段施工组织设计由各项目部项目经理组织、总工程师牵头、各职能部门配合技术部进行编制,由各项目部所属后台公司审批并加盖公章后,依次报指挥部、监理及业主单位审核批准,审批完成后3天内报建设指挥部进行备案,标段施工组织设计编制报审流程如图10-2所示。

(3) 施工组织设计应在进场后40天内完成编制及项目部内部评审。

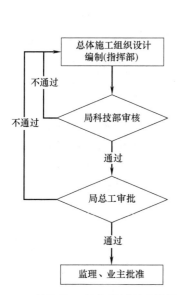

图 10-1 总体施工组织设计编制报审流程

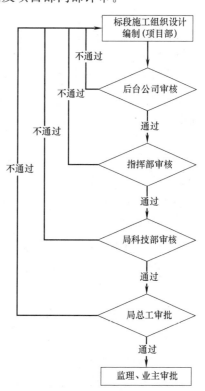

图 10-2 标段施工组织设计编制报审流程

（4）工程出现重大变更或现场施工条件发生重大变化时，项目部应重新编制施工组织设计，并重新报审完成后方可组织实施。

2. 编制要求

（1）施工组织设计应依据合同文件、施工图纸、投标技术经济文件等，结合现场施工条件、企业资源及组织管理能力等因素综合策划、优化制定，把握时效性，力求科学性、先进性、适用性和经济性。

（2）满足合约规定的各项控制指标要求。

（3）必须"用数据说话"，工期、人工、材料、机械设备、周转架料等投入计划指标要求进行计算分析，做到有理有据。

（4）合理安排施工部署和施工顺序，明确技术、劳动力、物资、施工机具和施工现场的准备工作要点。

（5）根据合同、设计文件以及现场实际情况，编制总体施工进度计划，满足建设指挥部总体工期筹划要求。

（6）采用动态原理等系统分析方法，合理控制劳动力、物资、施工机具等资源的进场流量，尽可能减少场地占用和临时设施，科学地布置施工总平面，做到文明施工。

（7）编制内容应安全可靠、技术先进、组织严密、管理科学和经济合理，要做到简明扼要、层次分明、图文并茂和醒目易懂。

（8）力求使用3Dmax、梦龙项目管理、Project、Visio等软件，保证施工组织设计的编制质量。

10.1.3 施工方案管理

1. 编审计划管理

项目进场后20天内，各标段应编制主要施工方案编制及报审计划表，报送建设指挥部审核，经修改完善后，报建设指挥部备案，报审计划表应明确方案名称、方案类别、编制完成时间、论证时间、报审时间计划等主要信息。各标段在施工过程中应根据实际情况，针对设计变更、图纸会审记录、工程洽商等文件编制相应的施工方案。建设指挥部对项目部方案编制和报审情况进行监督检查，并可根据工程实际情况，对编制及报审计划进行调整。

2. 施工方案审核管理

建设指挥部应重点审核危险性较大的分部分项工程安全专项施工方案，安全专项施工方案的管理应严格按照《危险性较大的分部分项工程安全管理规定》（建设部令37号）和《关于〈实施危险性较大的分部分项工程安全管理规定〉有关问题的通知》（建办质〔2018〕31号）文件的相关规定执行。城市轨道交通工程中需专家论证的主要安全专项施工方案见表10-2。

轨道交通工程需专家论证的主要安全专项施工方案　　　　表10-2

单位工程	方案名录
车站、明挖区间、停车场	（1）《深基坑工程专项施工方案》 （2）《降水工程专项施工方案》 （3）《高大模板支撑体系专项施工方案》 （4）《重要管线保护专项施工方案》

续表

单位工程	方 案 名 录
暗挖区间	(1)《矿山法隧道安全专项施工方案》 (2)《瓦斯监测、防控安全专项施工方案》(含通风、供电及设备防爆改造) (3)《爆破工程安全专项施工方案》
盾构区间	(1)《盾构机适应性及可靠性评估方案》 (2)《盾构机吊装、拆解安全专项施工方案(含组装、调试)》 (3)《降水工程安全专项施工方案》 (4)《45t 龙门吊安装、拆除安全专项施工方案》 (5)《盾构始发、掘进、接收安全专项施工方案》 (6)《瓦斯隧道掘进安全专项施工方案》 (7)《瓦斯监测、防控安全专项施工方案(包含供电、通风)》 (8)《管片质量缺陷处理专项施工方案》 (9)《负环管片拆除安全专项施工方案》 (10)《盾构穿越重要建(构)筑物安全专项施工方案》 (11)《联络通道安全专项施工方案》 (12)《桩基托换工程安全专项施工方案》

标段编制完成的专项方案经后台公司审核通过后,再向建设指挥部报审。由建设指挥部技术管理部组织召开专项方案内部评审会,与会人员应包括:(1)建设指挥部人员:总工程师(或副总工程师)、安全总监、技术部、安全生产监督管理部、工程管理部、质量管理部相关人员;(2)标段项目部:总工程师、安全总监、专项方案编制人员。

建设指挥部评审人员应对专项方案提出具体评审意见,并报技术管理部汇总形成《专项方案评审意见表》,经参评人员签字并盖章后返给标段项目部。标段项目部应根据建设指挥部评审意见对专项方案进行修改完善,并填写《专项方案评审意见回复表》,经建设指挥部评审人员复核并签字确认后,方可进入下一个报审环节。

3. 施工方案专家论证

专项施工方案专家论证会应由建设指挥部组织、标段项目部具体负责,专家论证会应由建设指挥部人员主持,建设指挥部技术部、工程管理部和安全生产监督管理部相关人员应出席会议。其他参建单位的参会人员应符合国家及业主相关规定。

4. 施工方案备案

各标段所有施工方案在监理单位审批完成 7 天内后,应报送建设指挥部技术管理部备案。

5. 施工方案实施监督

建设指挥部应重点监督危大工程专项施工方案现场实施情况,建设指挥部技术管理部、安全生产监督管理部、工程管理部、质量管理部等部门相关人员应定期对安全技术落实情况进行检查,对不按专项方案施工的,应立即要求整改。

10.2 施工测量、监测管理

10.2.1 施工测量、监测管理职责分配

施工测量、监测管理职责分配见表 10-3、表 10-4。

施工测量管理职责分配表　　　　　　　　　　　表10-3

职能	部门			
	建设指挥部	施工单位	标段项目部	精测队
精测招标、结算管理	统一组织精测合同招标、计量结算	/	协助建设指挥部编制精测合同工程量清单	履行分包合同约定的任务，按时完成费用申请计量工作
测量人员仪器管理	审查测量人员资质及仪器配置是否满足施工生产需要，审查仪器台账、检定证书、日常校准维保台账	根据施工生产需要给项目部调配测量人员及仪器，注重人才的培养，提供必要的测量技能培训	按施工生产需要配置足够的测量人员及仪器	按施工生产需要配置足够的测量人员及仪器
测量工作管理	组织项目部完成各项关键测量工序，督促精测队进行复核，审核成果报告	指导项目部测量组完成各项测量工作，计算并复核项目部的暗挖、盾构计划线坐标文件	完成各项关键测量工序的测量及报验	复测及审核项目部的各项关键测量工序，将复测成果上报建设指挥部审核

施工监测管理职责分配表　　　　　　　　　　　表10-4

职能	部门		
	建设指挥部	标段项目部	精测队
监测招标结算管理	统一组织施工监测合同招标、计量结算	协助建设指挥部编制施工监测合同工程量清单	履行分包合同约定的任务，按时完成费用申请计量工作
监测人员仪器管理	审查监测人员资质及仪器配置是否满足施工生产需要，审查仪器台账、检定证书、日常校准维保台账	设置一名监测主管负责施工监测工作管理，审查施工监测人员仪器资质，并上报给监理	按施工生产需要配置足够的监测人员及仪器
监测工作管理	检查施工监测单位的现场作业标准、外业观测记录、数据计算分析、日周月报	检查施工监测单位的现场作业标准、外业观测记录、数据计算分析、日周月报	按照监测规范及各项管理办法要求进行现场作业及数据分析，完成日周月报的编写和上报
监测信息管理	及时掌握施工现场的监测预警信息，监督标段项目部落实预警处置措施，审核消警材料	及时掌握施工现场的监测预警信息，落实预警处置措施，满足消警条件后申请消警	采集分析监测数据，及时上报施工现场的监测预警信息，并进行加密监测，分析预警变化趋势

10.2.2 施工测量管理

1. 精测招标、结算管理

（1）精测招标管理

建设指挥部技术部测量主管负责协助商务部进行精测队的招标工作，牵头组织全线各标段项目部测量组一起编制精测合同的工程量清单，参与商务部组织的招标、答疑、评标等流程。

(2) 精测结算管理

根据合同约定,建设指挥部技术部每月通知精测队进行计量结算,精测队负责人填写精测费用计量申请表和当月工程量完成清单,依次上报给标段项目部测量主管、技术负责人、商务经理、项目经理审核签字,加盖项目部公章后,报送给建设指挥部测量主管审核,建设指挥部测量主管审核后,依次报技术负责人、副总工程师、总工程师审核签字,然后提交给商务部审核,商务部审核后,编制分包结算书,交给精测项目负责人签字盖章,然后依次由商务经理、总经济师、常务副指挥长、指挥长签字盖章确认。最后商务部编制工程款支付表,经总经济师、指挥长审批同意后交给财务部支付给精测单位财务账户。

2. 测量人员、仪器管理

建设指挥部技术部对精测队、标段项目部测量组的主要人员资质及仪器设备情况进行检查,重点检查以下内容:

(1) 精测队负责人、技术负责人以及标段项目部测量组的测量主管是否具备相应专业资格,有无城市轨道交通或类似工程测量经验。

(2) 精测队、标段项目部测量组的测量人员是否经相关行业机构专业技术培训并考核合格后持证上岗。

(3) 精测队、标段项目部测量组的测量人数是否满足现场施工测量的实际需要。

(4) 精测队、标段项目部测量组的测量仪器设备的类型、精度及数量是否满足现场施工测量的实际需要。

(5) 精测队、标段项目部测量组的测量仪器在使用期内是否有检定证书,仪器检定台账是否建立并及时更新,每月的维护检校记录是否齐全。

3. 测量工作管理

施工测量管理的内容较多,下面按照施工前期准备阶段、施工阶段和竣工阶段的顺序来介绍测量管理内容。

(1) 施工前期的测量管理

1) 交接桩及复测管理

建设指挥部测量主管应及时与业主测量负责人及第三方测量单位对接,及时组织精测队、标段项目部测量组、监理等完成测量交接桩工作,建设指挥部测量主管在工程测量交桩记录表上签字、加盖建设指挥部印章,并完成监理单位、业主单位签字盖章流程后,将工程测量交桩记录表等资料下发给各标段项目部测量组。

第三方测量单位现场指认及移交测量控制点,精测队、标段项目部测量组应积极参加。

完成交接桩手续后,建设指挥部测量主管应组织精测队及各标段项目部测量组进行交接桩复测、相邻标段的控制点联测,及时审核交接桩复测技术报告。

精测队及各标段项目部测量组应在规定时间内完成交接桩复测工作,及时编制交接桩复测技术报告并上报建设指挥部测量主管审核。

2) 施工测量方案编制审核管理

建设指挥部测量主管应对各标段项目部的施工测量方案进行审核,重点审核施工测量方案的可实施性、测量规范引用的正确性、测量方法的适用性、测量重难点的分析和解决措施、多级复核制度的建立情况等。

各标段项目部应及时编制施工测量方案，依次上报给建设指挥部、监理、第三方测量单位审核，根据各方意见修改完善施工测量方案，最后上报建设指挥部技术部备案。

（2）施工阶段的测量管理

在施工阶段，关键测量工序较多，建设指挥部测量主管主要从以下测量环节进行管控：

1）控制网复测和加密测量的关键测量工序

① 全线控制网复测，精测队每半年复测一次，标段项目部测量组每季度复测一次，建设指挥部测量主管审核双方的复测成果报告。

② 地面加密导线、加密水准测量，标段项目部测量组根据实际情况组织测量，精测队进行复测检查，建设指挥部测量主管审核精测队的复测成果报告。

加密控制测量、联系测量及重要工程部位测量放线复核流程如图 10-3 所示。

2）车站施工测量的关键测量工序

① 围护结构桩的第一根桩设计中心或第一幅连续墙设计中线两端点以及整个车站围护结构两端的设计中心的四个角点。

② 围护结构的不规则位置及转折点位置。

③ 主体结构不规则位置及转折点位置。

④ 在施工完第一块底板后的地下导线及水准。

⑤ 施工至整个车站长度的 1/2 处时的地下导线及水准。

⑥ 如有盾构洞门钢环，须在浇筑混凝土前检测成型洞门钢环。

⑦ 与相邻供电的贯通误差测量及相邻工点的联测。

以上 7 项测量内容均由标段项目部测量组进行测量（或放样），精测队进行复测检查，建设指挥部测量主管审核精测队的复测成果报告。

3）盾构区间施工测量的关键测量工序

① 始发井或接收井内的成型洞门钢环复测。

② 始发前包括联系测量在内的基线及地下水准。

③ 盾构计划线逐桩坐标计算复核，计划线文件在录入导向系统时再次导出"双向确认"复核。

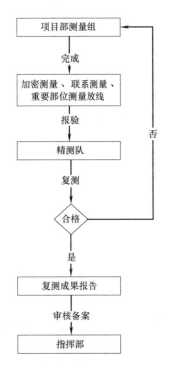

图 10-3 加密测量、联系测量及重要部位测量放线复核流程图

④ 始发基座及反力架复测、始发盾构姿态测量。

⑤ 盾构分别掘进至 150m、300～400m、贯通前 150m 处时，包括联系测量在内的地下导线、水准。

⑥ 若单向掘进长度超过 1500m 时，掘进至盾尾距始发面 600m 后每 500m 必须增加一次陀螺定向以校核坐标方位。

⑦ 管片姿态测量。

⑧ 隧道贯通误差测量。

⑨ 与车站底板的地下控制点联测。

以上 9 项测量内容除第③项以外，均由标段项目部测量组进行测量（或放样），精测队进行复测检查，建设指挥部测量主管审核精测队的复测成果报告。

第③项中盾构计划线逐桩坐标计算复核按图 10-4 流程进行，计划线文件在录入导向系统时再次导出"双向确认"复核按图 10-5 流程进行。

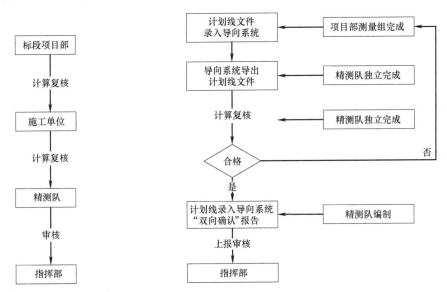

图 10-4 盾构计划线计算复核流程　　图 10-5 盾构计划线录入导向系统的"双向确认"流程图

4) 暗挖区间施工测量的关键测量工序

① 暗挖开工前的地面加密控制测量。

② 暗挖隧道计划线逐桩坐标计算复核。

③ 在隧道分别掘进至 50m、100~150m、贯通前 150m 处时包括联系测量在内的地下导线及水准。

④ 若单向掘进长度超过 1000m 时，掘进至 150m 后每 600m 必须增加一次包括联系测量在内的地下导线及水准，并加测陀螺定向以校核坐标方位。

⑤ 初支断面测量。

⑥ 隧道贯通误差测量。

⑦ 初支完工后的地下控制点联测；隧道进行二衬施工放样时须使用联测后的控制点成果。

⑧ 二衬完工后的地下控制点联测。

以上 8 项测量内容除第②项外，均由标段项目部测量组进行测量（或放样），精测队进行复测检查，建设指挥部测量主管审核精测队的复测成果报告。

(3) 竣工阶段的测量管理

工程主体结构竣工后，建设指挥部测量主管应做好以下事项：

1) 联系设计院对精测队及各标段项目部测量组进行竣工结构断面测量技术交底，掌握结构断面测量要点和其他要求。

2) 组织各标段项目部测量组进行断面测量和成果上报，组织精测队抽测复核。

3）检查各标段项目部施工测量报验资料及归档移交等总体工作，督促标段项目部测量组整理完善相关竣工资料。

10.2.3 施工监测管理

1. 施工监测招标、结算管理

（1）监测招标管理

建设指挥部技术部测量主管负责协助商务部进行施工监测的招标工作，牵头组织全线各项目部一起编制施工监测合同的工程量清单，参与商务部组织的招标、答疑、评标等流程。

（2）监测结算管理

根据合同约定，建设指挥部技术部每月通知施工监测单位进行计量结算，费用计量结算流程与精测费用计量结算流程相同。

2. 监测人员仪器管理

建设指挥部技术部对标段项目部监测、施工监测项目部的主要人员资质及仪器设备情况进行检查，重点检查以下内容：

（1）标段项目部是否指定专人担任监测主管，对施工监测工作进行管理。

（2）施工监测项目部的负责人、技术负责人是否具备相应专业资格，有无城市轨道交通或类似工程监测经验。

（3）施工监测项目部的监测人员是否经相关行业机构专业技术培训并考核合格后持证上岗。

（4）施工监测项目部的测量人数是否满足现场施工监测的实际需要。

（5）施工监测项目部的测量仪器设备的类型、精度及数量是否满足现场施工监测的实际需要。

（6）施工监测项目部的测量仪器在使用期内是否有检定证书，仪器检定台账是否建立并及时更新，每月的维护检校记录是否齐全。

3. 监测工作管理

施工监测项目部应根据施工进度和批复的施工监测方案开展监测工作，建设指挥部及项目部应对施工监测项目部定期检查施工监测的工作执行情况。

施工监测工作流程及流程分解如图10-6所示。

（1）建设指挥部监测主管应对施工监测项目部做好以下管理工作：

1）审核施工监测方案，重点检查监测方案编制依据的准确性，监测范围、等级确定的合理性，监测项目或巡查内容的完整性，基准点、监测点埋设的规范性，监测控制网测量的科学性，监测及巡查频次，监测信息反馈流程或预警标准，质量安全保证措施等。

2）检查监测基准网的复测报告及原始记录，要求开始每月复测一次基准网，待基准点都稳定后，每季度复测一次。

3）联合监理、第三方监测单位一起参与监测点验收，对已埋设的监测点的位置、数量、测点编号、标识标牌进行检查验收，填写验收意见，并加盖建设指挥部印章。

4）收集并审查施工监测日报、周报、月报等成果报告。

5）重视施工监测异常及预警信息，及时跟进预警险情的发展趋势，参加监测预警专

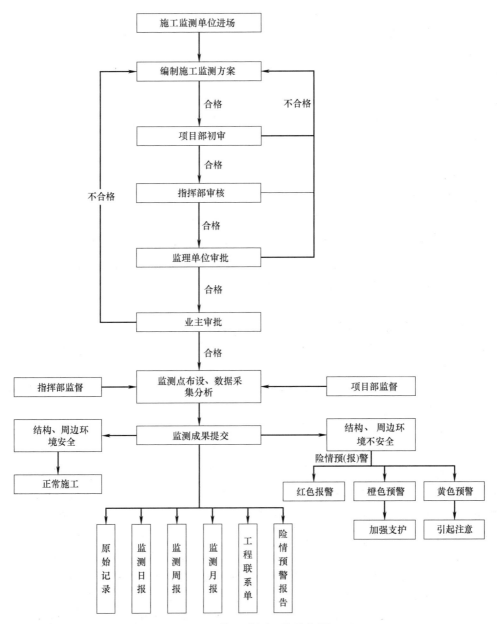

图 10-6 施工监测工作流程图

题分析会,督促标段项目部落实抢险措施,处置预警事件。

  6) 审批标段项目部的预警消警材料。

  7) 每季度对施工监测项目部进行履约考评检查,并全线通报检查结果。

(2) 标段项目部应对施工监测项目部做好以下管理工作:

  1) 要求施工监测项目部上报单位资质、人员仪器台账,并报送监理单位审查。

  2) 督促施工监测项目部编制施工监测方案,并审核其内容。

  3) 督促施工监测项目部按施工监测方案埋设监测点位,做好标识标牌。

  4) 巡查现场的监测点损坏后的恢复及补救情况。

5) 对施工监测项目部的日常工作进行管理。

6) 收集并审查施工监测日报、周报、月报等成果报告。

7) 重视施工监测异常及预警信息，参加监测预警专题分析会，积极落实抢险措施，处置预警事件。

8) 申请预警消警手续。

9) 配合建设指挥部完成施工监测项目部的费用计量结算确认工作。

(3) 施工监测项目部应做好以下监测工作：

1) 进场：按照合同文件要求，及时按照要求配置监测管理人员和技术人员进场，踏勘现场，做好监测准备工作。

2) 编制施工监测方案：按照合同要求、设计文件及现场踏勘的结果编制科学、合理的施工监测方案，保证监测工作技术体系、管理体系与工程实际情况相匹配。

3) 施工监测方案的审批工作流程：方案审批通过后报建设指挥部备案。

4) 监测点布设、数据采集分析：严格按照批准的施工监测方案和合同要求开展现场工作，并及时分析归纳监测数据，判断监测成果是否超预警指标，该过程接受建设指挥部和标段项目部的监督。

5) 监测成果提交：当监测数据显示工程结构或周边环境变形、受力异常时，根据监测预警体系及时发出工程险情预警信息，并由施工监测项目部负责人第一时间（采用电话）向各单位汇报相关情况，次日，及时将《施工监测预（报）警报告》或《施工监测联系单》提交至各相关单位签收；施工监测项目部按照要求按时提交监测日报、监测周报和月报文件，并做好文件签收工作。

4. 监测信息管理

(1) 施工监测资料的整理、分析与反馈要求

1) 为确保监测成果的质量，加快信息反馈速度，全部监测数据均应由计算机管理，并按相关要求采用统一格式及时向建设指挥部、项目部等提交监测日报、周报和月报，并绘制测点位移随时间或空间的变形曲线图，并认真进行变形分析，预测变化趋势，对施工提出技术可行、经济合理的意见和建议。

2) 监测单位须建立内部的"三级复核制"，各种成果、计算数据和报表都必须有观测者、计算者、复核者的签字。监测数据原始记录须规范化，并收集整理备查，具备可追溯性。竣工文件按照相关要求编制完成，报建设指挥部及项目部存档。

3) 监测单位要建立数据处理网络信息系统，保证施工监测的时效性、准确性、科学性，向建设指挥部、项目部等提供必要的监测信息（日报、周报、月报）和各种计划、方案、总结报告的书面及电子文档。

4) 待施工监测工作全部结束后，应编写施工监测总结报告报建设指挥部备案。

(2) 施工监测预警信息反馈

当现场发生险情时，施工监测单位根据监测数据应按表10-5要求执行工程险情预警。

(3) 消警流程

当标段项目部采取措施处理完预警、监测数据稳定并符合消警条件后，由施工监测项目部提供监测数据资料，标段项目部整理消警材料，报建设指挥部、监理、第三方监测及业主等单位审核，经参建各方同意后消警。消警管理流程如图10-7所示。

施工监测险情预（报）警表 表 10-5

警情等级	状态描述	监测管理机制	应对措施
白色预警（内部预警级别）	实测累计值达到控制指标的50%且变化速率达到控制值的80%以上，或者变化速率未达到控制值、但实测累计值达到控制指标的70%且仍有变大的趋势，将进行白色报警	监测管理：加密监测频率，加强对地面和建筑物沉降动态的观察，尤其应加强对预警点附近的雨污水管和有压线管等的监测。 预警程序：施工监测单位在确认发送白色预警后立即上报，应以短信及QQ方式通知项目部总工、建设指挥部安监部及技术部，次日向相关各方提交书面预警工作联系函	措施：由建设指挥部安监部牵头组织召开由建设指挥部（安监部、工程部、技术部）、项目部、施工监测等相关单位参加的预警专题会议，分析变形或沉降的原因，确定控制变形和沉降的处理方案和措施，并形成会议纪要。 施工状态：加强现场检查，对预警点附件地下管线进行加固处理，并规范施工
黄色预警	1. 实测累计值达到控制指标的2/3且变化速率达到控制值； 2. 监测工程师判断伴有"危险情况"（见下注）出现，将进行黄色报警	监测管理：加密监测频率，加强对地面和建筑物沉降动态的观察，尤其应加强对预警点附近的雨污水管和有压管线等的监测。 预警程序：监测单位在确认发送黄色预警后立即上报，应以短信及QQ方式通知项目部、监理单位、建设指挥部安监部及技术部，次日向相关各方提交书面报警报告	措施：由监理组织召开由业代、设计、施工、监理、第三方监测等相关单位参加的预警专题会议，分析变形或沉降的原因，确定控制变形和沉降的处理方案和措施，并形成会议纪要。对现场开挖、支护进行全面排查，加强对地面和建筑物沉降动态的观察，尤其应加强对预警点附近的雨污水管和有压管线的检查和处理。 施工状态：加强现场检查，对预警点附件地下管线进行加固处理，并规范施工
橙色报警	1. 变化速率连续二次达到控制值，第二次进行橙色报警； 2. 实测累计值达到控制值且变化速率达到控制值2/3进行橙色报警； 3. 监测工程师判断伴有"危险情况"（见下注）出现，将进行橙色报警	监测管理：除进行上述活动外，应加强监测管理，强化施工监测在施工过程中的指导和预警作用，密切跟踪现场施工进度，加强观测、增加量测频度、检查量测设备、分析原因、提出施工建议，启动应急预案。 预警程序：监测单位在确认发送橙色预警后立即上报，应首先电话通知建设指挥部监测负责人，再以短信及QQ方式通知项目部、监理单位、建设指挥部安监部及技术部，次日向相关各方提交书面报警报告	措施：继续加强上述活动外，由监理组织召开由业代、设计、施工、监理、第三方监测等相关单位参加的预警专题会议，分析变形或沉降的原因，确定控制变形和沉降的处理方案和措施，并形成会议纪要。项目部根据会议纪要要求及周边环境情况采取必要的加固措施、控制变形趋势的发展。 施工状态：根据会议要求全面整治，必要时停工，解除预警后，恢复正常施工
红色报警	实测累计值和变化速率均达到控制值，并监测工程师判断伴有"危险情况"（见下注）出现	监测管理：除进行上述活动外，应增加测点，采取特殊手段，确保施工安全。 预警程序：监测单位在确认发送红色预警后立即上报，应首先电话通知建设指挥部总工程师、安质总监，再以短信及QQ方式通知项目部、监理单位、建设指挥部安监部及技术部，即日（若情况特殊，于次日）向相关各方提交书面报警报告	措施：直接达到红色预警状态时，立即停工，加强支护，由监理组织召开有技术专家参与的预警专题会，制定总体处理方案和措施，形成会议纪要，项目部根据纪要立即研究细化制定切实可行的专项处理方案及相应的技术措施，并立即予以实施，直至预警解除。 施工状态：停工整治，解除预警后，恢复正常施工

续表

警情等级	状态描述	监测管理机制	应对措施
紧急报警	指未经过前三个预警中任意一次预警而伴有"危险情况"或"突发安全隐患"或者在没有监控点的部位出现"突发安全隐患"（见下注）	监测管理：除进行上述活动外，应增加测点，采取特殊手段，确保施工安全。预警程序：监测单位在确认发送红色预警后立即上报，应首先电话通知建设指挥部总工程师、安质总监，再以短信及QQ方式通知项目部、监理单位、建设指挥部安监部及技术部，即日（若情况特殊，于次日）向相关各方提交书面报警报告	措施：直接达到红色预警状态时，立即停工，加强支护，由监理组织召开有技术专家参与的预警专题会，制定总体处理方案和措施，形成会议纪要，项目部根据纪要立即研究细化制定切实可行的专项处理方案及相应的技术措施，并立即予以实施，直至预警解除。施工状态：停工整治，解除预警后，恢复正常施工

注：危险情况为：①监测数据达到报警值的累计值。②基坑支护结构支护或锚杆体系出现较大的变形、压曲、断裂、松弛或拔出迹象。③盾构区间上方地表为交通干道，出现下沉或地表拉裂趋势，或可能造成不良社会影响。④建筑物出现新裂缝或者所监测的裂缝有发展趋势或者建筑物不均匀沉降达到规范或图纸要求的数值。⑤监测单位应根据实际情况及时对监测数据和巡视结果进行综合分析，当发现有其他危险情况时，也应及时报警。

突发安全隐患：①监测数据突然达到红色预警值，并有继续发展下去的趋势。②基坑支护结构或者周边土体的位移值突然明显增大或基坑出现流沙、管涌、隆起、陷落或者较严重的渗漏等现象。③周边建筑的结构部分或周边出现较严重的突发裂缝或危害结构的变形裂缝。④周边管线监测数据突然明显增长或者出现裂缝、泄漏等。⑤盾构区间上方地表出现局部坍塌或造成不良社会影响。⑥建筑物监测数据突然明显增长或者出现裂缝。⑦根据现场工程师经验判断，出现其他必须进行突发安全隐患报警的情况。

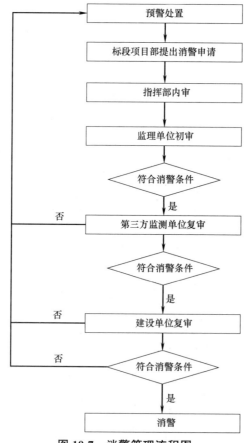

图 10-7 消警管理流程图

10.3 试验检测管理

10.3.1 试验检测管理职责分配

试验检测管理职责分配见表 10-6。

试验检测管理职责分配表　　　　表 10-6

职能	相关单位职责分配			
	建设指挥部	施工单位	标段项目部	外委试验检测单位
试验人员管理	审查标段试验人员数量与资格;组织岗前培训,并考核合格后上岗;定期组织开展试验检测专项培训与观摩学习	负责按建设指挥部要求配置试验人员,对试验人员进行考核	安排人员分工,对试验人员进行考核	对标段试验人员进行交底,明确各项试验检测工作的送检流程与现场准备工作
试验检测计划管理	指导、审查标段试验检测总体计划、月度计划,并监督计划执行情况	审查标段试验检测总体计划,监督总体计划完成情况	制定标段试验检测总体计划、月度计划,并按计划执行	/
试验检测器具管理	指导、审查标段试验检测器具购置计划、养护室建设,对标段养护室运行情况进行监督、管理	审查、批准标段试验检测计量器具购置计划	制定标段试验检测器具购置计划,按现场环境及工程量建设标准养护室,按规范要求维护运行	/
委托试验检测管理	制定试验检测管理制度与工作流程,并监督管理标段执行	监督管理标段委托试验检测工作	根据现场施工情况进行委托送检工作	依据执行国家规范、行业标准与委托方的要求及时出具真实有效的试验检测报告
试验检测资料管理	定期对标段项目试验资料进行检查指导,保障项目资料正确、有效	组织对项目试验资料进行检查	建立试验检测台账;及时收集试验资料;按要求进行资料报审工作;按要求进行试验检测资料评定、汇总、归档工作	按委托方要求出具相应试验检测资料
商混站、管片厂试验检测管理	审核商混站资质并报送建设单位审批;对管片厂委托检测单位资质进行审批或工地试验室进行验收;定期对商混站、管片厂试验检测工作进行检查	审核商混站、管片厂资质,批准商混站、管片厂的使用	验证商混站混凝土配比,定期抽检商混站原材料,对进场混凝土进行试验检测;对管片厂进行进场检验	按委托方要求进行检测
不合格检测处理	不合格检测结果及时通报质量管理部,配合质量管理部对不合格检测进行处理	/	建立不合格台账,对不合格材料退场处理、对工序检测不合格部位进行返工或修复,并将处理结果报送建设指挥部	配合建设指挥部进行相关试验检测工作

续表

职能	相关单位职责分配			
	建设指挥部	施工单位	标段项目部	外委试验检测单位
外部试验检测工作协调	配合质监站的监督检查,配合建设单位的原材料抽检、检查、实体检测工作等;参加相关的试验检测会议;	/	准备相关资料迎接相关检查、安排相应人员配合过程抽检	/

10.3.2 试验人员管理

1. 试验人员配置要求

标段项目部试验人员是试验检测工作最终执行者,试验人员的专业素质与数量直接影响试验检测工作的开展。标段配置的试验人员需要满足业主单位关于工程质量检测试验管理的要求与现场检测工作的需要。

(1) 试验人员数量要求:标段项目部在开工前应根据建设指挥部及业主要求配置相应的试验人员,标段应配置试验负责人1名,专职的试验资料人员1名,每站点或区间应增加1名试验人员。

(2) 试验人员资质要求:标段项目部至少配置1名试验工程师,试验检测工程师及试验员持有试验检测岗位资格,取样员要经项目授权,确保试验检测工作的有效开展。

(3) 建设指挥部在项目开工前对试验人员进行岗前培训,培训后组织考核,考核合格后试验人员方可上岗。建设指挥部组织试验检测岗前培训内容包括:试验检测相关规章制度、地方标准、业主工程质量检测管理办法、建设指挥部试验检测管理细则、地铁项目主要送检项目及频率等。

2. 试验人员专业素质提升

在项目建设过程中,建设指挥部、施工单位与标段项目部应定期组织试验检测相关培训、观摩学习、试验检测交流等活动以提高试验人员专业素质。

3. 试验人员考核

标段项目部应定期对试验人员进行考核,对因试验人员的问题导致试验工作滞后或试验工作存在严重问题的工作情况需要及时整改,增加、调整试验人员。

项目建设过程中,建设指挥部根据项目试验检测工作开展情况考察标段试验人员数量是否能满足实际需求,及时纠正试验人员工作中存在的问题。

10.3.3 试验检测计划管理

(1) 项目开工前,标段项目部应根据设计文件、相关规范制定标段试验检测总体计划,并报监理、建设指挥部审批。

(2) 项目在施工过程中标段项目部应根据试验检测总体计划与项目部施工计划制定标段试验检测月度计划,月度计划作为标段项目部内部管理、考核使用。

(3) 标段项目部对比较复杂的大型试验检测,标段项目部应编制专项试验检测方案并报监理与建设指挥部审批,审批通过后方可实施。

(4) 建设指挥部应指导、审批标段项目部的试验检测总体计划与专项试验检测方案,通过试验检测周报、月报和在日常试验检测检查中督促标段试验检测计划执行，如有偏差的及时纠偏。

10.3.4 试验检测器具管理

1. 试验检测器具购置与养护室建设

项目开工后标段项目部应制定相应的仪器设备购置计划，购置计划需报建设指挥部审批后实施。标段项目部应根据地铁项目施工内容配置试验检测器具，主要包括：混凝土养护室自动控温控湿仪、混凝土坍落度测定仪、混凝土试模、砂浆试模、水泥胶砂试模、温度计、混凝土回弹仪、游标卡尺、钢直尺，其他仪器可以根据实际需要进行配备。

标段项目部应根据站点和区间位置制定养护室建设方案，养护室建设方案需报建设指挥部审批后实施。养护室建设应满足施工高峰期混凝土试件数量要求且养护室面积不得低于 30m²，相邻站点或区间可以共用一个养护室，但站点距离不得超过 2km。为便于试验检测操作与试验检测器具存放，养护室旁应设立独立的试验工作室。

2. 试验检测器具、养护室使用与运行

标段项目部在项目施工过程中应建立试验检测器具台账，定期检定或校定试验检测器具，建立相应的仪器设备台账、养护与使用记录，确保量值传递准确的统一与准确。

标段项目部应在项目施工过程中按规范要求维护养护室的运行。定期检查设备运行情况，建立温度和湿度记录、设备维修记录，确保养护室的温度和湿度满足规范要求；按规范要求标识和放置砂浆或混凝土试件，并填写混凝土试件出入库台账，确保试件与台账对应，养护室不得有空白、过期试件。

3. 监督管理

建设指挥部应根据项目工程量与建设项目特点指导、审查标段的养护室、工作室的建立，并对养护室进行验收检查，验收检查合格后方可使用。

建设指挥部应定期检查标段仪器设备保养与标定情况、养护室的运行情况，检查应包括试验检测器具台账、试验检测器具标定与保养、养护室的温度和湿度、混凝土试件、混凝土出入库台账、温度和湿度记录等，建设指挥部在检查中若发现不满足规范要求的，应及时进行纠正。

10.3.5 委托试验检测管理

1. 委托试验检测单位资质管理

建设指挥部应组织施工自检委托检测单位的招标工作，检测单位应取得省、自治区、直辖市人民政府建设主管单位颁发的相应的资质证书，资质证书应包含：专项检测类、见证取样检测类，具体检测资质内容和建设项目检测内容应基本一致。

招标前由建设指挥部将检测单位名录、招标文件、检测合同报送建设单位审批，审批通过后建设指挥部组织招标。招标工作完成后建设指挥部将中标单位资质、合同报业主备案。

2. 委托试验检测单位管理

建设指挥部应通过委托检测合同约定试验检测报告数量、委托接样和送样方式、出具试验检测报告期限、不合格检测结果处理流程等内容。建设指挥部根据约定内容定期考核委托检测单位履约情况，对未履行合同的检测单位及时予以纠正或处罚，直至解除合同。

3. 委托试验检测工作管理

项目开工后，建设指挥部应根据地铁项目主要试验检测内容及检测项目，对标段试验人员进行交底。标段项目部应负责施工材料进场抽样、砂浆、混凝土施工过程中的试件制作、养护、委托送检工作并督促检测单位及时出具试验检测资料。

建设指挥部应监督标段项目部是否按要求进行委托送检，检测频率是否满足规范，检测项目是否满足设计要求等。对于委托试验检测工作滞后的标段项目部，建设指挥部应进行重点帮扶、督促整改，必要时应向施工单位发函，敦促施工单位共同监督整改。

建设指挥部定期检查试验检测报告的及时性、准确性、有效性，避免未及时检测、未依据现行规范、未按委托内容检测等情况。

10.3.6 试验检测资料管理

项目开工后建设指挥部应根据建设单位与城建档案馆的要求统一试验类资料表格、试验检测台账格式与试验检测资料的数量，并对标段项目部试验人员进行交底；委托检测单位依据合同与标段项目部要求及时出具试验检测报告；标段项目部应及时收集试验检测资料，及时完成试验检测资料的报审、评定、汇总、归档工作。

建设指挥部应定期检查标段试验检测资料情况，避免出现资料滞后或不全等现象。需要检查的试验资料主要包括：试验检测台账、试验检测报告、报审表、见证取样单、合格证明材料、资料汇总表、资料评定表、资料归档等内容，并督促检查委托检测单位出具的试验检测报告是否及时、有效。对试验检测资料工作滞后的标段项目部或检测单位要及时提出整改意见并督促整改，确保试验检测资料准确、完整、有效。

10.3.7 外部试验检测工作协调

标段项目部应配合业主、质量监督站的抽检、检查工作，根据需要准好现场迎检人员、检测配合人员，做好现场检测条件准备和相关资料准备等。

建设指挥部应积极配合质监站、建设单位的监督检查与抽检工作。参加由质监站、建设单位、第三方检测单位组织的试验检测类会议，及时向标段传达会议精神。根据标段项目部的需求组织召开试验检测交流会，加强标段与建设单位、第三方检测单位的沟通。

10.3.8 商混站、管片厂试验检测管理

1. 商混站资质管理

建设指挥部在开工后应根据合同文件要求对各标段确定的商混站资质进行审查，并报送建设单位备案，完成备案的商混站方可供应混凝土。

2. 管片厂试验检测资质管理

当管片厂试验检测工作采用外部委托模式时，建设指挥部应审核委托检测单位资质；若管片厂设置工地试验室，建设指挥部应组织对其工地试验室进行验收，验收合格后方可开展试验检测工作。工地试验室验收项目主要包括：试验人员配置及人员资格、母体试验室资质、工地试验室检测参数、仪器设备及标定情况、试验室建设等。

3. 商混站、管片厂主要试验检测工作管理

建设指挥部应在施工过程中对商混站、管片厂的试验检测工作进行监督、检查，内容包括：定期抽检管片厂、商混站原材料；定期对管片厂、商混站的生产配比进行检查；审核管片厂的管片专项试验检测方案，包括三环拼装、管片抗渗、管片抗折试验，定期检查管片专项试验检测工作开展情况。建设指挥部在检查过程中应形成检查记录，对不满足规范要求的情况，及时下发整改意见。

10.3.9 不合格试验检测项处理

原材料检测过程中，自检单位与第三方检测单位应及时对样品进行检测，原材料检测合格后方可投入使用。若自检不合格，自检检测单位要及时告知建设指挥部、标段项目部，标段试验室应建立不合格台账，并按规范要求做好复检工作。若复检结果仍不合格，该批原材料应立即退场。若第三方检测单位检测不合格，标段项目部还需将原材料退场处理情况书面报送建设指挥部及业主；标段试验室应对不合格检测项建立台账，做好处理记录。

现场检测或工序检测过程中，自检与第三方检测单位检测合格后方可进入下道工序。若自检不合格，自检单位要及时告知建设指挥部和标段项目部，建设指挥部组织标段项目部进行原因调查、分析、研讨、论证以及处理工作。若第三方检测不合格，标段项目部应立即报告建设指挥部，共同进行不合格项处理。

10.4 科技创新成果管理

10.4.1 科技工作计划管理

1. 科技工作计划管理职责分配

科技工作计划管理职责分配见表10-7。

科技工作计划管理职责分配表　　　　　　表10-7

职能	相关单位职责分配		
	建设指挥部	施工单位	标段项目部
科技工作计划管理	编制项目总体科技工作计划，按照上级单位下达的科技工作指标，向项目部进行分解，并督促项目部及时完成科技任务	审核项目上报的科技工作计划，监督落实	开工前填写科技工作计划表上报备案。月末季末上报科技工作总结及下一步的工作计划，按指标上报科技成果

2. 科技工作计划管理内容

建设指挥部负责编制项目总体科技工作计划，按照上级单位下达的科技工作指标，向标段项目部进行分解，并督促标段项目部及时完成科技工作任务。

标段项目部应积极开展科技创新工作，按照建设指挥部下达的技术进步指标，在开工前填写科技工作计划表，并报指挥部备案。在每个月末和每个季度末向指挥部技术部上报科技工作总结及下一步的工作计划，按指标上报本年度专利、工法、论文、五小成果及优

秀施工组织设计（施工方案）完成情况等。

10.4.2 科技管理

1. 科技管理职责分配

科技管理职责分配见表10-8。

科技管理职责分配表　　　　　　　　　　　　　　　表10-8

职能	相关单位职责分配		
	建设指挥部	施工单位	标段项目部
建筑业新技术应用示范工程管理	统一组织申报新技术示范工程，汇总、整合、上报申报书、任务书，监督指导项目部开展实施应用新技术示范工程，汇总上报过程资料、实施情况，审核、汇总、上报验收资料，申请验收	审核标段项目部编制的科技示范工程申报书、任务书，配合项目部开展实施新技术应用示范工程	编制申报书、策划书并报建设指挥部，实施新技术应用示范工程，总结过程资料、实施情况报建设指挥部。提交完善验收资料，配合总结验收
绿色施工示范工程管理	统一组织申报绿色施工示范工程，汇总、整合、上报申报表、实施方案，监督检查实施情况，审核、汇总、上报验收资料，申请验收	审核标段项目部编制的绿色施工示范工程申报、任务书，配合项目部开展实施绿色施工示范工程	编制申报书、策划书并报建设指挥部，实施绿色施工示范工程，总结各项技术，收集整理资料，建立台账填写落实情况总结过程资料，填写申请表，配合验收
科技研发课题管理	成立课题组，组织提出科技研发课题，汇总整合全线科技研发课题申报书并上报，上报阶段性总结，监督、检查课题完成情况及经费使用情况，汇总整合课题研究报告、科技鉴定材料，提出结题申请，组织科技成果总结评价	为项目科技研发课题提供必要的人员、资金保障和技术支持，组织子课题科技查新和成果评价	成立子课题组，提出研发子课题并填写申报书，明确职责、研究实施课题，进行阶段性总结，接受中期检查。完成过程资料和成果总结，上报子课题研究报告，配合进行科技成果总结评价
科技成果管理	组织申报科技进步奖及科技推广奖，审核和备案其他科技成果（论文、工法、专利、五小成果、施组、方案等），建立管理台账	审核项目部上报的科技成果，并组织申报	申报科技成果（论文工法、专利、五小成果、施组、方案等）并报建设指挥部备案

2. 科技管理的主要内容

（1）示范工程：新技术应用示范工程（公司级、省级、国家级等），绿色施工示范工程（省级、国家级等），BIM示范工程。

（2）科技研发课题（公司级、省部级、国家级等）。

（3）科技成果（科技进步奖、科技推广奖、专利、工法、论文、著作、五小成果等）。

3. 示范工程管理

（1）申报

为发挥工程规模效应，科技示范工程应由建设指挥部牵头统一组织申报。项目进场后，建设指挥部组织各标段在开工前填写示范工程申报书，编制示范工程实施策划书，经标段后台公司审核后报送建设指挥部汇总整合，形成项目整体的申报书和实施策划书，再由建设指挥部向主管单位申报。

(2) 实施

示范工程申报成功后，建设指挥部将申报内容进行任务分解，明确各个标段的具体实施任务。各标段再根据具体实施任务编写详细的实施方案，并随着工程进展情况，逐项完成实施任务，并将影像资料、过程记录、技术总结等相关资料及时整理汇总，编写和整理要求由建设指挥部在实施前根据主管单位的要求进行统一明确。

建设指挥部定期对示范工程的实施情况进行监督检查，确保各标段均按计划完成各项任务的实施和总结，避免实施漏项或后期补资料的现象发生。对于需要主管单位进行过程检查的示范工程，由建设指挥部牵头组织迎检工作，提前选择迎检标段并做好准备工作。

(3) 验收

因土建标段在示范工程最终验收时已经退场，建设指挥部在土建标段退场前组织一次内部中间验收，重点检查影像资料、过程记录、技术总结等相关资料的整理情况，对不符合要求的标段项目部应立即整改，合格后方可允许相关人员退场。

从竣工前2个月开始，建设指挥部应收集整理各土建标段和站后标段的相关资料，完成后将验收申请书报送主管单位，申请主管单位的最终验收。

4. 科技研发课题管理

(1) 申报

项目进场后，建设指挥部牵头组织各标段提出科技研发子课题并填写申报书，建设指挥部审核并汇总整合，形成项目整体科技研发课题申报书，然后由建设指挥部向主管单位申报科技研发课题。子课题申报书填写要求如下：

1) 工程难点、创新点需结合标段实际情况分析工程科技可策划点，确定课题关键技术。

2) 课题关键技术确定后，通过查阅相关文献，编写子课题需求分析，主要包括：研究意义、国内外研究现状、课题现有工作基础、课题实施的社会、经济效益。

3) 课题主要研究内容根据子课题关键技术编写，编写时需写明子课题主要研究点，各研究点拟使用研究方法，预期研究结果。

4) 子课题进度计划需结合工程施工进度计划编制，保证课题做到工程实施前策划，工程按策划实施，数据按策划收集，关键技术工程结束后及时总结、形成成果。

5) 子课题研究经费需根据课题实际需求编制。

(2) 研发

课题申报成功后，建设指挥部将申报内容进行任务分解，明确各个标段的具体研究的子课题任务。各标段应根据申报书的研发计划开展研发工作，并将影像资料、过程记录、技术总结等相关资料及时整理汇总。

建设指挥部定期对各标段子课题的研发进展情况进行监督检查，确保各标段均按计划完成各项任务的研发、应用、单项技术总结及成果申报。对于需要主管单位进行中期检查的科技研发课题，由建设指挥部牵头组织迎检工作，提前组织各标段编写子课题研发工作报告，并汇总整理形成项目课题研发工作报告，工作报告应包含以下内容：

1) 课题计划执行基本情况；课题组织与实施情况；课题进度情况；课题计划的调整说明（进度、目标、人员调整等）。

2) 课题开展的研究活动及其研究内容；具体的研究工作；研究内容描述。

3）已经取得的研究成果及其应用：取得的研究成果；课题研究对生产经营的作用；课题研究对行业发展的作用；成果应用及其预期效益。

4）经费使用情况说明。

5）存在问题及改进措施。

6）成果明细表和证书复印件。

(3) 结题

当项目申报的全部子课题均完成研发和应用后，建设指挥部应组织各标段开展结题准备工作，编写课题工作报告和研究报告，填写结题申请表，并向主管单位提出结题验收申请，课题研究报告应包含以下内容：

1）概述：课题研究背景（现状）；课题研究内容；课题研究目标与技术路线；研究目标；技术路线；课题成果体系；关键技术与创新点；经济效益和社会效益。

2）各单项技术研究：重点写研究内容、研究方法及研究成果等。

3）问题与展望。

4）参考文献。

(4) 科技成果评价

课题结题后，由建设指挥部统一组织科技成果评价。通过评价的项目资料，按规定上报、登记并存档。

5. 科技成果管理

科技进步奖及科技推广奖应由建设指挥部组织申报；专利、工法等其他科技成果可由建设指挥部和标段自主申报。建设指挥部和标段的任何团体或个人以项目为载体获得的各类科技成果、奖励均需在建设指挥部备案。

10.5 技术标准管理

10.5.1 技术标准管理职责分配

技术标准管理职责分配见表10-9。

技术标准管理职责分配表 表10-9

职能	相关单位职责分配	
	建设指挥部	标段项目部
技术标准管理	负责技术标准、规范、图集的识别，建立并及时更新技术标准、规范、图集清单，定期下发项目部	项目部应根据建设指挥部下发的清单配备规范标准及业主、建设指挥部相关管理制度文件，并定期组织培训学习

10.5.2 技术标准管理内容

(1) 建设指挥部负责国家、行业及工程所在地的技术标准、规范、图集的识别，建立与地铁工程相关的技术标准、规范、图集有效版本目录清单，并及时更新，定期下发项目部。

（2）标段项目部应根据建设指挥部下发的清单配备有效适用的技术标准和规范（主要施工及质量验收规范应为正式发行的纸质版），同时配备业主、建设指挥部相关管理制度文件，并建立配备清单。作废的标准、规范、制度文件应及时回收销毁或加盖作废标记。

（3）标段项目部应定期组织管理人员进行标准、规范培训学习，做主要工序开工前应着重组织工序相关规范条文的培训学习，做好参会人员签到记录、培训效果调查表和培训照片的存档工作。

10.6 工程资料管理

10.6.1 工程资料管理职责分配

工程资料管理职责分配见表10-10。

工程资料管理职责分配表　　　　　　表 10-10

职能	相关单位职责分配		
	建设指挥部	施工单位	标段项目部
前期资料策划	审核标段工程资料管理策划，督促标段进行内部宣贯	监督标段完成工程资料管理策划编制工作	编制工程资料管理策划，将工程资料收集范围和要求、分部分项划分、部门职能分工进行宣贯。作为项目资料管理的指导性文件
资料人员管理	审查标段资料人员数量和资质；组织岗前培训，并考核合格后上岗	按照建设指挥部要求配置资料人员	进行人员分工，各部门均应配置专职人员负责本部门的资料收集和审核
资料硬件管理	对标段资料硬件配备和养护进行定期检查	对标段资料硬件建设进行监管	应设置独立的资料室，有专用摄像器材
资料检查、收集	定期对标段资料进行检查和考核	监管	各部门设立专人根据资料策划的要求负责本资料的检查和收集
资料节点验收	组织召开资料节点验收会，对验收结果进行通报	监管	完成对应节点的资料收集整理
资料移交	与各方沟通协调，协助标段完成资料的移交工作	监管	根据各方要求完成资料移交工作

10.6.2 前期资料管理策划

资料管理策划是指导标段项目部资料管理工作的基础文件。项目资料管理策划是按照业主、档案馆、质监站等资料归口单位确定的资料归档范围和具体要求编制而成，再结合本标段具体的实施条件，形成的适用于标段项目部的全面、完整的资料管理体系。

1. 资料管理策划的编制

工程开工前，由标段项目部技术负责人牵头，组织编制资料管理策划。资料管理策划对资料管理目标、内容、组织、资源、方法、程序和控制措施等工作过程进行确定，包括分部分项的划分。

2. 资料管理策划的审核

标段项目部完成资料管理策划的编制后，报建设指挥部审核。建设指挥部根据业主、档案馆及建设指挥部的要求审核相关内容，审核完成后，监督标段项目部对资料管理策划进行交底学习。

10.6.3 资料人员管理

标段项目部按照建设指挥部要求每个标段至少配置1名专职资料员，负责本标段资料的收集、整理工作，资料员应经国家相关部门培训合格并认可。除专职资料员以外，标段项目部各部门均安排兼职资料员负责本部门的资料收集和审核，并定期将本部门的资料移交至资料室。项目部技术负责人对资料人员的分工进行明确，资料员对资料填写格式规范进行交底。

建设指挥部对标段项目部的资料员资质进行审核，并定期组织资料管理培训，提高资料人员的职业水平。

10.6.4 资料硬件管理

标段项目部设置独立资料室，做到面积达标、设施完善、功能齐全，并采取防火、防潮、防虫等措施，同时采购像素达标的声像器材、激光打印复印扫描设备以及70g以上纸张耗材。

建设指挥部在开工前检查资料硬件的配置情况，施工过程中定期对资料硬件的管理和维护情况进行检查。

10.6.5 资料检查、收集

标段项目部资料室除了按照各单位归档内容进行收集整理之外，还要对施工期间产生的不需要立卷归档但过程中需要保管的资料进行收集，如：重要会议通知单、来往文件等做好过程管理痕迹的记录。资料汇总到资料室时，资料员对以下几方面进行检查，合格后才能入盒归档，对于不合格的文件要退回并限时整改。

(1) 工程名称：按合同要求填写。

(2) 建设单位：合同文件甲方单位全称。

(3) 设计单位：设计合同签章单位全称，有多个设计单位时，按部位分开说明。

(4) 监理单位：和监理合同对应，填写全称，在填写时需要注意有些表格要求盖项目监理机构章。

(5) 施工单位：按合同主体填写施工单位全称。

(6) 签署问题：项目经理、项目技术负责人签字栏需与合同保持一致，并在监督站备案。施工员、质检员、试验员等应取得相关的岗位证书。

(7) 验收部位：部位描述应清晰准确，区间隧道按：左/右线＋里程。

建设指挥部在施工过程中主要对标段项目部资料进行以下几方面的审核：

(1) 工程资料台账：对施工部位、时间、浇筑信息等进行统一登记。

(2) 隐蔽记录中的"验收内容及自己按情况"填写内容详实，突出重点，附上隐蔽部位的照片或图表。隐蔽所涉及的图纸编号、变更、工程洽商及相关验收规范和试验报告编号都要填写。

(3) 检验批等结论性文件中附有结论的支持文件，如试验报告、合格证明等。

（4）涉及多方的签字盖章的重要文件原件份数保留 8 份及以上。

10.6.6 资料节点验收

为规范全线资料的编制、收集和整理工作，确保工程档案完整、准确、系统和及时归档。建设指挥部对全线实施资料节点验收制度，即在车站封顶、区间贯通后 2 个月内，标段项目部完成相应部位的资料归档工作，并报建设指挥部审核，建设指挥部试验、测量、资料、技术各专业主管对资料进行全面检查，并发布节点验收通报，对于资料进度严重滞后、填写严重不合标准的标段将通报后台公司处理。

10.6.7 资料移交

建设指挥部负责各方的沟通协调，协助标段完成资料的移交工作，同时对归档至建设指挥部的资料进行审核。

（1）标段项目部在单位工程实体质量验收后 2 个月内，按城建档案归档范围和标准向成都市城建档案馆移交项目档案原件一套、竣工电子档案一套、声像档案（照片、影片）一套并办理移交手续，取得建设档案资料审核意见书。

（2）标段项目部在单位工程实体质量验收后 1 个月内，向业主移交项目纸质档案两套，以 A、B 为套别号。A 套由文字材料原件及竣工图原件组成，B 套由文字材料复印件及竣工图原件组成。施工单位在开通试运营评估前，移交项目纸质档案两套、电子档案两套，以 C、D 为套别号。项目纸质档案 C 套为部分文字材料复印件、部分文字材料原件及竣工图原件，D 套为竣工图原件和设备技术图纸、手册原件。C、D 套文件材料和图纸内容与 A 套保持一致。

（3）标段项目部在单位工程实体质量验收后 3 个月内，按建设指挥部下发的归档范围和标准向建设指挥部移交项目档案原件一套、竣工电子档案一套、声像档案（照片、影片）一套并办理移交手续。

标段竣工验收以后，相关的竣工文件在 1 个月内补齐至档案馆、业主档案室和建设指挥部。

11 隧道施工管理

11.1 盾构隧道施工管理

11.1.1 设备管理

（1）盾构施工单位负责建立本标段范围内所有盾构的管理台账，台账内容至少包括：设备制造厂商及盾构编号、主要技术参数、已使用年限、累计掘进隧道长度、主要穿越地层情况及设备运行维修状况等，并报监理单位和业主单位主管部门备案。

（2）新购盾构设备在签定盾构购买合同前及盾构设备进场 6 个月前需完成盾构设备适应性、可靠性的专家评估；旧盾构设备在盾构维修改造前完成设备适应性改造评估，盾构设备进场 2 个月前需完成盾构设备适应性、可靠性的专家评估。

盾构设备适应性、可靠性自评估报告至少应包括表 11-1 中的相关内容。

设备适应性、可靠性自评估报告内容　　　　表 11-1

章	节	内　　容
第一章　工程特点	1.1　工程概况	
	1.2　详细地质情况	包括:线路平纵剖面图,剖面图采用 A3 纸打印,地层应填色便于查看
	1.3　周边建(构)筑物情况	
	1.4　施工难点及风险分析	
第二章　盾构机适应性分析	2.1　适应性分析	包括:刀盘型式和刀具布置与地层的适应性评价、同步注浆及二次补浆设备与盾构主体设备和地层的适应性评价、泡沫、膨润土等土体改良设备的性能及其适应性评价、螺旋输送机的地层适应性评价、皮带输送机的相关特性及其适应性评价、润滑及密封系统的适应性评价、推力和刀盘扭矩的地层适应性评价、导向系统成熟可靠性评价、盾构主体设备使用年限超过 8 年或已累计掘进隧道长度超过 10km(含)的盾构,盾构设备适应性自评估报告中需明确盾构主轴承及其密封的残余寿命;若盾构机刀盘改造或新造刀盘,需提供刀盘强度计算书
	2.2　主要参数表	
第三章　盾构机可靠性分析	3.1　盾构机使用历史情况描述	
	3.2　原盾构机制造商出具的盾构机评估报告	盾构机制造商提供评估报告,明确设备是否可以继续使用及需要进一步检测、试验的具体内容。且报告应至少包含以下内容: 3.2.1 主轴承评估;3.2.2 刀盘评估;3.2.3 螺旋输送机评估; 3.2.4 人闸系统的评估;3.2.5 导向系统成熟可靠性评估。 备注:原制造商不存在的,可委托有盾构机制造和维修能力的厂商出具报告
	3.3　盾构机尺寸及椭圆度、驱动系统	如液压驱动的主要油泵、油马达和推进千斤顶、主要电机(电驱动及变频系统)等关键部件的检测及评估,可由有盾构机制造和维修能力的厂商出具
	3.4　其他专项检测报告	3.4.1　齿轮油样检测报告(至少包括盾构到达前及到达时的油样检测) 3.4.2　液压油样检测报告(至少包括盾构到达前及到达时的油样检测) 3.4.3　主要钢结构(刀盘、螺旋机、吊耳焊接结构等)探伤检测报告 3.4.4　大齿圈、刀盘驱动减速箱检测报告(至少包括盾构到达前及到达时的油样检测) 3.4.5　主轴承密封保压试验报告 3.4.6　测量系统主要部件使用时长说明、测量仪器的检定报告 3.4.7　螺旋输送机轴及叶片探伤检测报告

续表

章	节	内 容
第三章 盾构机可靠性分析	3.5 旧盾构机验收报告	
	3.6 盾构机维修保养方案	
	3.7 改造情况	若盾构机存在改造部分,则需提交改造方案。关键部位的改造还需提交盾构机制造商意见

选购新盾构机时,应满足以下 3 点要求:

1) 原则上不选用无当地地铁施工经验的盾构机型。
2) 测量导向系统选用成熟可靠的厂家。
3) 盾构在工厂组装调试,盾构施工单位自检验收完成后,由业主单位主管部门组织进行盾构工厂验收。

若采用旧盾构机施工,则需要对其提出以下 3 点要求:

1) 用于新项目施工的旧盾构原则上在上一标段区间剩余 100m 时,由盾构专业单位对盾构进行盾构状态检测,同时由原盾构制造商对盾构进行可靠性评估(如原盾构制造商已经不存在,可由施工单位委托具有相应资质的盾构制造商进行评估)并出具该盾构现状能否满足本标段施工的评估报告。盾构施工单位根据新建项目地质条件、盾构可行性评估报告、故障问题库及拆检情况,提出维修、改造方案,并且组织相关专家进行盾构可靠性、适应性评审。

2) 当盾构累计掘进至 4~6km 时,须对主轴承外密封进行更换;当盾构累计掘进至 6~8km 时,须对主轴承内外密封进行检查或更换;当盾构机累计掘进至 8~12km 时应根据油样检测报告,进行主轴承拆检或更换;当盾构机累计掘进超过 12km 时,原则上不允许继续使用,若特殊情况必须使用时,需对主轴承及密封全部更换并完成盾构再制造。相关单位需提供更换件合格证书、厂家设备使用承诺书、总包(施工)单位设备使用承诺书、设备管理保障措施等材料,按业主单位旧盾构管理要求完成相关评审和验收,经业主单位审批后方能使用。

3) 旧盾构重要零部件(主轴承、减速机、油泵、马达、电机等)应由原厂家或具有专业资质的单位进行检测、维修。经过维修、改造、组装调试,盾构制造商出具盾构最终验收报告后,由业主单位主管部门组织相关部门对用于项目施工的旧盾构进行整体验收,盾构验收存在的问题整改完成后方可进行始发掘进的开工条件验收。

(3) 盾构验收是指盾构主机重新组装,与后配套台车连接,经过调试、自检合格后由相关部门(业主单位安质部、工程部、监理、总承包单位、盾构制造商、施工单位等)进行验收的过程。验收内容以盾构制造商出具的盾构机各系统调试项目为准。盾构工地调试完成后,盾构施工单位先自检,经总承包单位复检完成后,报监理验收。监理验收通过后由业主单位主管部门组织进行盾构组装调试工地验收,盾构调试验收存在的问题经施工单位整改完成后方可进行始发掘进的开工条件验收。

(4) 在盾构施工过程中,如存在盾构过站、转场等工序,盾构施工单位应根据盾构实际情况编制维修、改造方案,当盾构再次组装、调试完成后,由业主单位主管部门组织相关部门进行验收,盾构验收存在的问题经整改完成后方可进行始发掘进的开工条件验收。

(5) 盾构施工单位须严格按照设备制造商提供的日、周、半月、月、旬、半年、一年的维护保养计划进行保养，并做好维护保养记录。

(6) 除按规定正常维护保养外重点做好以下几方面维护、保养、检查工作：

1) 每日根据设备厂家提供的润滑表所推荐的油脂型号与用量对盾构主轴承内部密封系统进行人工润滑，并对密封件前部的常压空间进行检查，将发现的污染物及时清理。

2) 每日对盾构主轴承外部密封系统的泄漏室进行检查，如发现齿轮油或泥水出现，及时停机处理。

3) 维护工作只能在机器停止时进行。正在进行维护的组件必须停止运行，设置好联锁装置，防止其重新启动，伤害维护人员。

4) 在维护液压系统之前，液压系统必须进行减压，防止液压油缸坠落，防止转动设备运行。爆炸性的挤压油可能对系统造成损坏和引发伤害人员的事故。

5) 盾构每三个月或掘进 500m 时对刀盘主轴承齿轮油、刀盘减速机和螺旋输送机减速机齿轮油、液压油等进行油样检测，如不满足盾构制造商有关油液使用标准要求时，应及时进行更换；如发现油样有变化时，应提高检测频率。

(7) 盾构施工过程中如需对螺旋输送机进行维修检查，检查之前应编制专项施工方案报监理审批，风险较大时需组织专家评审。检查之前应将螺旋输送机轴缩回，关闭前闸门，在确保安全的前提下方能打开维保窗口。

(8) 盾构组装及掘进过程中严禁将电气、液压元件等控制线路进行短接。盾构机和后配套设备出现故障时，应及时彻底处理，严禁带病作业。

11.1.2 盾构机监造管理

1. 监造组织机构设置

为确保监造工作顺利开展，根据监造内容的专业性，一般需设电气组、机械及液压组、操作组，监造小组组织架构如图 11-1 所示。

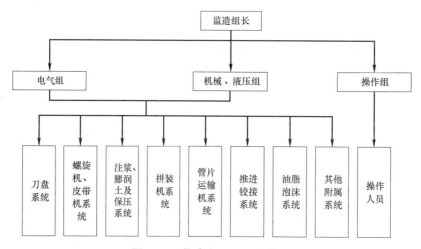

图 11-1 监造小组组织架构图

2. 监造质量控制点设置

监造人员在认真研究合同及设备图纸、技术协议、有关法规、标准等资料的基础上，还应掌握设备各部分的结构、原理、功能，准确把握其质量控制要点。

监造过程中监造点一般分为停工待检点（Hold Point，即 H 点）、现场见证点（Witness Point，即 W 点）、文件见证点（Recorder Point，即 R 点），监造质量控制点设置见表 11-2。

监造质量控制点设置一览表　　　　　　　表 11-2

监造项目			监造点		
项目名称	内容	技术要点	R点	W点	H点
技术文件	设计图纸	要求设计合理、功能和谐	√		
	制造工艺	焊接工艺,热处理工艺,机加工工艺	√		
	生产标准	ISO,DIN(德国工业标准),EN(欧洲标准)	√		
原材料	质量证明文件	是否与设计相符,是否合格	√		
	原材料代替品	要得到设备使用方的签字认可	√		
外购(协)件	制造商	主要考察生产规模、垫资能力、业绩等是否满足要求	√		
	机械部件	电机,液压泵,主轴承,刀具,人闸,螺旋输送机,管片运输机,旋转用马达与减速器总成,空压机,冷热交换器,泡沫发生器,管片小车		√	
	液压部件	液压泵站,各类油缸,阀组,压力表,国内加工的硬管,液压马达,油脂系统	√	√	
	电气元件	配电柜,控制电缆,PLC控制程序,变压器,整流器,PLC元件,各种开关,电磁阀	√	√	
机械结构件	毛胚件拼装	焊口外观检查(外形,尺寸及表面质量)		√	
	焊接	焊缝内部质量(探伤报告)		√	
	焊后尺寸检查	外形尺寸,各局部定位尺寸,平面度,垂直度		√	
	热处理	热处理参数,热处理后的机械性能			√
	精加工	设计图纸的精度、尺寸检查,表面粗糙度检查		√	
	试拼装	主要是联结螺栓、结构干涉,整体外观检查		√	
组装调试	资源的准备	人、机、料、场地的配置,技术方案	√		
	组装	高空作业、大件吊装、特殊岗位作业的安全	√		
	功能性测试	管片机的平移、旋转、举升、抓取能力的调试,刀盘的旋转,皮带机的调试,管片运输车的调试		√	
	参数性测试	旋转范围及速度,各油缸的行程和速度,各泵的压力及温度,水温	√	√	
设备运输	运输路线	运输方案,检查超高、超宽、超重	√		
	装、卸设备	工厂、码头、施工工地等地的吊装设备	√		
	装、卸车	包装,装卸车顺序,装卸车场地面积及承载量	√		
生产进度	进度计划	进度网络图,检查各工序间的逻辑关系	√		
	进度控制	科学、合理的加快进度,控制创新工艺和普通工艺间的衔接		√	
资金使用	支付控制	公司投资计划,制造商结算工程量、费用支付	√		
	索赔处理	合同变更的真实性、有效性、合理性	√	√	

1) 停工待检点指重要工序节点、隐蔽工程、关键的试验验收点或不可重复试验验收点。停工待检项目必须有用户和（或）监造代表参加，现场检验签证后方能转入下道工序。

2) 现场见证点指在现场对产品制造过程中的某些过程进行监督检查。现场见证项目应有监造代表（或用户与监造代表参加）在场对制造单位的试验、检验等过程进行现场监督检查，对符合要求的予以签认。

3) 文件见证点指查阅制造单位提供的有关合同设备原材料、元器件、外购外协件及制造过程中的检验、试验记录等资料，应由监造代表对符合要求的资料予以签认。

3. 监造要点

根据盾构机各系统功能及特点，盾构机各个系统监造过程中应重点关注的内容见表11-3。

盾构机监造要点一览表　　　　　　　　　　　　表11-3

监造系统	监造的要点
刀盘系统	(1)检查刀盘的焊接状况。 (2)检查刀盘泡沫管路是否畅通。 (3)检查刀盘面板，刀座和刀具的布置是否满足设计要求。 (4)检查主驱动的主轴承外密封是否满足要求。 (5)检查主轴承密封的注脂情况是否满足要求。 (6)检查主轴承齿轮油分配马达的工作状况。 (7)检查行星齿轮变速箱循环冷却水运转情况。 (8)掌握刀盘的电气控制系统。 (9)检验液压马达的冷却系统是否满足要求。 (10)掌握易损件配件的规格型号
螺旋输送机、皮带机系统	(1)检查变速箱是否满足设计要求。 (2)检查后仓门密封槽是否满足要求。 (3)试验螺旋叶片的耐磨度。 (4)检查传感器的布置及数量是否满足要求。 (5)皮带主驱动轴承的检查。 (6)检查皮带主副刮板是否合适。 (7)掌握易损件配件的规格型号
注浆、膨润土及保压系统	(1)检查注浆管路是否合理。 (2)检查注浆头、注浆缸的密封情况。 (3)检查搅拌减速器及砂浆搅拌罐从动轴承是否符合设计要求。 (4)检查注浆管的规格是否符合设计要求。 (5)检查保压原件是否符合合同要求。 (6)掌握易损件配件的规格型号
拼装机系统	(1)检查管片拼装机抓取头是否符合要求。 (2)试验管片拼装机的转动、行走参数是否符合设计要求。 (3)检查各油缸的安装。 (4)掌握拼装机控制线路的连接。 (5)掌握易损件配件的规格型号
管片运输机、喂片机系统	(1)掌握此系统的控制线路。 (2)试验管片运输机的最大荷载。 (3)掌握易损件配件的规格型号

续表

监造系统	监造的要点
推进、铰接系统	(1) 试验油缸的密封情况。 (2) 检测油缸的伸缩长度是否满足设计要求。 (3) 掌握油管的布置安装是否合理。 (4) 检查油管的规格是否满足设计要求。 (5) 检查热交换器是否满足要求。 (6) 掌握易损件配件的规格型号
油脂、泡沫系统	(1) 检查泡沫泵、水泵是否符合要求。 (2) 检查泡沫发生器各流量传感器、流量计显示是否正常。 (3) 试验泡沫系统的发泡效果是否满足要求。 (4) 检查泡沫管路的布置是否符合设计要求。 (5) 检查油脂的注脂情况是否正常。 (6) 掌握易损件配件的规格型号
循环水气及人闸系统	(1) 检查空压机是否符合要求。 (2) 试验储气罐的压力值是否满足要求。 (3) 土仓加水系统的各管路单向阀、电磁阀是否符合设计要求。 (4) 掌握易损件配件的规格型号
防爆系统	(1) 检查各类防爆电气元件是否满足设计要求。 (2) 检查气体检测报警装置是否满足要求。 (3) 检查通风设计是否满足设计要求

4. 监造控制措施

(1) 监造质量控制措施

1) 查验设备主要原材料、外购组配件的证明文件及检验报告和外协加工件、委托加工材料的质量证明以及制造单位提交的检验资料。

2) 对制造单位的质量管理体系和有关的技术资料进行审查，提出审查意见，并要求制造单位澄清或纠正，以便预防根本性的质量缺陷。

3) 确认制造单位各制造阶段检验及试验的时间、内容、方法、标准以及检测手段。

4) 审核盾构机制造过程中拟采用的重大新技术、新材料、新工艺的鉴定和试验报告。

5) 查验主要件的生产工艺设备、操作规程、检测手段、测量试验设备和有关人员的上岗资格、设备制造和装配场所的环境。

6) 在制造现场对关键组配件的制造工艺、工序和制造质量进行检查与确认。

7) 监督制造单位的设备装配和整体试验等过程。

8) 检查设备包装质量和资料清单并监督装车情况。

9) 对监造过程中发现的质量问题/缺陷的处理程序：凡出现不符合盾构机采购合同规定和已经确认的技术标准和文件要求的项目均视为质量问题，应及时纠正，若修复后不影响和降低设备性能的，为一般质量问题/缺陷，否则为重大质量问题/缺陷；当出现质量问题/缺陷后，监造人员要及时查明情况，并向制造单位相关部门发出书面整改通知单，要求认真分析原因，提出修复和纠正的意见，并将分析和处理意见反馈给监造人员；监造人员要及时将情况以书面形式详细、客观地按规定上报；监造人员应了解质量问题/缺陷的产生原因、处理方案,并跟踪处理结果,直至符合要求为止。

(2) 监造进度控制措施

根据盾构机采购合同中设备交货期要求,随时掌握设备设计、排产、加工、装配和试验进展情况,督促制造单位按合同要求如期履约。

(3) 监造付款控制措施

根据设备采购合同中规定的有关付款节点和监造有关要求,监造人员应核查制造单位在设备或该节点的主要组配件工作完成情况,经确认满足要求后,在付款节点条件确认表上签字。

(4) 档案与信息管理措施

1) 信息管理要达到:信息沟通渠道畅通,确保信息能传达到需要信息的人或部门;信息应及时传递,一般信息按有关规定期限完成,紧急事项的信息即时处理;信息要做到准确。

2) 信息沟通内容主要是设备在制造过程中有关质量、进度、设备采购合同执行等方面的情况,以及制造单位的动态情况。通过信息沟通,使项目部或公司有关部门及时、准确的了解设备制造的相关信息。

3) 信息沟通方式有:电话、电子邮件;监造工作简报;设备监造工作联系单、专题报告;设备监造工作总结等。

11.1.3 管片资源管理

管片的预制生产应由业主或总承包单位招标确定的管片预制厂进行生产,并运送至工地现场。管片预制厂生产能力和生产时间应该根据全线盾构总体施工工筹来计算全线管片供应总计划来确定,同时管片厂每月生产能力不能低于盾构施工期间最高单月施工数量,管模、生产线、蒸养房、水养池、管片堆放场等配套设施应满足生产能力要求。另外,若施工期间采用了非通用管片,还应考虑非通用管片的管模数量是否满足管片供应计划。

管片预制厂在投产前应完成各项试验,经批准后进行正式生产。管片应保证在盾构施工前就有一定库存,同时管片还应满足养护时间要求。在盾构施工之前,管片就应该提前开始生产,且要满足每台盾构机施工前有 300 环满足龄期要求的管片。在盾构施工期间,项目部应该每月按时向管片厂提供供应计划,以便管片厂动态调整管片生产进度,防止大量管片积压或者某种类型管片数量不足影响施工进度。

11.1.4 盾构吊装管理

盾构吊装前,盾构施工单位应及时组织专家对盾构吊装方案进行评审,保证盾构吊装作业由具备资质且具有盾构或大件设备吊装经验的单位进行操作,施工单位应按要求将吊装单位的相关资质、人员设备等资料报送监理单位审核。盾构施工单位还应对吊装设备(包括吊车、钢丝绳、吊钩、卸扣和手拉葫芦等)进行安全可靠性检查,对吊装人员持证上岗和安全技术交底情况进行检查。盾构吊耳焊接完成后,盾构施工单位应委托具有专业检测资质的单位对盾构焊接吊耳做探伤检验并出具检测报告,经检验合格后才允许进行吊装。

吊车进场前,盾构施工单位应积极落实专家意见中有关吊装端头加固或地基处理的要求，进行场地条件检查验收，验收通过后才允许吊车到位。

盾构吊装过程中，盾构施工单位应安排安全工程师全程旁站。

11.1.5 盾构始发管理

在盾构始发管理中，应首先了解掌握盾构始发施工工艺流程，如图 11-2 所示，并根据盾构始发的不同工序进行具有针对性的管理。

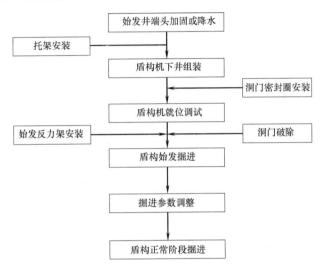

图 11-2 盾构始发施工工艺流程图

(1) 盾构始发前应对隧道断面范围内地层变化位置以及穿越重大风险源区域进行补充地质勘探，确定盾构掘进参数，提前控制盾构姿态，确保质量安全。

(2) 要保证盾构始发掘进段土体的稳定性及盾构吊装地基承载力要求。

(3) 盾构始发托架垂直方向按设计隧道纵坡并高于设计隧道中心线 20mm 左右安放（大坡度除外），水平方向根据设计隧道平曲线制定相应安放位置，曲线时宜选取割线始发，并在盾构始发前拟合纠偏曲线。

(4) 盾构反力架安放的中心线要与已经安放的始发托架上的盾构中心线相一致。

(5) 盾构始发段需采取降水方式，在管棚及地面注浆完成后，在盾构始发前要检查降水水位，同时在洞门范围内做水平探水孔，保证降水水位低于盾构开挖面以下。

(6) 盾构拼装负环前盾尾刷要深层并均匀涂抹盾尾油脂，三排盾尾刷涂抹量以 1000kg 以上为宜。

(7) 盾尾刷部位进入洞门前要将盾尾密封腔注满盾尾油脂，注脂量以第三排盾尾刷各个部位挤出盾尾油脂为宜。

(8) 盾构拼装负环时要做好防护措施，防止负环管片掉落和盾体前移。

(9) 盾构始发前盾构施工单位应在洞门圈和掌子面之间浇筑素混凝土导台或安装小导轨，并确保导台或小导轨安全可靠，防止盾构始发时栽头。

(10) 盾构始发必须通过监理组织的盾构施工条件验收，经参建各方验收合格后方可始发。

（11）盾构始发时推力要小于反力架设计承载力，扭矩要尽量小。始发前在中盾后部两侧焊接盾体防扭转装置，防扭转装置不得在始发掘进时直接接触托架导轨且应在进入洞门前割除。始发过程中对负环管片进行紧固，防止松弛和掉落。

（12）施工单位在推进完第4环后应及时进行洞门封堵。盾构通过始发端头后在地面进行跟踪注浆，确保地表安全。

11.1.6 盾构掘进管理

（1）盾构施工中应严格执行"控制欠压、充分注浆、深层量测、主动防护"的十六字方针和"严格控制掘进参数、评估地层空洞隐患、监理全程跟机旁站、对比分析监测数据、保障应急快速处置"的五条安全措施。

（2）根据盾构掘进段地质情况及时调整掘进参数，做好渣土改良，保持土压平衡模式掘进，控制超挖量。

（3）一般地段若盾构掘进中出现出土量超方的情况，即单环超方量超出出土量10%或三环累积超方量超出三环累计出土量8%时，施工单位必须立即停止掘进，加强地面监测，及时主动寻找空洞并进行回填处理。出现超方后施工单位必须通知监理、业主单位，由监理单位组织相关各方开会，分析原因，采取措施后方可掘进。

（4）盾构掘进渣土以方量和龙门吊称重双重控制。盾构施工单位每天、每周及每100环结合盾构的出渣量、注浆量、监测情况进行盾构区间安全评估，对掘进过程中出渣量偏大或明显偏少段（异常段）采取加大同步注浆量、二次注浆、洞内深孔注浆、地面钻孔排查及注浆加固等方式及时回填密实，确保安全。

（5）盾构掘进过程中要经常检查消耗性材料的消耗量，确保在合理范围内，并要求施工单位每环检查泡沫效果和盾尾油脂的消耗量。盾尾漏浆发生时要及时注盾尾油脂，防止损坏盾尾刷导致密封失效。盾构掘进参数控制程序如图11-3所示。

（6）盾构施工中若遇到在建筑物下特殊纠偏或开仓等情况时，应制定专项方案。由总承包单位组织专家进行方案评审，评审完成后盾构施工单位按专家意见完善施工方案。待各项准备工作完成后，由监理组织进行开工条件验收，验收通过后方可施工。

（7）对于黏土、硬岩等管片上浮量大的地段必须采取切实有效措施将管片上浮量控制在较小范围，确保管片拼装不发生超标错台和破损，隧道不发生超限。

（8）管片拼装前，施工单位应将管片表面和止水条部位冲洗干净，并将盾尾内淤泥、砂浆等杂物清理后，才允许管片拼装，严禁带水作业及夹渣拼装。

（9）盾构施工单位掘进过程中须严格控制盾构姿态和管片姿态，使盾构姿态控制在规范要求的±50mm以内，原则上盾构掘进中不允许进行调线调坡。

（10）盾构施工单位在盾构掘进洞通后，为了确保重特大风险源的安全，在地面无法采取注浆加固处理的区域，必须在洞内进行深孔注浆，例如盾构穿越的建构筑物、既有铁路、重要管线、城市主干道等重要区域。

（11）盾构施工单位应派专人定期对已完成的盾构区间进行巡查，特别是雨中和雨后巡视，做好巡查记录，确保及时发现隐患，快速处置。

（12）盾构机控制系统简介

以中铁装备CREC529土压平衡盾构机为例，对盾构机控制各系统进行简要介绍。

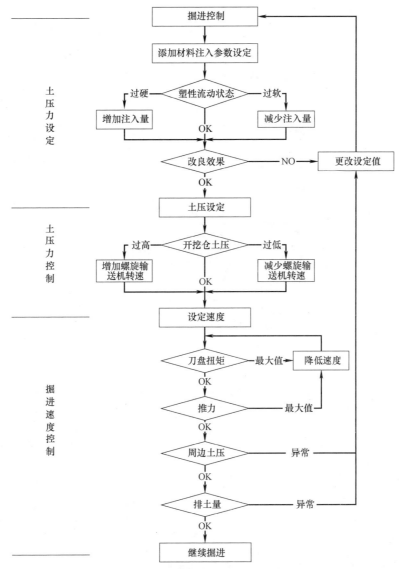

图 11-3 盾构掘进参数控制程序图

1）主监控页

该界面有如图 11-4 所示的刀盘、掘进压力、掘进速度、千斤顶行程、铰接系统、膨润土系统、内外密封、螺旋输送机参数等盾构机主要掘进参数。

2）泡沫系统

该界面可对泡沫系统原液比例、膨胀率、泡沫流量进行设置，显示每根泡沫管路混合液、空气的流量和压力的实际值，如图 11-5 所示。

3）电力参数

该界面显示了盾构机主要电力参数数据，如图 11-6 所示。

4）辅助系统

该界面显示超挖刀系统、刀盘喷水系统、调试模式、各种油温、HBW 分配阀控制系统、气体检测系统等，如图 11-7 所示。

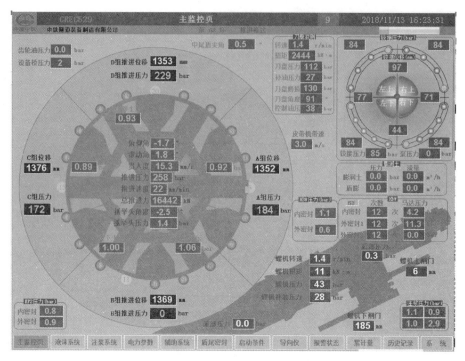

图 11-4 主监控页界面

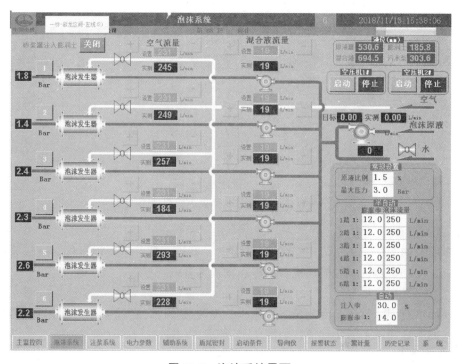

图 11-5 泡沫系统界面

5）盾尾密封系统

该界面显示盾壳膨润土系统及盾尾密封手动控制系统工作状态，两个盾尾密封腔的压力值，如图 11-8 所示。

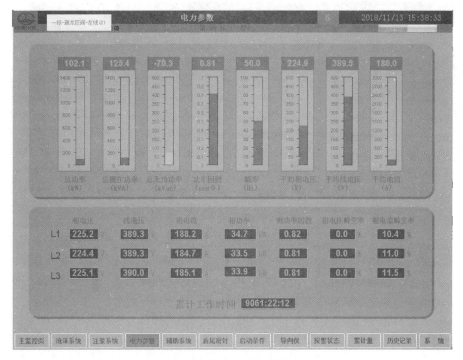

图 11-6 电力参数界面

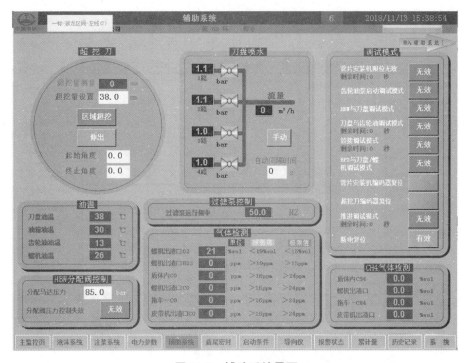

图 11-7 辅助系统界面

6)导向仪

该界面是自动测量系统界面,显示当前盾构机盾首和激光靶位置的水平垂直姿态及趋

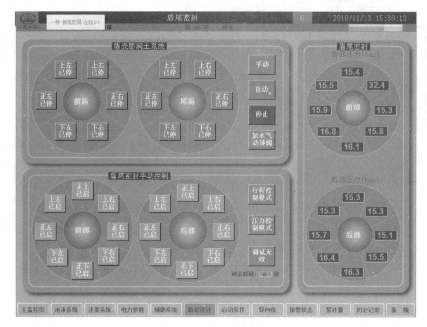

图 11-8 盾尾密封系统界面

向值、盾构机滚动角和仰俯角，同时显示推进千斤顶和铰接千斤顶行程，便于管片选型计算，如图 11-9 所示。

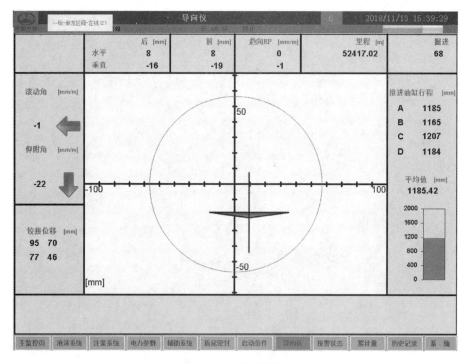

图 11-9 导向仪界面

7）报警状态

该界面显示盾构机目前硬件及软件方面存在的问题，如图 11-10 所示。

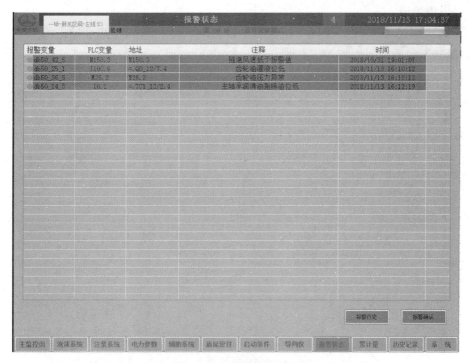

图 11-10 报警状态界面

8）累积量

该界面显示盾构机本环及总累计的泡沫原液、泡沫工业水、泡沫混合液、渣土改良膨润土浆液、盾壳膨润土浆液、HBW 密封油脂、EP2 润滑油脂、盾尾密封油脂、刀盘喷水、同步注浆浆液的用量，以及刀盘工作时间和使用电量的本环及总累计量，如图 11-11 所示。

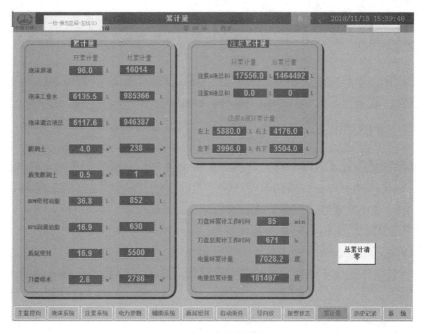

图 11-11 累计量界面

9）历史记录

该界面可以查询盾构机各种变量任意一段时间的历史数据，并可导出为excel表格，进行数据分析及统计，如图11-12所示。

图 11-12　历史记录界面

11.1.7　盾构换刀管理

（1）盾构施工单位应预先根据区间地质情况、区间长度、刀具耐磨性等情况制定换刀计划，确定换刀地点与换刀方法。换刀地点选取应尽量避免在建筑物、城市主干道及管线下方。

（2）盾构施工单位应结合不同的地质条件采取针对性的降水和地层加固措施，确保换刀过程的安全。在换刀作业前盾构施工单位必须编制盾构开仓换刀施工方案。经总承包单位、监理单位和业主单位审批后，由监理组织进行开仓条件验收，验收通过后方可进行开仓作业。

（3）如果地质条件不具备常压开仓换刀条件（盾构机常压换刀流程如图11-13所示），必须采用压气带压换刀方法（盾构机带压换刀流程如图11-14所示），应遵循以下原则：

1）带压换刀方案应通过专家评审。

2）应遵守国家压气作业相关规定。

3）带压换刀人员必须经过体检与培训合格后方能进仓作业。

4）带压进仓作业设备进行全面检查和试运行，两套压气调节设备应全部正常。

5）除盾构本身电力空压机进行供气之处，还应备用一套柴油空压机，以保证停电时也可以不间断供气。

6）压气过程中应有专业压气医师进行压气指导。

7）压气仓内属特别潮湿环境，只允许使用 12V 及以下安全电压电源。

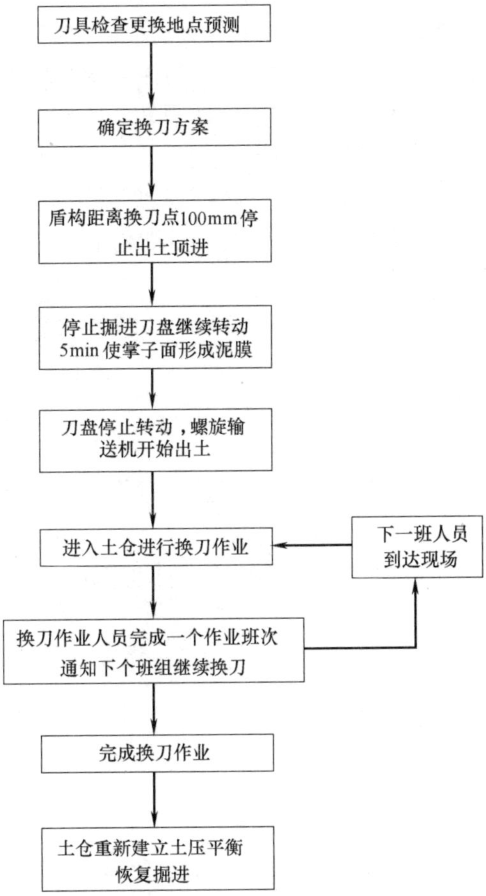

图 11-13　常压换刀流程图

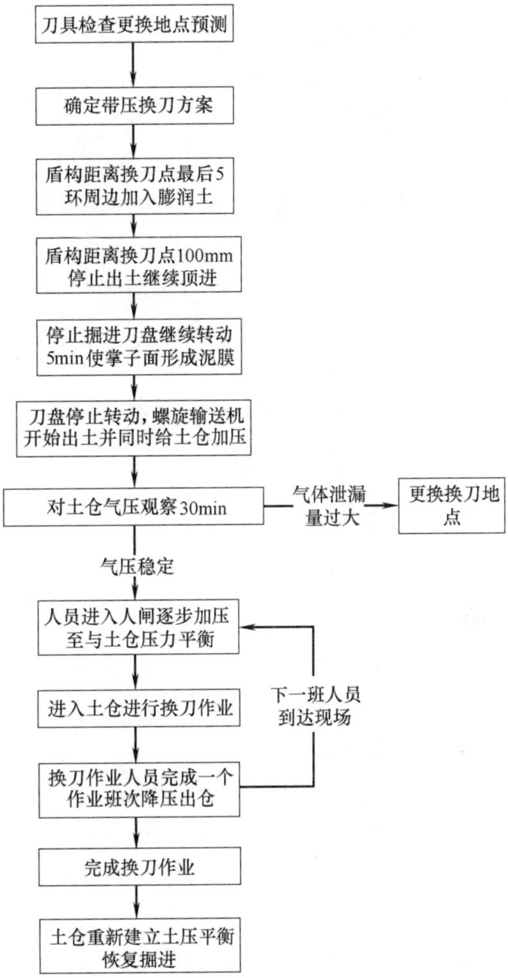

刀具检查更换地点预测 → 确定换刀方案 → 盾构距换刀点100mm停止出土顶进 → 停止掘进刀盘继续转动5min使掌子面形成泥膜 → 刀盘停止转动，螺旋输送机开始出土 → 进入土仓进行换刀作业 ← 下一班人员到达现场 → 换刀作业人员完成一个作业班次通知下个班组继续换刀 → 完成换刀作业 → 土仓重新建立土压平衡恢复掘进

图 11-14　带压换刀流程图

刀具检查更换地点预测 → 确定带压换刀方案 → 盾构距离换刀点最后5环周边加入膨润土 → 盾构距离换刀点100mm停止出土继续顶进 → 停止掘进刀盘继续转动5min使掌子面形成泥膜 → 刀盘停止转动，螺旋输送机开始出土并同时给土仓加压 → 对土仓气压观察30min →（气体泄漏量过大）更换换刀地点；（气压稳定）人员进入人闸逐步加压至与土仓压力平衡 → 进入土仓进行换刀作业 ← 下一班人员到达现场 → 换刀作业人员完成一个作业班次降压出仓 → 完成换刀作业 → 土仓重新建立土压平衡恢复掘进

（4）开仓作业前须进行安全评估，换刀地点的降水水位应低于隧道开挖面以下，同时开仓前对于螺旋输送机所出渣土进行易燃、易爆、有毒气体检测，判定无风险后，才允许开仓作业。

（5）施工单位开仓前需确定开仓作业人员名单和岗位职责；由项目部技术负责人给予技术交底，项目部安全管理人员给予安全教育及安全技术交底，对每一项交底进行核实并签字确认。

（6）开仓程序必须经项目经理与项目总工程师审核，报监理单位审批许可后方可启动开仓程序。

（7）开仓前做好准备工作，尽量缩短停机时间。换刀期间刀盘转动控制必须在人闸内进行。换刀过程中尽量减少刀盘转动，力争刀盘转动一周，刀具全部更换完毕。刀具更换宜做到拆一把换一把，并应做好刀具更换记录。完成后应对所有更换刀具进行检查，确认固定牢固，螺栓紧固力矩符合要求，并将土仓内所有工具与杂物清理干净。

(8) 开仓期间，每次只允许两人进入仓内（不允许超过2人）进行换刀或清仓作业，同时必须有1人在人闸内、1人在盾构主控制室内，以防止突发事件发生时，及时关闭人闸门、螺旋输送机闸门和对外联络。

(9) 开仓过程中施工单位专职安全员应进行全程旁站，实时监测刀盘上方和地表情况。螺旋输送机或土仓门处于开启状态时，必须随时有人观察掌子面及土仓情况，如掌子面有坍塌危险，应立即撤离全部作业人员，关闭土仓门。在开仓过程中，对土仓要持续通风，且不断对空气质量进行检测，一旦发现有害气体浓度超标时，应立即通知仓内作业人员撤出工作面。及时上报业主、监理，组织专家评估论证后按评审后方案继续进行施工；

(10) 开仓作业前应对盾尾后管片进行整环注快凝双液浆封堵，减少管片后方来水。

(11) 盾构施工单位汇总换刀期间的出渣量，根据出渣量的多少确认后期地面处理措施，防止地表塌陷。

(12) 盾构施工单位开仓完成后恢复掘进前，需用膨润土或其他细颗粒浆液等材料对土仓进行回填。

11.1.8 盾构到达接收管理

(1) 为保证盾构到达掘进段土体的稳定性及盾构吊装地基承载力要求，盾构到达段地层加固原则为：

1）砂卵石地层原则上宜采用隧道拱顶120°范围内管棚注浆加固，管棚长度不宜少于15m，同时地面采取袖阀管预注浆和跟踪注浆。

2）泥岩地层宜采用高压旋喷或长管棚（长度不宜少于15m）注浆加固方法，具体加固方法由设计院根据现场地质水文条件确定。

(2) 盾构到达前应做好以下准备工作：

1）编制盾构到达接收方案。

2）完成端头土体加固工作（管棚加固和地面注浆）。

3）应进行有效降水，并确保降水水位低于开挖面以下，并施做探水孔进行检测。

4）盾构到达接收井150m前，施工单位应与监理单位、第三方测量共同复核盾构轴线和洞门偏差，保证盾构能准确进入接收井。

5）应根据设计安装好洞门密封装置。

6）实测洞门位置和接收井底板标高，确定盾构接收姿态，调整盾构掘进。

7）监测点（包括分层沉降观测点）已按要求进行埋设。

8）应急物资和人员已落实到位。

(3) 盾构到达接收井约15m范围内，应采取适当措施，在盾构掘进时将管片逐环进行二次固定连接，确保管片防水效果。

(4) 盾构宜高于接收托架10~20mm的姿态到达。

(5) 盾构可采用两种破除围护桩方式到达：

1）无水条件且地面安全可控的情况下可采取盾构刀盘顶上围护桩后由人工或机械破除洞门圈内围护结构，然后空推盾体的方式。

2）一般情况下宜采用直接由盾构破除围护桩，然后推出的方式。盾构直接破除围护桩时应尽量减少推力，防止洞门处主体结构受损。

(6) 为确保施工安全,盾构上接收托架时应遵循以下原则:
1) 盾构上接收托架期间推力应缓慢平稳。
2) 拼装管片前在盾体上加挡块,防止盾体前移;拼装每一块管片应及时上紧管片连接螺栓。
3) 每环管片拼装完成后,再次紧固管片螺栓,并与上环管片二次连接固定。
4) 盾构到达期间严禁到达端地表有重物压载。
5) 盾构接收过程中盾构接收井内与盾构操作室应保持通讯畅通。
6) 洞内同步注浆应连续进行,保证及时有效填充。
7) 应急物资和人员要准备充分,现场24h安排人员值班。
(7) 盾体完全上接收托架后及时对洞门进行注浆封堵。

11.1.9 盾构穿越风险源管理

盾构施工单位在掘进过程中应严控一般风险源并将盾构穿越重大风险源施工管理作为项目施工安全管理的重中之重,确保安全可控。

(1) 盾构穿越重大风险源影响范围为:

纵向:穿越前盾构刀盘距风险工程一倍隧道埋深,穿越后盾尾距风险工程一倍隧道埋深。

横向:隧道轮廓两侧各两倍隧道洞径。

(2) 盾构穿越重大风险源施工时,应控制推进速度,同步注浆饱满。

(3) 盾构穿越重大风险源过程中,应对出渣量、注浆量等进行重点检查,确保出渣量可控,注浆饱满。出现下列情况时,应立即整改:

1) 发现同步注浆和二次补浆浆液质量不符合要求。
2) 同步注浆量和压力低于控制范围。
3) 出渣量超方。
4) 掘进参数出现异常。

(4) 盾构穿越特殊地段或困难地段掘进施工需要采取的措施:

1) 特殊地段或困难地段施工前因协调难度大无法实施地面处置措施的,而且在施工过程中可预见风险较大时,施工单位应在盾构到达前及时将相关问题反馈给总承包单位。总承包单位可根据情况将相关需求报送至业主单位相关部门予以配合协调处置。

2) 特殊地段或困难地段施工时,总承包单位、盾构施工单位应成立现场工作组和专家组,及时解决现场出现的管理问题和技术问题。

3) 特殊地段或困难地段施工时,应加强设备维保。储备充足的物资,确保掘进连续进行。对一些重要设备如电瓶车、龙门吊、搅拌站等预备充足的易损部件,必要时邀请厂家到场,一旦出现故障及时解决。

4) 特殊地段或困难地段施工时,应建立业主方、总承包单位、监理单位、盾构施工单位、第三方监测单位24h联合值班制度。

5) 特殊地段或困难地段盾构施工时,应严格控制出土量,加强地面监测和分层沉降监测。盾构机通过后根据地面环境采取洞内、洞外多种方式的注浆措施,确保填充密实。

11.1.10 盾构机长时间停机管理

因各种因素影响,盾构机施工中经常出现长时间停机,如停机措施不到位会造成复推时出现盾尾卡盾,盾壳被包裹等问题。为保证地铁盾构掘进顺利施工,保证工程质量,避免出现盾构机因长时间停机措施不到位导致复推掘进困难、姿态不受控等不利情况发生,需在停机后进行采取停机措施。

1. 总体要求

(1) 盾构掘进停机超过 12h 以上视为长时间停机。

(2) 每个盾构施工场地必须设置膨润土发酵池,容积以盾构机数量确定,每台盾构机不少于 10m³。

(3) 发酵池内膨润土一经使用必须马上补充发酵,保证发酵池始终满池,可供随时使用。

(4) 盾构长时间停机时要做好注浆管路的清洗工作,并注入适量膨润土浆液,以防管路堵塞;对土仓压力进行监控(1号土仓压力不低于 0.6bar),并补注适量盾尾油脂和主轴承密封脂。

(5) 复推前应对管片及盾构机姿态进行复核,确认无误后方可复推。

2. 计划内长时间停机

(1) 停机前要将土仓内全部填满(或添加膨化好的膨润土)。

(2) 停机前掘进不小于 0.8m 范围内同步注浆材料应采用惰性浆液(无水泥)。

(3) 停机后盾体外侧、螺旋输送机内尽快注入 5~10m³ 膨润土浆液。

3. 计划外长时间停机

(1) 将剩余的同步浆液丢弃或注入到 1 号台车以后管片背后,严禁注入到盾尾后方。

(2) 盾尾、中前盾外壳周围、螺旋输送机内尽快注入 5~10m³ 膨润土浆液。

(3) 盾构土仓内注入适量膨润土浆液。

11.1.11 盾构施工常见问题及处理措施

对盾构施工过程中不同阶段和设备本身的一些问题分类概述,并找出问题产生的原因,进而提出预防及处理措施。盾构施工常见问题及处理措施见表 11-4~表 11-8。

始发段盾构施工常见问题及处理措施　　　　表 11-4

问题名称	原因分析	应对措施
洞口土体流失	(1)洞口段土体加固效果不理想。 (2)洞口密封装置失效。 (3)掘进面土体失稳。	(1)洞口土体加固应提高施工质量,保证加固后土体强度和均匀性。 (2)洞口封门拆除前应充分做好各项进、出洞的准备工作。 (3)洞门密封圈安装要准确,在盾构推进的过程中要注意观察,防止盾构刀盘的周边刀割伤橡胶密封圈;密封圈可涂牛油增加润滑性;洞门的扇形钢板要及时调整,改善密封圈的受力状况。 (4)盾构将进入洞口土体加固区时,降低正面的平衡压力

续表

问题名称	原因分析	应对措施
盾构姿态突变	(1)基座中心夹角轴线与推进轴线发生偏差。 (2)盾构拖出盾尾后,管片与土体间空隙没有及时填充。	(1)盾构接收基座要设计合理,使盾构下落的距离不超过盾尾与管片的建筑空隙。 (2)在最后几环管片拼装时,注意对管片的拼装螺栓及时复紧,提高抗变形的能力。 (3)进洞前调整好盾构姿态,使盾构标高略高于接收基座标高
始发基座变形	(1)盾构基座的中心夹角与隧道轴线不平行。 (2)盾构基座整体刚度。 (3)稳定性不够。 (4)盾构基座受力不均匀。 (5)盾构基座固定不牢靠	(1)安装盾构基座时中心夹角轴线应与隧道设计轴线方向一致,当洞口段隧道设计轴线曲线状时,可考虑盾构基座沿隧道设计曲线的割线方向放置。 (2)基座框架结构的强度和刚度能克服出洞段穿越加固土体所产生的推力。 (3)合理控制盾构姿态,尽量使盾构轴线与盾构基座中心夹角轴线保持一致。 (4)盾构基座的底面与始发井的底板之间要垫平垫实,保证接触面积满足要求
后盾系统失稳	(1)反力架失效。 (2)负环管片破坏	对体系的各构件必须进行强度、刚度校验,对受压构件一定要作稳定性验算。各连接点应采用合理的连接方式保证连接牢靠,各构件安装要定位精准,并确保电焊质量以及螺栓连接的强度

掘进段盾构施工常见问题及处理措施 表 11-5

问题名称	原因分析	应对措施
掘进面土体失稳	(1)正面土压力选择不当。 (2)地质条件发生变化。 (3)掘进速度、出土速度和操作人员操作不当	(1)正确地计算选择合理的舱压,舱压应采用静止水土压力的1.2倍左右。 (2)流砂地质条件时,要及时补充新鲜泥浆。 (3)控制推进速度和泥渣排土量相匹配
盾构正面阻力过大	(1)盾构刀盘的进土开口率偏小,进土不畅通。 (2)盾构正面地层土质发生变化。 (3)盾构正面遭遇较大块的障碍物。 (4)推进千斤顶内泄漏,达不到其本身的最高额定油压。 (5)正面平衡压力设定过大。 (6)刀盘磨损严重	(1)合理设计土孔的尺寸,保证出土畅通。 (2)详细了解盾构推进断面内的土质状况,以便及时调整土压设定值、推进速度等施工参数。 (3)经常检修刀盘和推进千斤顶,确保其运行良好。 (4)合理设定平衡压力,加强施工动态管理,及时调整控制平衡压力值。 (5)采取辅助技术,尽量采取在工作面内进行推进障碍物清理,在条件许可的情况下,也可采取大开挖施工法清理正面障碍物。 (6)增添千斤顶,增加盾构总推力
盾构机沉陷	(1)地质状况发生突变,地层空洞、软弱地层。 (2)盾构切削土体时超挖或欠挖。 (3)掘进面失稳,如出现流砂、管涌等。 (4)停机时间过长	(1)详细了解地质状况,及时调整施工参数,加密地质勘探孔的数量,准确定不良地层的位置,分析对盾构掘进施工的影响。 (2)对开挖面前方20m进行地质探测,及时查出不良地层或障碍物。 (3)根据地面监测情况,及时调整盾构施工参数,如推进速度、平衡压力、出土量等。 (4)尽量减少盾构机的故障率和停机时间

续表

问题名称	原因分析	应对措施
盾构掘进轴线偏离设计轴线	(1)盾构超挖或欠挖,造成盾构在土体内的姿态不好,导致盾构轴线产生过量的偏离。 (2)盾构测量误差导致轴线的偏差。 (3)盾构纠偏不及时或纠偏不到位。 (4)盾构处于不均匀土层中,即处于两种不同土层相交的地带时,两种土的压缩性、抗压强度、抗剪强度等指标不同。 (5)浆液不固结使隧道在大的推力作用下引起变形	(1)正确设定平衡压力,使盾构的出土量与理论值接近,减少超挖与欠挖现象,控制好盾构的姿态。 (2)盾构施工过程中经常校正、复测及复核测量基站。 (3)发现盾构姿态出现偏差时应及时纠偏,使盾构正确的沿着隧道设计轴线前进。 (4)盾构处于不均匀土层中时,适当控制推进速度,多用刀盘刻削土体,减少推进时的不均匀阻力。也可以采用向开挖面注入泡沫或膨润土的办法,改善土体使推进更加顺畅。 (5)在施工中按质保量做好注浆工作,保证浆液的搅拌质量和注入方量。 (6)调整盾构的千斤顶编组或调整各区域油压及时纠正盾构轴线。 (7)对开挖面做具部的超挖,使盾构沿着被超挖的一侧前进
螺旋机出土不畅	(1)盾构开挖面平衡压力过低,无法在螺旋机内形成足够压力,螺旋机不能正常进土,也不能出土。 (2)螺旋机螺杆安装与壳体不同心,运转过程中壳体磨损,使叶片与壳体间隙增大,出土效率低。 (3)盾构在砂性土及强度较高的黏性土中推进时,土与螺旋机壳体间的摩擦力大,螺旋机的旋转阻力加大,电动机无法转动。 (4)大块的漂砾进入螺旋机,卡住螺杆	(1)螺旋机打滑时,把盾构开挖面平衡压力的设定值提高,盾构的推进速度提高,使螺旋机正常进土。 (2)螺旋机安装时要注意精度,运作过程中加强对轴承的润滑。 (3)降低推进速度,使单位时间内螺旋机的进土量降低,螺旋机的电动机的负荷降低。 (4)在螺旋机中加注水、泥浆或泡沫等润滑剂,使土与螺旋机外壳的摩擦力降低,减少电动机的负荷。 (5)打开螺旋机的盖板,清理螺旋机被堵塞的部位。 (6)将磨损的螺旋机螺杆更换
盾构机后退	(1)盾构千斤顶自锁性能不好,千斤顶回缩。 (2)千斤顶大腔的安全溢流阀压力设定过低,使千斤顶无法顶住盾构正面的土压力。 (3)盾构拼装管片时千斤顶缩回的个数过多,并且没有控制好应有的防后退顶力	(1)加强盾构千斤顶的维修保养工作,防止产生内泄漏。 (2)安全溢流阀的压力调至规定值。 (3)拼装时不多缩千斤顶,管片拼装到位及时伸出千斤顶到规定压力
盾尾密封装置泄露	(1)管片与盾尾不同心,使盾尾和管片间的间隙局部过大,超过密封装置的密封界限。 (2)密封装置受偏心的管片过度挤压后,产生塑性变形,失去弹性,密封性能下降。 (3)盾尾密封油脂压注不充分,盾尾钢刷内浸入了浆液并固结,盾尾刷的弹性丧失,密封性能下降。 (4)盾构后退,造成盾尾刷与管片间发生刷毛方向相反的运动,使毛反转,盾尾刷变形而密封性能下降	(1)严格控制盾构推进的纠偏量,尽量使管片四周的盾尾空隙均匀一致,减少管片对盾尾密封刷的挤压程度。 (2)及时、保量、均匀地压注盾尾油脂。 (3)控制盾构姿态,避免盾构产生后退现象。 (4)采用优质的盾尾油脂,要求有足够的黏度、流动性、润滑性、密封性能。 (5)对已经产生泄漏的部位集中压注盾尾油脂,恢复密封的性能。 (6)管片拼装时在管片背面塞入海绵,将泄漏部位堵住。 (7)有多道盾尾钢丝刷的盾构可将最里面的一道钢刷更换,以保证盾尾刷的密封性。 (8)从盾尾内清除密封装置钢刷内杂物

工程常见问题及处理措施　　　　　　　　　　　表11-6

问题名称	原因分析	应对措施
管片破损	(1)行车吊运管片时,管片由于晃动而碰撞行车支腿或其他物件,造成边角损坏。 (2)管片翻身时碰擦边角,引起损坏。 (3)管片凹凸错位,封顶块与邻接块接缝不平,邻接块开口量不够。 (4)盾构推进,管片受力不均衡	(1)行车操作要平稳,防止过大的晃动。 (2)管片使用翻身架或专用吊具翻身,保证管片翻身过程中的平稳。 (3)管片拼装时要小心谨慎,动作平稳,减少管片的撞击。 (4)拼装时将封顶块管片的开口部位留得稍大一些,使封顶块能顺利地插入。 (5)发生管片与盾壳相碰,应在下一环盾构推进时立即进行纠偏。 (6)及时调整管片环面与轴线的垂直度,使管片在盾尾能居中拼装。 (7)已经碰撞损坏的管片应及时进行修补,损坏较重的管片运回地面进行整修,更换新的管片
管片接缝渗漏	(1)管片纵缝出现内外张角、前后喇叭(缝隙不均匀,止水条失效)。 (2)管片碎裂。 (3)密封材料失效	(1)提高管片的拼装质量,及时纠环面,拼装时保证管片的整圆度和止水条的正常工况,提高纵缝的拼装质量。 (2)拼装前做好盾壳与管片各面的清理工作,防止杂物夹入管片之间。 (3)对破损的管片及时进行修补,运输过程中造成的损坏应在贴止水条以前修补好;对于因为管片与盾壳相碰而在推进或拼装过程中被挤坏的管片,也应原地进行修补,以对止水条起保护作用。 (4)应严格按照粘贴止水条的规程进行操作,清理止水槽,胶水不流淌以后才能粘贴止水条

隧道注浆常见问题及处理措施　　　　　　　　　表11-7

问题名称	原因分析	应对措施
注浆管堵塞	(1)长时间没有注浆。 (2)注浆管没有及时清洗。 (3)浆液含沙量太高。 (4)浆液沉淀凝固。 (5)双液注浆泵压力不匹配	单液注浆: (1)停止推进时定时用浆液打循环回路,使管路中的浆液不产生沉淀。长期停止推进,应将管路清洗干净。 (2)定期清理浆管,清理后的第一个循环用膨润土泥浆压注,使注浆管路的管壁润滑良好。 双液注浆: (1)每次注浆结束都应清洗浆管。 (2)注意调整注浆泵的压力,对于已发生泄漏、压力不足的泵及时更换，保证两种浆液压力和流量的平衡。 (3)对于管路中存在分叉的部分,清洗球清洗不到．应经常性用人工对此部位进行清洗

出洞段盾构施工常见问题及处理措施 表 11-8

问题名称	原因分析	应对措施
洞口土体流失	(1)洞口土体加固效果不好。 (2)洞口密封装置失效。 (3)掘进面土体失稳	(1)洞口土体加固应提高施工质量,保证加固后土体强度和均匀性。 (2)洞门密封圈安装要准确,在盾构推进的过程中要注意观察,防止盾构刀盘的周边刀割伤橡胶密封圈;密封圈可涂牛油增加润滑性;洞门的扇形钢板要及时调整,改善密封圈的受力状况。 (3)在设计、使用洞门密封时要预先考虑到盾壳上的凸出物体,在相应位置设置可调节的构造,保证密封的性能
盾构推进轴线偏离设计轴线	(1)盾构接收基座变形。 (2)盾构后靠支撑发生位移或变形。 (3)出洞推进盾构轴线上浮	(1)盾构基座中心夹角轴线应与隧道设计轴线方向保持一致,当洞口段隧道设计轴线处于曲线状态时,可考虑盾构基座沿隧道设计曲线的切线方向放置,切点必须取洞口内侧面处。 (2)对基座框架结构的强度和刚度进行验算,以满足出洞时盾构穿越加固土体所产生的推力要求。 (3)盾构基座的底面与始发井的底板之间要垫平垫实,保证接触面积满足要求。 (4)在推进过程中合理控制盾构的总推力,使千斤顶合理编组,避免出现不均匀受力

11.2 暗挖隧道施工管理

暗挖隧道、车站及其附属建筑作为城市轨道交通建设的重要组成部分,具有施工风险大、作业空间狭小、地层岩性差、存在地下水和周边环境复杂等特点:

(1) 城市地下空间施工需要考虑复杂的施工环境,一般而言,地铁隧道所处位置的地表上修建有大量建筑物,地表荷载复杂。

(2) 在隧道施工开挖阶段,地表可能会产生沉降和坍塌,应及时采取支护措施,保证施工安全开展。

(3) 暗挖隧道施工具有较高的灵活性,可适用于各种断面形式,如双线、多线及单线。

(4) 暗挖法具有较为突出的优势特点。与明挖法相比,浅埋暗挖法可以避免大量拆迁,减少城市交通干扰;与盾构法相比,浅埋暗挖法在较短的开挖地段比较经济,并且能适应断面的变化。

11.2.1 施工工艺设计管理

建设指挥部组织各项目部技术部、生产经理负责工艺流程的设计,结合项目的实际情况制定具体的施工工艺流程及要求并指导工区实施,工区负责执行落实制定的施工工艺流程及要求。

进行工艺流程设计,首先要彻底理解设计图、设计规范、设计意图、施工规范及施工质量验收标准,确立专门的工艺流程设计部门及人员,明确相应的责任分工、职责,并且与现场实际施工边界条件相结合,避免照搬照抄设计图或施工规范,设计出适用于本工程的施工工艺流程。

施工工艺流程设计时,注重科学、合理、实用、逻辑关系严谨,要设计选择投入与产出所需的资源、资源的组合、施工的组织、信息的流动最优方案。

施工工艺流程设计程序:

(1) 施工工艺流程设计,应按规定的审批程序办理审批,一般工序开工前 10 日、复杂工序开工前 15 日内完成施工工艺流程设计及审批工作。

(2) 工艺流程设计编制完成后,建设指挥部技术部组织建设指挥部、项目部相关技术人员共同会审,经建设指挥部主管审核,总工程师批准后,技术部制作分发,项目部、工区具体组织实施。

(3) 项目部应对工艺流程的运行状态进行监控,及时收集汇总相应的工程质量信息,并进行数据分析,进而完善工艺流程设计。

进行工艺流程设计应按工序进行,隧道工程:洞口工程、过渡段、洞身开挖、支护、隧底(仰拱、铺底)、防水工程、衬砌、装饰、其他辅助工序、附属工程等。

11.2.2 超前地质预报管理

1. 超前地质预报的目的

(1) 进一步查清隧道开挖工作面前方的工程地质与水文地质条件,指导工程施工的顺利进行。

(2) 降低地质灾害发生的概率和危害程度。

(3) 为优化工程设计提供地质依据。

(4) 为编制竣工文件提供地质资料。

2. 超前地质预报方案设计

(1) 预报方案

根据隧道的工程地质、水文地质特征,并结合国内其他隧道超前预报的经验,超前地质预报以地质调查法为主,采用地表补充地质调查及洞内地质素描的方法,并结合洞内地层岩性、地质构造、岩体节理裂隙的发育情况、地下水的发育情况等,分析围岩的稳定情况,对隧道掌子面前方的工程地质条件、水文地质条件及可能发生的地质灾害进行风险评估进行预报。

(2) 预报内容

1) 地层岩性预测预报,特别是对软弱夹层、特殊岩土发育情况的预测预报。

2) 地质构造预测预报。

3) 不良地质预测预报,主要是对有害气体、崩塌体、黄土陷穴等发育情况的预测预报。

4) 地下水预测预报,主要是地层分界面上的含水透镜体发育情况的预测预报。

3. 技术要求

地质调查法:地质调查法分为地表补充地质调查和隧道内地质素描两种。地表补充地质调查应在实施洞内超前地质预报前进行,并在洞内超前地质预报过程中根据需要随时补充;隧道内地质素描是地质调查法的主要方法,应满足以下技术要求:

（1）开挖工作面地质素描，主要描述工作面立面围岩状况。

（2）洞身地质素描是对隧道拱顶、左右边墙进行的地质素描，直观反映隧道周边地层岩性及不良地质体的发育规模、在空间上对隧道的影响程度等，通过隧道地质展示图形式来表示。

（3）地质素描应随隧道开挖及时进行，对地层岩性变化点、重点地段应每开挖循环进行一次素描，其他一般地段不应超过10m进行一次素描。

4. 隧道超前地质预报实施要求

（1）超前地质预报是隧道信息化施工的重要组成部分，施工阶段应将超前地质预报纳入施工工序进行组织管理。隧道施工超前地质预报工作流程如图11-15所示。

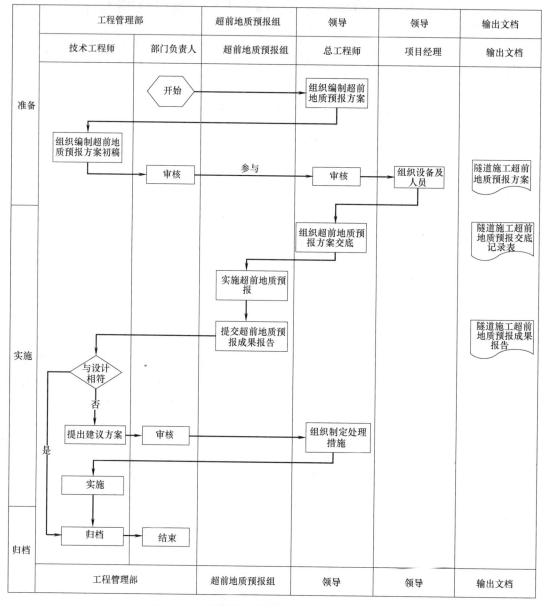

图11-15 隧道施工超前地质预报工作流程图

（2）超前地质预报坚持贯穿施工全过程。

（3）地质预报结论应有书面报告，并及时交由决策部门和施工单位，对所有预报资料应存档备查。

（4）预报时效在实施过程中，应保证及时预报和反馈结果，每次预报完成后，应在24h内报甲方、监理、设计及施工现场，先通过信息平台报送，随后报送纸质成果。对超前地质预报中发现的重大变化应立即通报甲方。当预测可能发生突水、突泥、塌方、高瓦斯等突发灾害时，应立即通知现场人员紧急避险。在预报前方地质情况正常的情况下，亦应将预报结果及时通知决策部门和施工单位，使其安排正常施工工序，组织正常施工生产。

（5）施工过程中应将实际开挖的地质情况与预报结果进行对比分析，及时总结经验教训，以指导和改进地质预报工作。

5. 超前地质预报工作安全措施

（1）超前地质预报人员应认真学习、执行隧道施工安全规程，超前钻探人员还应认真学习、执行钻探安全技术操作规程。新参加人员（含临时工）上岗前，必须经过安全生产教育，具有安全生产的基本知识，并应在班长或技术熟练人员的指导下工作。

（2）隧道超前地质预报实施过程中应积极识别各种安全危险源，保障人员和机械设备的安全。

（3）进入隧道工作必须穿戴合体的工作服、防护靴、安全帽和防尘（防毒）口罩等防护用品。

（4）地质预报工作必须在现场找顶作业结束（必要时初期支护）后进行，开始工作前应观察操作空间上方，周围有无安全隐患，特别是钻探开挖工作面附近是否还有危石存在，确保预报人员的安全。

（5）高处作业时作业台架必须安设牢固，台架周围应设置防护栏，凡患有高血压、心脏病等不适应高处作业者不得上架作业。

（6）钻机使用的高压风、高压水的各连接部件均应采用符合要求的高压配件，管路应连接安设牢固，并应经常检查，防止管接头脱落、管路爆裂高压风、水伤人；高压电路接线应由专业电工操作。

（7）钻孔时，钻机前方应安设挡板，严禁在钻孔的轴向后方站人，以防钻具和高压冲出的岩屑、泥沙等伤人。

（8）为便于控制超前钻孔揭露大量地下水时的水流及采取措施，孔口应安设口管和闸阀，且孔口管必须安设牢固，防止水压将孔口管冲出伤人。

6. 超前地质预报工作量及占用工作面时间

（1）超前地质预报预估工作量

地质调查工作量：对隧道正洞及所有辅助坑道进行地质素描。由于隧道地质条件的复杂性，在施工中要根据施工揭示的地质情况和出现的地质问题，必要时对地质调查工作量可做适当的调整。

（2）超前地质预报占用工作面时间

地质调查法：不占用开挖工作施工时间、不干扰施工、设备简单、操作方便，可随时掌握隧道开挖工作面的地层、岩性、地质构造、地下水情况。

7. 超前预报成果资料要求

超前地质预报工作应编制各预报方法预测报告、地质综合分析报告、月报、年报、超前地质竣工总报告。

11.2.3 施工测量管理

（1）正式开工前，各分部测量组应根据正式施工图测绘隧道进出口地形图，并标出隧道洞门位置，洞身开挖及边仰坡开挖轮廓线，取（弃）土场的位置。现场放样经复核准确无误后，通知监理单位进行施工。

（2）工程正式开工后，各工区测量组应根据正式施工图，计算出洞口投点及洞内测量的相关平面及高程数据，绘制成表格，经工区技术负责人复核无误后方可使用。

（3）测量组每次施工放样完成后，均应相互复核内业资料，所有数据正确后，派一名负责的测工将测量红线进行现场交底，同时将测量结果以书面形式对值班经理、值班工程师及各个班组进行测量书面交底，并签字确认，测量主管必须保留一份原件，以便备查。特别重要的点位，测量主管必须亲自交底。

（4）测量组本次施工测量均应与前次测量中线及水平进行相互核对，检查是否吻合，同时虚心听取施工班组反馈意见，发现有出入地方必须查明原因，予以改正。

（5）各工区完成隧道施工控制测量，报驻地监理工程师复测确认合格后，由驻地监理工程师报送总监理工程师，经总监理工程师审核批准后，方可进行隧道施工。

（6）隧道进洞开挖施工后，工区经常进行中线控制和高程测量，经驻地监理工程师复测确认合格后，由驻地监理报送总监理工程师。隧道贯通后，及时进行贯通测量，发现误差及时调整。

（7）隧道开挖断面尺寸、衬砌厚度、仰拱厚度均为隐蔽工程，施工单位测量，经驻地监理工程师复测确认合格后，可对隐蔽工程进行隐蔽施工。

（8）隧道的洞内控制导线及高程，按测量规范要求进行相应的桩点埋设，并做明显标志。各工区测量组每个月至少应进行一次洞内外联测，需监理工程师对联测资料进行复核并签字确认。

（9）隧道施工竣工测量应以贯通后调整的中线和高程为准，按要求进行净空测量，并且进行永久中线点及高程点的埋设，线路在曲线上时，必须在五大要素点位处埋桩。

11.2.4 监控量测管理

监控量测是隧道施工过程中，对围岩支护体系的稳定状态进行监测，为初期支护参数的调整和二次衬砌施作的时机提出依据，是确保施工安全和结构安全可靠、指导施工过程和施工安全监控的重要手段，是隧道设计文件的重要组成部分，也是隧道施工作业中关键的作业环节，监控量测须纳入工序管理。隧道施工监控量测工作流程如图11-16所示。

（1）在实施监控量测工作前，应提前通知监理单位现场监理员。监控量测实施过程详细记录在施工日志和监理日志上。

（2）监控量测小组在规定的时间内完成数据采集和分析，根据分析结果，对工程安全性提出评价意见，评价应根据位移管理等级分三级进行，并按规定采取相应的工程对策，并报项目部总工程师。监控量测所有原始资料和分析判释结论随施工日志放置在隧道口

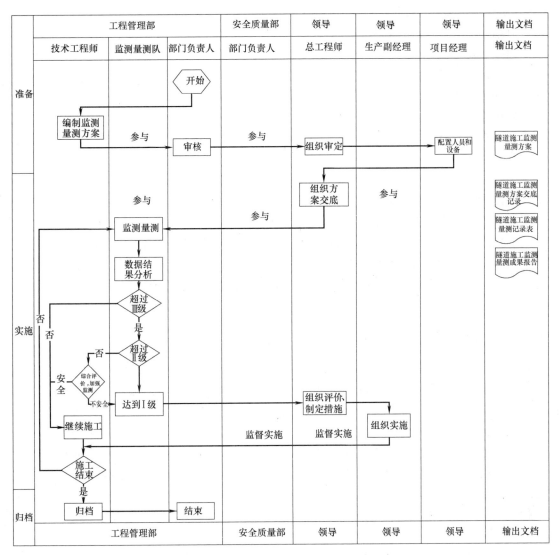

图 11-16　隧道施工监控量测工作流程图

备查。

当监控量测位移管理达到Ⅲ级时，由现场监控量测组长将量测原始资料和分析结果通报分部技术主管和现场监理工程师，并正常施工。

当监控量测位移管理达到Ⅱ级时，由现场监控量测组长将量测原始资料和分析结果通报工区技术主管和现场监理工程师，同时于2h内上报项目部总工程师、建设指挥部。项目总工程师组织研究提出具体意见，建设指挥部8h内组织参建各方对设计施工措施进行综合评价。

当监控量测位移管理达到Ⅰ级管理值以及拱顶下沉、水平收敛达到5mm/d或位移累计达到100mm时，由监控量测小组组长及时通知工区技术主管、现场监理工程师暂停施工，并将量测原始资料和分析结果于2h内上报项目部项目经理/常务副经理、总工程师、建设指挥部。项目经理/常务副经理组织研究提出具体意见。

（3）项目部总工程师应每天收集各隧道监控量测的成果分析资料，对分析意见进行确认，对超过Ⅱ级管理值的由项目经理/常务副经理同时履行该检查确认程序，相关资料签认后建账管理备查。

（4）建立监控量测管理台账和周报、月报分析制度，总结监控量测数据的变化规律，对施工安全进行评价，逐级上报阶段分析报告，周报、月报按要求编制完成并报监理单位审核后报建设指挥部。

（5）周报、月报内容主要包括：监控量测工作开展情况，监控量测工作小结和分析，下一步工作计划。

（6）监控量测点的布设要求：根据各洞开挖方式、围岩类型、断面类型等，设计图纸要求布设量测点，沉降观测与收敛观测均采用无尺量测。所有量测点都必须埋在围岩内，不得直接焊接在拱架上。

（7）所有量测桩点必须有明显的标示标牌，所有量测桩点必须妥善保护，不得随意破坏。

（8）由位移速度决定的监控量测频率和由距开挖面的距离决定的监控量测频率之中，原则上采用较高的频率值。出现异常情况或不良地质时，应增大监控量测频率。

11.2.5 首件工程管理

为有效控制新建隧道工程施工质量，预防质量通病，消除重大质量事故和质量隐患，实行首件工程认可制（简称"首件制"）。要求在每分部每一分项工程首件施工前必须进行严格的试验认证，直到工艺满足精品工程要求，经论证为优良工程方可进行正式施工。

（1）实行首件工程的目的

立足于"预防为主、先导试点"的原则，以提高质量改进意识为目的，根据首件工程的各项质量指标进行综合总结评价，对施工质量存在的不足之处分析原因、提出改进措施，以指导后续施工，预防后续施工可能产生的各种质量问题。未经首件工程认可的分项工程，不得批量生产。

（2）隧道工程首件工程实施范围

首件制贯彻"以工序保分项、以分项保分部、以分部保单位、以单位保总体"的质量创优保障原则，着眼抓各分部（分项）工程的首件工程质量。隧道工程实行首件制的工程范围为：防排水系统施工、衬砌混凝土施工。

（3）首件工程评价流程

1）首件工程完成后，项目工区应向项目部提交首件申请表。申请表中应包括里程范围、所属标段、首件工程概况，主要管理人员岗前培训和技术交底情况、开工前准备情况，申请评价时间等。

2）项目部在接到首件申请后，及时组织相关人员对已完成首件工程进行评价。不合格工程责令返工。

3）凡首件认可优良项目，项目部报建设指挥部批准后及时召开现场会，推广示范，后建工程不低于示范标准，结论为合格的再行试验，经过不断完善直至达到优良水平后方可施工。

4）项目工区完成首件评价后，向项目部提交评价申请报告，申请报告应包含评价工点的工程概况，开工准备情况，原材料及半成品进场检验报告等，并附施工工艺标准及作业指导书等内容。

12 工期与计划管理

12.1 相关单位管理职责分配表

总体工程筹划管理职责分配见表12-1。

总体工程筹划管理职责分配表 表12-1

职能	职责分配		
	建设指挥部	施工单位	标段项目部
总体工程筹划的制定	根据初步设计及业主里程碑工程要求，牵头各标段项目部制定并下达全线总体工程筹划	配合建设指挥部完成总体工程筹划的制定，特别是生产资源的投入计划	摸排项目实际情况，配合建设指挥部完成总体工程筹划的编制
总体工程筹划的动态管理	根据总体工程筹划制定全线里程碑、一、二级节点，并根据节点对各标段项目部施工生产进行监督、落实和考核；对影响里程碑、一、二级节点工期的问题牵头组织处理；现场实际条件发生重大变化影响总体工程筹划时，牵头组织标段项目部调整总体工程筹划	根据建设指挥部下达的里程碑、一、二级节点，组织标段编制实施性施工生产计划；现场工期滞后时，及时组织进度分析会，监督标段项目部落实纠偏措施，并提供资源保障	根据建设指挥部下达的里程碑、一、二级节点，组织标段编制实施性施工生产计划；现场工期滞后时，提出纠偏措施，并按措施落实；现场实际条件发生重大变化影响总体工程筹划时，及时提报建设指挥部调整总体工程筹划

生产计划管理职责分配见表12-2。

生产计划管理职责分配表 表12-2

职能	职责分配		
	建设指挥部	施工单位	标段项目部
生产计划的制定	根据总体工程筹划审核、调整标段项目部上报的年度、季度、月度生产计划	配合建设指挥部下达的年度、季度、月度生产计划提供资源保障	提报年度、季度、月度生产计划，并按建设指挥部要求调整上报的生产计划；现场资源不满足生产计划要求时，及时提报施工单位进行资源保障
生产计划的执行	督促标段项目部按生产计划落实	督促标段项目部按生产计划落实	按建设指挥部下达的生产计划落实
完成情况的统计	审核标段项目部上报的完成情况统计，并作最终确认	督促标段项目部按时提报年度、季度、月度完成统计情况	按时提报年度、季度、月度完成统计情况

续表

职能	职责分配		
	建设指挥部	施工单位	标段项目部
生产计划的考核	根据生产计划及完成情况统计,组织施工单位及标段项目部进行考核	配合建设指挥部完成生产计划的考核	配合建设指挥部完成生产计划的考核
生产计划的调整	审核标段项目部对生产计划的调整措施及节点调整的申请;节点发生重大变化时组织标段项目部调整总体工程筹划	配合完成生产计划的调整措施,提供资源保障	根据节点要求及现场实际情况提出进度纠偏措施,并建设指挥部审核确认的措施进行落实;对节点无法完成的及时报建设指挥部调整节点

12.2 总体工程筹划管理

12.2.1 总体工程筹划的制定

1. 总体工程筹划的主要内容

总体工程筹划是指导轨道交通线路施工的总体依据,是建设指挥部指导全线施工的主要线路,也是标段项目部编制施工生产计划的基本依据。主要内容应包括:工程概况、标段划分、主要进度指标、里程碑节点、主要资源配置以及总体工程筹划图等。

2. 总体工程筹划的编制与审批

项目启动后,建设指挥部根据初步设计工筹和业主里程碑工期要求,牵头各标段项目部制定全线的总体工程筹划,组织建设指挥部各部门评审通过后下达各标段项目部。

12.2.2 总体工程筹划的动态管理

1. 总体工程筹划的监督与执行

总体工程筹划编制下发后,建设指挥部根据各标段项目部里程碑工期、一级工期节点以及分解后的二级工期节点,每月进行研判和通报预警。土建工程里程碑、一级以及二级节点具体见表12-3。

土建工程节点划分　　　　　　表12-3

工期类型	节点项目
里程碑工期	洞通、轨通
一级节点工期	车站、明(暗)挖工区一级节点工期: 管线拆改、施工围挡等准备工作完成时间、主体工程完工时间、附属工程完工时间、车站具备盾构初次下井条件时间、提供铺轨基地条件时间
	盾构区间一级节点工期: 每台盾构初次开始下井时间、最终吊出完成时间、区间提供铺轨条件时间

续表

工期类型	节点项目
一级节点工期	车辆段(停车场)一级节点工期： 主体结构完成时间、提供铺轨条件时间、提供装饰装修时间、提供设备安装条件时间
	管片、轨枕生产一级节点工期： 开始正式生产时间、管片生产完成时间、轨枕生产完成时间
	轨道工程一级节点： 全线短轨通
二级节点工期	车站、明(暗)挖区间二级节点工期： 桩基完工时间、深基坑围护完工时间、主体土方开挖完工时间、主体结构及防水层完工时间、车站提供盾构过站或调头、转场条件时间、同步工程完工时间、车站主体结构范围内的路面恢复、车站具备装饰装修及设备安装条件时间
	盾构区间二级节点工期： 每个区间每台盾构始发时间、到达时间、标段联络通道及泵房最终完成时间
	车辆段二级节点工期： 地基加固及土石方完工时间、房建等结构完工时间
	轨道工程二级节点： 全线长轨通

通报预警分为三个等级，具体见表12-4。

通报预警等级划分标准　　　　　　　　表12-4

预警等级	划分标准
红色	符合下列条件之一的工程项目界定为红色预警： (1)一级节点工期目标出现重大延误,通过采取赶工措施难以按时完成,无法满足合同工期要求的项目。 (2)业主因工期问题直接给公司发函造成严重不良影响的项目。 (3)已采取橙色预警措施,但没有明显改善的项目。 (4)二级节点工期滞后60d以上的项目
橙色	符合下列条件之一的工程项目界定为橙色预警： (1)一级节点工期目标出现重大延误,通过采取赶工措施可以按时完成,能满足合同工期要求的项目。 (2)工程进度出现严重滞后,二级节点工期滞后30d以上的项目。 (3)现场施工生产组织不力,重大资源配置不足,管理不善,连续超过3个月生产计划完成率不足70%的项目。 (4)业主因工期问题给建设指挥部发函造成不良影响的项目。 (5)出现重大安全质量隐患的项目。 (6)已采取黄色预警措施,但没有明显改善的项目
黄色	符合下列条件之一的工程项目界定为黄色预警： (1)施工遇到难以协调的问题,影响施工进度的。 (2)二级节点工期滞后15d的项目。 (3)标段之间出现接口管理,需要建设指挥部协调的项目。 (4)连续2个月生产计划完成率不足70%的

2. 总体工程筹划的优化调整

总体工程筹划制定下发后，建设指挥部根据标段项目部现场实际施工进度情况，对总体工程筹划与现场实际情况进行对比并及时进行更新和调整，保证总体筹划对现场施工的指导性、时效性，并合理有效地指导现场编制针对性强的施工计划。

有如下情况发生时，需进行总体工程筹划的调整：

（1）施工进度发生较大偏差。1）当原有工期节点不能完成，导致后续施工无法按期开展，必须增加抢工措施时，施工组织需进行调整，总体工程筹划也需要进行调整；2）当进度指标较工筹指标有较大提升时，原有资源投入可以相应减少，因而带来工筹的调整。

（2）施工工法发生调整。当施工工法发生调整，特别是隧道施工工法的调整，其对轨道交通施工组织影响较大，此时资源投入的种类和数量需根据工法重新考虑。

12.3 生产计划管理

12.3.1 生产计划的制定

1. 生产计划的分类

生产计划按阶段可分为年度计划、季度计划、月度计划和周计划。

2. 编制时间

各标段项目部于当年12月18日前上报次年年度计划，于每年3、6、9、12月25日前上报下季度计划，于每月25日前上报下月计划，下周计划必须在每周五前完成编制。

3. 编制内容

生产计划主要包含两部分内容：当期形象进度与当期产值。

形象进度统计时间段按月度、季度、年度分别为：月度计划统计起止时间为上月的26日至本月的25日（其中1月份为1月1日至1月25日，12月为11月26日至12月31日）；季度计划统计起止时间为上季度末月26日至本季度末月的25日（其中一季度为1月1日至3月25日、四季度为9月26日至12月31日）；年度计划统计时间段为1月1日至12月31日。产值需按建设指挥部规定的概算标准对当期形象进度进行核算。

计划编制应满足下一级计划以及上一级计划工期节点要求，即年度计划应满足总体计划节点工期要求，季度计划应满足年度计划节点要求，月度计划应满足季度计划节点要求。

标段项目部在编制各阶段计划时，需要同时考虑相应的资源计划以及工作计划以保证生产计划的实施。

4. 编制及报审程序

生产计划由标段项目部专职计划统筹人员编制，经标段项目部项目经理审核完成后报建设指挥部审核，建设指挥部技术部专职计划管理人员审核并根据节点要求进行调整完成后，报建设指挥部工程部及商务部审核后，再报建设指挥部分管生产副指挥部长及指挥长审核完成后以红头文件形式正式下发。

12.3.2 生产计划执行与完成情况统计

建设指挥部工程部负责监督生产计划的执行，通过日常巡查及组织每月、每季度履约考核对现场实际情况进行了解，同时对进度滞后的工点及时反馈建设指挥部。标段项目部根据现场实际生产情况按时上报日报、周报以及月报，报工程部审核确认。

12.3.3 生产计划的考核

建设指挥部工程部在每月末及季度末组织全线履约考评检查，检查结束后组织召开当月生产调度会，会上根据当月及当季度完成情况统计与生产计划对比分析，对各标段项目部进行考核及相应的奖罚。

12.3.4 生产计划的调整

建设指挥部技术部专职计划统计人员根据工程部反馈的上期完成情况以及节点预警情况，牵头组织标段项目部召开进度分析会，提出进度纠偏措施，标段项目部负责落实纠偏措施，建设指挥部工程部负责监督执行情况。

13 生产履约管理

13.1 生产管理概述

生产管理是计划、组织、控制生产活动的综合管理活动。内容包括生产计划、生产组织以及生产控制。通过合理组织生产过程，有效利用生产资源，经济合理地进行生产活动，以达到预期的生产目标。

城市轨道交通（地铁）工程通常是沿城市主干道布置的线型工程，工程环境复杂，属特大型市政民生工程，线路建设周期一般为 4 年，其中土建工程主体建设期一般为两年半，主要包含车站、区间、停车场、出入场线的施工。在城市轨道交通工程生产管理中，建设指挥部通过对项目部策划与开工、主要生产资源、关键施工部位管理以及移交管理进行把控和协调，实现整个生产过程正常推进，确保工程生产管理目标。

13.1.1 生产阶段划分

结合工程地质条件、周边环境、线路走向、结构形式和施工方法等工程条件，以及总工期筹划、安全文明施工、工程质量控制、环境保护等施工管理目标，将施工组织划分为八大阶段：

第一阶段：前期工程和临时工程施工。

第二阶段：土建工程施工。

第三阶段：轨道工程。

第四阶段：常规设备安装与装修。

第五阶段：系统设备安装。

第六阶段：联合调试。

第七阶段：试运行。

第八阶段：开通试运营。

13.1.2 总体施工顺序

在地铁工程中，项目以"区间隧道洞通为关键线路，非关键线路上的工程合理穿插施工"的原则组织施工。全线施工时，以"明挖车站主体结构完成、全线区间贯通、全线双线轨通、全线车站35kV电通、全线安装装修完成、试运行、开通试运营"为主线。总体顺序按照八大阶段进行，建设指挥部统筹做好各工区的有序衔接。在场地具备进场条件后，立即进场组织土建工程施工，后续的铺轨、常规设备安装与装修、系统设备安装等工序需要在土建工程具备移交条件前2个月做好进场准备，土建工程移交后，立即进场分工序、分专业组织后续施工。成都轨道交通11号线工程总体施工顺序如图13-1所示。

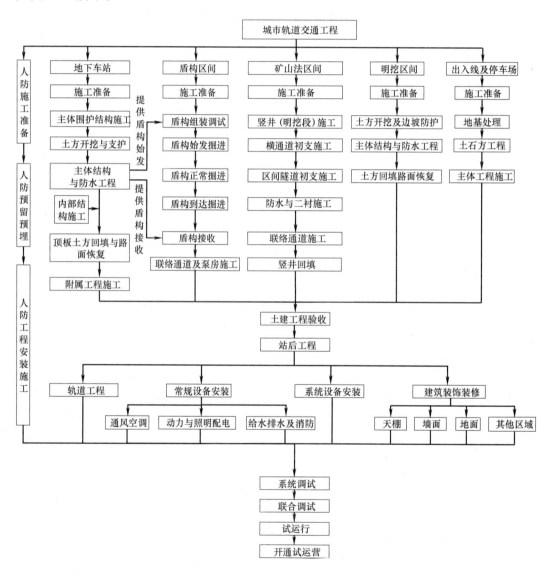

图13-1 城市轨道交通工程总体施工顺序图

13.1.3 关键节点划分

城市轨道交通（地铁）工程节点一般分三级管理，其中：一、二级节点由业主下达并由建设指挥部负责管控；三级节点是对二级节点的保障，由各项目部负责细化分解并管控落实。工期节点等级划分见表13-1，建设指挥部重点做好日常巡查监督。

工期节点等级划分表　　　　　　　　　　　表13-1

节点名称		节点内容
一级节点		全线车站封顶、全线洞通、全线短轨通、全线环网电通、全线轨行区移交、全线完成全功能测试、全线车站移交、全线车辆段/停车场/控制中心整体移交
二级节点	土建	(1)站点(含车辆段、停车场)分批打围时间。 (2)工点(含车站、风井、明暗挖及高架区间、控制中心等)主体结构封顶时间。 (3)停车场/车辆段分区域或单体建筑封顶时间。 (4)车站或风井提供盾构机下井条件时间。 (5)分区间洞通时间。 (6)工点分批移交机电进场时间。 (7)工点分批移交铺轨时间。 (8)工点人防门门框墙分批完成时间。 (9)预留孔洞完成封堵并移交机电时间。 (10)车站附属结构分批移交机电时间
	轨道	(1)分区间短轨通时间。 (2)分区间长轨通时间
	机电	(1)工点关键设备房分批移交时间。 (2)分区环网电通时间。 (3)限界检查时间。 (4)接触网送电时间。 (5)热滑时间。 (6)轨行区具备移交条件(含屏蔽门、区间风水电、区间泵房、800M投入使用)。 (7)车辆段/停车场具备接车条件。 (8)控制中心具备调度投用条件。 (9)主变电所具备一路电源投用时间。 (10)车站全功能测试分批完成时间。 (11)车站分批移交运营时间。 (12)车站室外附属分批移交时间

13.2 生产管理

13.2.1 关键资源管理

地铁施工受征地拆迁、交通疏解等制约，一般不能平稳施工；同时，地铁施工受到外部环境因素影响较大，且资源组织难度大。加强人员、材料、机械三大关键要素资源的管理，确保满足现场施工需求，是保障进度、安全、质量完美履约的关键。各级部门生产资源保障职责划分见表13-2。

生产资源保障职责划分表 表 13-2

建设指挥部	后台公司	项目部
(1)统筹全线资源配置情况,科学组织,合理安排,给予物资设备型号及数量配置的指导意见。 (2)检查、复核现场生产资源配置情况,重点是关键线路资源配置情况,并提出资源配置整改意见。 (3)对发现不能履职的队伍发出预警,提出更换需求。	(1)确定分包资源,选择综合实力较强,在面对复杂施工环境时,能够按期履约的分包。 (2)对标段在资源购置、租赁方面的提供资金支持。 (3)根据整体工筹及施工方案明确物资及设备的型号及数量。 (4)协调分包负责人,及时解决标段提出现场存在的资源问题;当分包管理失控时,能够及时进行更换。	(1)编制日、周、月度施工计划,及时与分包现场负责人对接,根据施工方案及施工计划增配现场施工资源。 (2)根据现场施工进度提前向后台公司提报资源需求计划。 (3)针对现场资源存在的问题及时向后台公司及建设指挥部进行汇报。

1. 人员管理

人员管理包括项目管理人员管理以及分包队伍劳务人员管理。

(1) 项目管理人员管理

项目应配备项目负责人、项目技术负责人、施工员、安全员、质量员、预算员、专职试验人员、专职测量人员、资料员、交通疏解员、渣土运输管理员等。

结合地铁工程中施工区域长、夜间施工较多的特点,应按工区分配管理人员,每个工区应配备一名工区负责人、至少两名施工员、两名安全员、两名质检员。对于施工工艺复杂、难度高、工期紧的工程,应在此基础上增加管理人员配置。

项目负责人应具备国家注册一级建造师执业资质,项目技术负责人应从事相关专业技术管理工作5年以上,工区负责人应从事相关工程现场管理工作5年以上,工区施工员、安全员、质量员至少有一人有3年以上现场管理经验。

(2) 劳务队伍人员管理

1) 劳务队伍的选择

要选择信誉好、管理能力强、技术水平优、工程进度快、有过与地铁工程相关的施工经验的劳务队伍,严把选择关,不合格的队伍绝对不能进场,从源头上做好把关。

2) 劳务队伍的配置

结合地铁工程的特点,对主要施工工法中每个工作面的各类工种劳务人员进行配备。劳务人员配备数量可参考表13-3进行配置。

劳务人员配备数量表（单个作业面、单个班组） 表 13-3

施工区域	劳务队伍	工种	人数
明挖地铁站	基坑喷锚	挂网与喷浆工	15
		钢支撑安装工	10
	主体结构	防水工	8
		钢筋工	30
		模板架子工	30
		混凝土工	15
明挖区间	基坑喷锚	挂网与喷浆工	10
		钢支撑安装工	8

续表

施工区域	劳务队伍	工种	人数
明挖区间	主体结构	防水工	8
		钢筋工	20
		模板架子工	20
		混凝土工	10
暗挖区间	暗挖队伍	开挖班组	10
		初支班组	12
		防水班组	5
		二衬班组	25

3）劳务人员管理

随着建筑行业管理信息化的不断推进，项目管理必须充分发挥信息化管理优势，配合门禁考勤管理，不断提高劳务管理效率，保证项目顺利实施。一、所有工点在施工前期全部引入建筑工人实名制管理平台，实时记录工人进出工地、考勤、工资支付等信息，作为依法保护农民工合法权益的有力凭证；二、借助实名制管理平台，建立工资专户，探索银行代发工资制度，杜绝欠薪；三、依据实名制平台，归档农民工实名信息、从业记录、技能水平、教育培训，有助于建筑产业工人信息化建设。

2. 物资设备管理

地铁工程中，对于物资和设备管理，主要包括生产物资和机械设备的管理。结合地铁工程特点，重要的物资主要包括钢筋、水泥、混凝土、盾构管片、模板和脚手架等。主要的机械管理包括挖机、装载机、渣土车、空压机、龙门吊、汽车吊、二衬台车、盾构机及后配套设备等。挖机、装载机、渣土车应根据现场土方开挖、外运量以及工作面的情况合理配备，龙门吊、汽车吊、塔吊、盾构机及后配套设备等配置既要满足现场施工需求，同时也应该根据现场场地布置的情况合理安排。

随着施工机械化程度的不断提高，机械设备在施工中扮演的角色愈发重要。加强项目施工机械设备的配置、使用、核算管理，充分发挥设备的资产效应，不仅可以确保工程施工进度，还可以为项目取得较好的经济效益提供保障。

（1）物资设备人员管理

1）建设指挥部工程管理部是物资设备管理的归口部门，负责建设指挥部的物资设备管理工作和各项目物资设备考核评价工作。

2）各项目部必须设置物资设备管理专职岗位，并配备专职人员进行物资设备管理，与建设指挥部工程管理部进行工作对接。

3）各项目部人员进场后，必须将物资设备管理人员名单报建设指挥部备案，人员要求相对固定，管理能力及经验能满足管理需求；若人员发生变动，必须报建设指挥部备案。

4）起重机械安装、司机、司索、指挥、电工和焊工等特种作业人员必须持证上岗，各项目部必须将持证上岗、特种作业人员花名册报建设指挥部备案，确保人证相符、证件有效。

(2) 物资设备计划管理

1) 各项目部须将物资需求总计划、设备需求计划、设备管理实施计划、物资及设备季度需求计划报建设指挥部备案，建设指挥部对各项目主要物资设备的技术参数、数量和进场时间合理性进行指导。

2) 需报建设指挥部的物资需求总计划包含：钢材、商品混凝土、管片和水泥。

3) 需报建设指挥部的设备需求计划包含：塔吊、龙门吊、盾构机、变压器、履带吊、100t 及以上汽车吊。

4) 设备管理实施计划包括：项目环境概况、设备平面布置图、设备需求计划、分包设备管理计划、设备安全风险辨识与安全管理措施等。

5) 物资总计划填写《物资需求总计划表》，具体详见物资总计划编制流程。

6) 设备需求计划根据主要设备选型配置方案和施工方案编制，填写《设备需求计划表》。

7) 每季度末月 25 日前编写下季度主要物资设备进场计划。

8) 项目实际施工过程中，对于已经提报需用总计划的物资设备，当发生施工任务量变化、设计变更、工艺变动、生产进度调整等情况时，项目部必须及时对原计划进行调整，并报建设指挥部备案。

(3) 物资设备采购管理

1) 供应商管理

① 建设指挥部成立专门的供应商考察小组，对各项目部的商品混凝土、管片、盾构机供应商进行标前考察和过程巡查。

② 各项目部确定供应商前，必须将供应商的相关资料和信息报建设指挥部备案，建设指挥部联合各项目部母体公司及其他相关单位对供应商进行考察。

③ 建设指挥部不定期对各项目部供应商进行巡查，对不满足建设指挥部要求的供应商，建设指挥部要求各项目部进行整改或更换。

2) 物资招标管理

① 建设指挥部对物资设备招标管理主要分为两大类：集中招标、备案招标。

② 建设指挥部对变压器、盾构机和管片实行集中招标，各项目部推荐投标单位，建设指挥部牵头，各项目部母体公司参与，进行投标单位考察、集中招标、共同确定中标单位，各项目部执行招标结果，各自签订合同，合同报建设指挥部备案。

③ 建设指挥部对商品混凝土、水泥、盾构辅材、管片螺栓、各项目部购置或租赁关键大型设备、设备安拆、周转料具实行备案招标，各项目部只需提前报送招标计划和投标单位，建设指挥部进行审核，各项目部自行招标，将中标结果和中标单位资质资料、合同报建设指挥部备案。

④ 钢材按照中建股份区域集采结果执行，各项目部必须 100% 执行相应集采结果，不得自行组织招标，各项目部将对接合同报建设指挥部备案。

⑤ 外租的设备应当选用正规大厂生产的产品，设备必须符合现行相关标准，出厂年限不超过规定报废年限的 50%。

⑥ 通用装饰材料等需要业主确认色板或样品的，需求计划统一报送至建设指挥部，由建设指挥部牵头组织色板或样品的确认。

⑦ 物资设备付款由各项目部自行支付。

(4) 物资设备进场及验收管理

1) 钢材、商品混凝土、水泥、管片等大宗物资进场验收必须满足中建三局《项目管理标准》中物资验收管理规定，质量必须满足国家标准和业主的要求，并按要求及时进行送检，未检验合格不得使用，建设指挥部不定期抽验及检查验收资料。

2) 各项目部应成立专门的设备进场验收小组，所有进场设备必须100%进行验收。盾构机、龙门吊、100t及以上汽车吊和变压器的进场验收需建设指挥部参与，塔吊、履带吊等常规设备的进场、安拆由各项目部自行组织验收，设备验收结果报建设指挥部备案审批后方能使用，建设指挥部的验收工作不能取代各项目部对验收设备的管理责任。

3) 对进场设备完成验收工作后，各项目部应及时填写《项目设备登记台账》，设备台账应及时更新，并报建设指挥部备案。

4) 组织设备进场的同时，各项目部应及时收集设备供应方及设备自身的相应资质文件（安拆资质、安全生产许可证、设备制造许可证、设备出厂合格证、设备备案证等），供应方的资质等级必须能够覆盖所安拆设备类型和型号，所有资质文件报建设指挥部备案。

5) 物资设备仓储场地标准必须按照建设指挥部统一规划实行，必须符合地方主管部门及业主的要求，符合环境、职业健康安全管理要求。

6) 各项目部应建立《不合格品台账》，由各项目部根据各母体公司规定进行处置，处置结果报建设指挥部备案。

设备使用前验收管理流程如图13-2所示。

(5) 物资设备使用管理

1) 设备安拆管理

① 起重机械安拆（包括初始安装、使用过程安装和拆卸）及危险性较大的吊装分项工程作业由项目部提出作业申请，项目设备管理工程师、安全工程师、建造工程师必须对作业过程进行旁站监督，对作业完成情况进行确认。

② 各项目部根据施工进度计划组织设备安拆作业，并督促安装单位办理相应安拆告知手续。

③ 安拆前各项目部组织对设备基础、安拆前设备状态、安拆准备等进行检查验收。

④ 在设备安拆、使用过程中，因各种原因导致不能按计划和方案继续作业时，应先采取措施确保设备处于安全状态，停止作业。然后制定技术措施，由项目部技术总工审核、项目经理批准后，继续作业。

⑤ 设备安装完毕后，项目部应督促安装单位对设备进行自检、调试和试运转；自检合格后，由安装单位按照规定委托有相应资质的检测机构进行检测，出具相应的检测报告书。

⑥ 设备安装单位自检、检测机构检测合格后，项目部

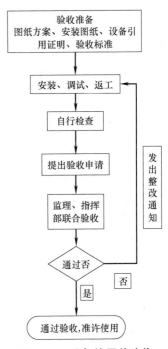

图13-2 设备使用前验收管理流程图

应组织设备供方、使用和监理等单位进行联合验收，按规定填写验收表格，联合验收合格后报建设指挥部备案，经建设指挥部审核后方可投入使用。

⑦ 设备初始安装检查验收合格后，项目部应督促安装单位及时向当地主管部门办理使用登记手续。

⑧ 设备安装自检报告书、检测报告书、联合验收报告等检查验收资料应存入项目设备档案。

2) 检查及使用

① 所有设备应实行定人、定机、定岗的"三定制度"，明确具体负责人。

② 各项目部对现场机械设备、临时用电每周组织一次自检自查，每月组织一次对专业分包单位的联合检查，监督落实隐患整改，如实填写临时用电巡视记录、设备的运转记录、交接班记录和维修保养记录。主要包括设备的现场运行情况和相关资料。

3) 作业人员管理

① 设备安装拆卸、操作使用人员必须经过专业技术培训，熟悉设备安装与操作技术规程和设备使用说明书关于安装与操作使用的要求。

② 起重机械安装、司机、司索、指挥等特种作业人员和其他要求持证作业的人员必须取得有效操作证书。

③ 项目部设备管理工程师对设备安拆、操作、使用等作业人员资格进行审查，建立并填写《设备作业人员花名册》，会同安全管理人员对设备作业人员进行进场安全教育。《设备作业人员花名册》应动态更新，并报建设指挥部备案。

④ 设备安装与拆卸之前和设备操作使用人员首次使用设备前，项目部必须组织对作业人员进行班前安全技术交底。设备正常使用期间每 2 周至少进行一次定期例行安全技术交底。

⑤ 设备使用过程中对严重违反操作规程和现场管理制度的设备作业人员应及时清退出场。

(6) 解决资源供应问题的措施

1) 解决项目部管理人员不足问题的措施

对项目部管理力量薄弱的问题，建设指挥部对项目部后台公司发函要求后台公司按照履约要求加强管理力量的配置，并限期配备到位，未按要求整改的，根据合同对后台公司做出处罚。

2) 解决施工现场劳务队伍人员不足、材料物资供应不足、机械配备不足问题的措施

建设指挥部针对项目部现场劳务队伍人员不足、材料物资供应不足、机械配备不足问题应立即发出督办单，要求项目部限期整改并做出书面回复，对拒不整改的项目部进行处罚，并约谈后台公司负责生产管理的主管领导出面解决。对于履约能力存在问题、并且已经影响到工程正常开展的劳务队伍要求项目部将其清退出场，更换成具备履约能力的分包队伍。

3) 对项目部资源配置问题整改情况复查

项目部针对建设指挥部下达的督办单以及函件进行回复后，建设指挥部工程管理部在整改期限结束时深入项目部及施工现场详细盘点资源供应整改情况，并将盘点情况告知建设指挥部负责生产的主管领导。对整改情况未达到要求的项目部，由建设指挥部负责生产的主管领导约谈项目部后台公司负责生产管理的主管领导，督促其限期整改。

13.2.2 关键工序控制要点

土建施工阶段对项目策划与开工、围护结构工程、土方工程、主体结构工程、附属工程、土方回填与道路工程、停车场工程以及轨道工程等主要土建工程进行进度控制，保障生产履约。

1. 项目策划与开工管理

（1）项目策划管理

项目策划书围绕实现项目的工期、质量、安全、技术、环保等管理目标，为有预见性地识别项目需求和风险，合理部署建设指挥部和项目部的实施步骤，实现项目的各项预期目标，明确人、机、料、资金、技术等资源配置方案。

建设指挥部班子成员、各部门及项目部职能划分情况见表13-4。

（2）编制流程

《项目策划书》是由建设指挥部工程管理部牵头，各部门配合，组织部门和各项目部进行编制。首先由各标段项目部根据合同要求（包括合同文件、设计文件及业主其他要求等）和建设指挥部拟定的管理目标，从项目实际情况出发编制各标段的项目策划书，并报送至建设指挥部工程管理部；再由建设指挥部工程管理部组织各部门及各标段进行评审；最后，各标段项目部根据评审意见进行修改后，报建设指挥部工程管理部组织建设指挥部领导审核、审批。

（3）审核与审批流程

《项目策划书》首先由建设指挥部工程管理部发各部门领导审批，通过后报建设指挥部分管领导审核，最后报建设指挥部指挥长审批。《项目策划书》完成审批后作为项目部实施的操作性文件。

2. 项目开工管理

建设指挥部工程管理部是开工管理的主管部门，负责项目进场开工的牵头管理。

（1）建设指挥部各部门及项目部职责和权限（表13-5）

（2）《进场准备计划》的编制

项目部在进场一周之内，由项目经理组织项目人员编制《进场准备计划》。

（3）进场启动会

项目部编制完成《进场准备计划》后，报送至建设指挥部工程管理部，建设指挥部工程管理部组织相关部门完成对计划的审核审批程序，并在审批完成后3天内召开项目进场启动会，启动会由建设指挥部工程管理部牵头组织，启动会的形式为现场会。

1）与会人员

① 建设指挥部主管生产相关领导。

② 建设指挥部相关部门负责人。

③ 项目班子成员和主要管理人员。

2）会议议程

① 商务部就该项目进行相关合同及招、投标文件交底。

② 项目部进行《进场准备计划》汇报，采用幻灯片演示的形式进行，同时需提前准备纸质版《进场准备计划》供会议人员评阅。

建设指挥部职能划分表

表 13-4

序号	管理活动/职能 一级	二级	三级	建设指挥部层面 - 建设指挥部班子						建设指挥部层面 - 职能部门					项目层面		项目层面 - 项目管理班子						
				指挥长兼书记	常务副指挥长	总工、副总工	副指挥长	总经济师、总监	安监部、质监部	工程管理部	技术部	商务合约部	财务资金部	其他部门	项目经理	项目副经理	工程部	技术部	质量部	安全部	行政办公室	商务部	计划部
1	启动策划	启动项目与批准《项目管理手册》	启动项目并制定《项目管理手册》	RA	CX	CX	CX	CX	C	C	C	C	C	C	C	C	C	C	C	C	C	C	C
2		建立项目管理机构	组建项目班子及项目其他人员	R	C	C	C	C	C	C	C	C	C	C	C	C	C	C	C	C	C	C	C
3			组建项目定义控制小组	R	C	C	C	C	C	C	C	C	C	C	C	C	C	C	C	C	C	C	C
4		《项目总体策划书》	组织编制《项目总体策划书》	A	CX	CX	CX	CX	C	C	C	C	C	C	C	C	C	C	C	C	C	C	C
5		《项目实施计划书》的制定与批准	制定《项目管理实施计划书》	A	X	X	X	X	C	X	X	X	X	X	RA	C	C	CX	C	C	C	C	C
6		定义项目组件/子项目并进行管理	划分并规划项目组件/子项目	RA	C	C	C	C	C	C	C	C	C	C	C	C	C	C	C	C	C	C	C

注：表中 R 代表主责，C 代表配合，X 代表审核，A 代表审批。

在进场启动管理中具有的职责和权限　　　　　　表 13-5

工程管理部	其他部门	项目部
1）组织人员对现场情况进行调研，了解相关信息。指导项目做好前期三通一平、临建设施建设。 2）组织召开项目进场启动会，并编写会议纪要。 3）监督落实进场启动会中的工作事项	1）技术部负责协助、指导项目做好前期技术准备工作。 2）商务部负责协助、指导项目做好项目前期商务策划工作。 3）负责解决项目在进场启动中提出的需要部门解决的其他问题	1）现场踏勘、周围环境、资源、社会关系等调研。对平面布置进行初步规划，选择合适布置临时设施位置。做好各相关单位的关系对接及协调。 2）负责编写《进场准备计划》，参加进场启动会，落实进场启动会中建设指挥部领导，建设指挥部门等既定事项

③ 各部门就项目部汇报内容进行咨询，并对项目部需要解决的问题进行答复。
④ 动员各部门启动《项目策划书》编制，明确各个专业策划的提交时间。
⑤ 建设指挥部主管生产领导对会议进行总结并提出下阶段工作安排。
3) 落实与推进
① 会议由建设指挥部工程管理部形成会议纪要，会议结束 2 天内对会议进行通报。
② 建设指挥部各责任部门应根据会议纪要精神和相关要求按期解决项目部实际问题。
③ 项目部对会议上领导、各部门提出的意见进行调整和落实。
④ 会议形成的决议由建设指挥部工程管理部负责督办和落实。

3. 临时设施管理

（1）建设指挥部职责

建设指挥部负责制定临建及施工总平面布置标准，牵头编制《标准化实施细则》以及《临建管理办法》，指导并审核各标段编制项目驻地建设方案及施工现场总平面布置方案；并参加项目驻地和施工现场总平布置的验收，对项目驻地和施工现场总平布置进行过程监管。

（2）项目部职责

标段项目部负责组织有关人员进行现场勘测，根据场地条件、工程规模、高峰期施工人数和相关技术标准等内容，编制报送项目驻地建设方案（含施工详图）；负责组织有关人员进行现场勘测，根据设计文件、总体施工安排、交通疏解方案、周边环境及用地情况，绘制各个阶段的实施性施工总平面布置图，编制施工现场总平面布置方案（含细部做法）；将标段内审及后台公司审核并修改完成的项目驻地建设方案和施工现场总平面布置方案报建设指挥部审核；按照建设指挥部审核通过的项目驻地建设方案和施工现场总平面布置方案组织人员实施；实施完成后向建设指挥部报请验收，并负责日常使用过程管理和维护，以及项目完工后的现场临设拆除。

（3）项目临时设施方案的编制、审批

项目临时设施方案由建设指挥部工程管理部牵头，安监部、综合办公室配合，组织项目部进行编制。项目部在编制方案前充分与业主、建设指挥部进行沟通，明确临时设施的建设的相关标准及要求，结合现场实际情况进行编制。

（4）项目临时设施布置要点

1) 施工现场总平面布置应结合设计图纸、施工组织、交通疏解、现场实际及相关规定等因素因地制宜、合理规划、科学布局，达到功能分区明确、物资流转顺畅、利于文明施工和对外展示形象以及多阶段综合兼顾的要求。

2）施工现场人员出入通道需设置闸机式门禁。

3）现场监控室、会议室、学习室应尽量相邻布置，且尽可能靠近主大门位置。

4）现场的亮点打造应尽量集中在主要迎检通道的大门附近，至少应包含八牌二图、地铁线网图（突出本线路）、工程线路图（突出工点位置）、工艺展示牌等图牌，消防展示柜，安全宣讲台，安全体验区，工人休息室及茶水间等。

5）现场应设置人车分流隔离栏杆，在展示区范围设置固定式栏杆，其他区域设置活动式隔离栏杆。

6）现场发电机需与总配电箱相邻布置，安全防护设置到位。

7）现场应急物资库房应与应急物资堆场相邻布置，应急物资堆场应设置防雨棚；应急物资库房应安排专人管理，并实施应急物资管理登记制度。

8）施工现场需配置洒水车、雾炮机、道喷淋系统进行场内降尘。

9）现场的生产设施应提前规划，确定位置，临水、临电等管线布置应尽量采用预埋方式解决。

10）施工现场的活动板房主要外立面均应委托专业装饰公司进行装饰设计，采用粘贴或挂设装饰材料的方式，详细的设计方案应经建设指挥部审核通过后方可实施。

4. 项目开工验收管理

（1）项目部按施工准备计划组织现场工作，当现场道路、临水、临电、生活设施、办公设施、现场布局及安保设施等全面达到开工条件，或因赶工需要经相关方确认已基本具备开工条件时，向建设指挥部工程管理部上报工程开工申请。

（2）建设指挥部工程管理部牵头，安监部、质检部、办公室参与，对项目部开工准备工作进行验收，验收通过后，项目部正式向业主申请开工，并报建设指挥部工程管理部备案。

项目开工申请流程如图13-3所示。

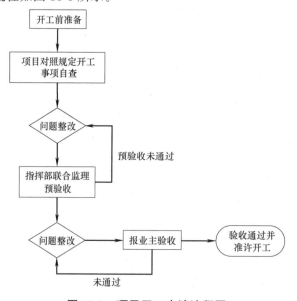

图13-3　项目开工申请流程图

为确保一、二级节点顺利实现,项目部应将各节点关键工序进行分解,并对其重点控制,以达到对节点有效控制。

5. 围护工程施工管理

(1) 围护结构的形式

围护结构是指在开挖面以下插入一定深度的板墙结构,其形式一般有灌注桩、地下连续墙、水泥土搅拌桩、钢筋混凝土板桩、钢板桩。地铁施工中围护结构主要采用灌注桩和地下连续墙两种形式,局部特殊位置采用人工挖孔桩。

(2) 围护桩施工方法

在岩层坚硬程度为较软的部位采用旋挖钻成孔,少数岩层较为坚硬的部位采用冲击钻成孔的施工方法。如机械施工场地条件受到限制,且地层条件满足人工施工时采用人工挖孔桩的施工方法成孔。

(3) 围护结构的施工工效

结合城市轨道工程施工经验,围护桩施工中单台施工机械在不同地质情况下每天的施工工效见表 13-6。

围护结构施工工效   表 13-6

施工方法	岩层坚硬程度		
	较软	较硬	坚硬
旋挖桩(桩长 20m)	3～5 根/天	6～8 根/天	2～4 根/天
冲击钻(桩长 20m)	/	3～5m/天	1～3m/天
人工挖孔桩(桩长 15m)	/	2～3m/天	/

(4) 围护结构施工进度控制的重点内容

1) 在围护桩开始施工前,提前开展征拆工作,为施工创造工作面。

2) 提前做好开工策划,明确开工时间,严格按照开工节点组织人员、机械、材料进场,准备施工图纸和施工方案,确保按时开工。

3) 根据机械数量及可成孔桩数,配备足够的电焊工,保证钢筋笼加工进度满足需求。

4) 选用与地质条件相匹配,且性能良好的钻孔机械,减少机械故障的停工时间。

5) 提前做好搅拌站混凝土供应能力调查,并选择 1～2 家搅拌站备用,保证混凝土的及时供应。

6) 合理安排不同部位的管线迁改顺序和进度,尽量保证围护桩施工连成片,为后续冠梁施工提供工作面。

7) 在围护桩施工时,提前做好管线探挖工作,保障工作面的提供和施工安全,避免因破坏管线造成停工整改。

8) 在围护桩施工时,做好作业区和非作业区的分区管理,加强文明施工管理,做好裸土覆盖和场内清理,确保环境保护措施符合要求,避免造成文明施工不合规导致的停工。

9) 规划临时弃渣场,保证钻渣及时外运,避免堆在场内占用工作面。

10) 冠梁施工的土方基坑开挖时,高于 2m、放坡较陡的基坑需要及时喷射混凝土支护,保证施工安全。

6. 土方工程施工管理

车站基坑一般为长条形基坑,基坑土方见底时间直接决定了主体结构启动时间,因此合理进行土方施工部署,对车站施工工期有较大影响。车站端头若作为盾构始发井、接收井或者暗挖隧道进洞工作面时,为保证尽快提供结构施工作业面,为后期盾构区间从该端头开始进行开挖。针对土质较好的地层,可利用放坡马道由基坑顶开挖至基坑底,再利用原马道进行分层台阶法开挖;对于软弱地层,则应严格按照台阶法开挖施工。

(1) 工效统计分析

根据统计,常规车站(200m 左右双层车站)土方开挖时间为 4~5 个月,大型车站(大于 300m 双层车站或三层站)土方施工时间将达到 7~9 个月。首段结构底板见底时间大约为开挖后 1.5~2 月(视底板埋深情况适当增减)。

(2) 基坑开挖

1) 有围护结构无内支撑的基坑开挖

此类基坑开挖过程中,进度管理的重点是做好土方开挖与土钉、锚杆、挂网混凝土、预应力锚索施工的协调匹配,开挖过程中应提供满足支护结构施工的工作平台,开挖和支护施工应形成循环作业,每层开挖完成后应及时进行支护施工,缩短基坑暴露时间,严禁超挖或扰动边坡。

2) 有内支撑的基坑开挖

此类基坑开挖必须严格遵循"先撑后挖、限时支撑、分层开挖、严禁超挖"的原则,尽可能减少基坑无支撑暴露时间和空间。开挖前应根据基坑等级、支撑形式、场内条件等,科学确定基坑开挖的分区及顺序。开挖过程中进度管理的重点是做好土方开挖与支撑架设施工的协调一致,确保基坑稳定安全就是最大的进度和效益。

(3) 基坑土方施工注意事项

车站土方方量大,其开挖进度直接影响到结构施工作业面数量,土方施工速度受工作面、机械设备投入、天气因素、环保政策影响巨大。同时地铁工程大多位于市中心,出土时间受限,且节假日及重大活动期间会受禁运限制。因此,施工过程中需慎重考虑土方工程的开始节点,有条件的宜避免雨期施工,并制定一系列措施,保证土方开挖进度。

基坑开挖前必须认真研究地勘资料、设计图纸、规范、施工方案,对场内地下管线及障碍物、不良土质、周边建构筑物、场地条件、场外交通状况及弃土场做详细的调查。施工方案中应明确土方开挖顺序、挖土方式及相关保证措施;合理配备钢支撑、锚杆、钢筋网片等材料,以及塔吊、汽车吊、抓斗、装载机、挖机、锚杆钻机、龙门吊、空压机等设备。

随着生态文明建设深入推进,政府对渣土外运的管理不断规范,违法违规倒场逐一关停,土方市场已发生重要变化,土方外运成本不断攀升,出土频繁受阻,给项目工期带来很大影响。施工单位在开工初期应积极与业主单位对接,从成本、工期、社会效益等方面综合分析,在满足环保政策规定的前提下做好弃渣场的布置,为后续项目建设过程土方施工提供良好的外部条件。

7. 主体结构工程施工管理

根据地铁建设的客观规律,"洞通"作为地铁建设过程中的重要节点之一,受到的影响因素众多,该节点往往成为决定地铁建设总工期的关键。目前,大部分地铁车站采用明挖法施工，区间采用盾构法施工，明挖车站结构作为盾构始发和接收井可较大的节省工程投资，但同时也决定了相邻盾构区间必须在车站具备盾构始发条件后方可开始区间施工或者盾构接收。

另外，根据常规工期筹划，车站主体结构封顶后才会启动附属结构施工，首个出入口及风亭封顶后才具备站后机电装修条件。因此，车站主体结构施工进度在整体工筹中至关重要。全面的分析车站工期影响因素，是确定车站施工总体工期，确保总体工期的重点。

（1）工效统计分析

主体结构均按"竖向分层、水平分段、逐层由下往上平行顺作"原则进行施工。为合理利用人力物力，科学地安排施工顺序，减少各工序之间的干扰，保证工程施工顺利进行，有效防止混凝土的收缩开裂，依据结构受力以及避开附属出入口的原则，参照规范要求，主体结构通常分段进行施工，其中横向施工缝一般每15~25m设置一道。根据统计，车站第一段结构较为复杂，涉及人防预埋验收、洞门钢环、集水井等施工，且受到队伍熟练程度等因素综合影响，车站首段结构施工工效较低。车站主体施工工效可参考表13-7。

车站主体施工参考工效   表13-7

工程名称	单位	工期指标	备注
综合接地	天/段	5	
垫层	天/段	1	
防水及保护层	天/段	2	
结构底板	天/段	8	首段结构因集水井、洞门钢环、人防预埋及验收、队伍操作熟练度等问题，工效较低
结构侧墙及中板	天/段	15	
结构侧墙及顶板	天/段	15	
顶板防水及保护层	天/段	7	
顶板回填	天/段	30	

（2）车站结构施工注意事项

车站主体结构施工应按照"大工序流水、小工序穿插"的原则组织实施。"大工序流水"即按照底板→中板→顶板的流水组织生产，"小工序穿插"即穿插进行侧墙防水施工、侧墙钢筋绑扎、满堂支架搭设，合理提高施工工效。

车站主体结构施工工期主要受车站规模（结构分段数）、工作面数量、板墙浇筑方案、劳动力投入等影响。车站侧墙模板支架选型对车站主体结构施工质量及工期影响较大，施工前应结合费用成本、工期等因素做好充分的调研及论证。

为确保主体工程施工正常进行，避免造成窝工，施工前需提前考虑周转架料周转流向和投入计划。

车站土建施工过程中应协调设备及管线安装单位做好图纸审查，核实清楚预留预埋孔洞的尺寸、位置，减少后续返工。

（3）车站赶工措施

因地铁项目建设的特殊性，大部分车站前期工程（征地拆迁、管线迁改、交通疏解）不能完全按照计划完成，但一般情况下车站封顶、提供盾构始发条件的节点不变，因此需

要制定详细的施工计划,重点做好以下工作:

1)认真分析需拆迁建构筑物、管线与车站相对位置关系,根据具体情况逐块区打围施工,围护结构施工与管线改迁同步进行。

2)围护结构施工尽量从车站两端向中间施工,尽早形成盾构井范围围护结构封闭,围护结构检测合格后即安排冠梁及第一道支撑施工,减少工序的搭接时间。

3)结构施工过程中,一是要加大劳动力投入,提高施工工效,严格控制各工序时间。二是要加强组织管理,减少间隔时间,在基坑土方开挖完成后增加劳动力,加快施工进度。三是在基坑中增加土方开挖及结构工作面,将车站基坑合理划分为若干个小基坑同时实施。

8. 车站附属结构施工管理

(1)为减少施工成本,便于现场施工组织,车站附属结构施工通常安排在车站主体结构封顶后启动实施。附属结构施工通常具有如下特点:

1)附属结构常与周边地块、商业合建,共同开发,结构设计较为复杂且设计周期较长,特别是当周边为规划预留地块,设计常难以及时稳定。

2)附属结构大多布置于人行道,且横跨主干道,施工前涉及交通导改及大量的管线迁改。

3)在施工场地受限的情况下,附属结构施工往往需要分批组织实施。

4)车站主体封顶后,必须完成1个风亭、1个出入口作为站后机电装修进场施工及材料运输通道,因此首批附属结构完成时间直接影响站后工程启动时间。

5)附属结构零散、体量小,施工持续周期长,项目管理成本高,分包资源较难组织。

(2)根据车站附属结构的特点,应在项目管理过程中应高度重视附属结构施工的策划,加强过程管控,确保附属结构按计划完工。

1)工效统计分析

根据以往建设经验,单个出入口(含合建风亭)施工周期宜控制在4~6个月以内,车站全部附属结构施工应在车站主体结构封顶后1年内完成。车站主体施工工效可参考表13-8。

车站主体施工参考工效　　　　　　　　　　　表 13-8

工程名称	单位	工期指标	备注
附属结构桩基	天	10~20	
附属结构冠梁	天	7~20	
附属结构土方施工	天	30~45	
附属结构主体施工	天	40~65	
附属结构顶板防水施工及回填	天	20~30	

2)附属结构施工进度管理要点

① 项目进场后首次打围及管线迁改过程中,要认真梳理主体及附属结构施工范围内管线、建构筑物及征地需求,做好相应征拆工作规划,并安排专人负责征拆工作,相应管线力争一次性迁改到位,避免电力、燃气、自来水等管线二次迁改产生的额外费用及工期延误。

② 因新建地铁站周边大多地块关系复杂且地铁物业逐步兴起，接口设计受周边地块开发设计影响较大，项目部进场后应提早推动附属结构设计方案的稳定工作，为附属结构施工做好技术准备。

③ 附属结构施工过程中应根据工期计划，分期、分批进场、分类堆放，并作好材料的标识和维护工作。为确保附属结构主体工程施工正常进行，避免造成窝工，施工前需提前考虑周转架料周转流向和投入计划。

④ 根据施工工作面、综合各机械装备的特点，编制机械使用计划，合理配置施工机械，做到提前进场，确保工程需要。所有机械必须由专业人员持证上岗，并及时进行保养和维修。

⑤ 施工前，需对结构图、设备安装图及建筑图进行详细的对照审查，对预留孔洞预埋件进行分门别类统计，确保不漏项、不错项，并将图纸间相互冲突的地方及时向设计人员反映；以设计下达的书面通知为执行标准，把各种预留孔、预埋件绘制在一张交底图上，做好技术交底。预埋件、预留孔洞中心线严格按"四检"制度执行，预埋件测量放线并精确定位，预留孔洞的中心位置、外轮廓线精度符合相应要求。

9. 停车场施工管理

停车场功能定位为停放列车的场所，承担本场配属车辆的周月检、停车列检、运用及整备任务的停车场。停车场施工比车站结构及隧道施工较为简单，主要施工内容包括土石方工程、地基处理、钻孔灌注桩、承台、连梁、主体结构（含）、地下防水及建筑单体、U形槽及站场道路工程等。

（1）征拆迁改

在站场施工前，首先应将施工范围内的架空线、地下管线进行临时或者永久性迁改，为站场大面施工提供条件，避免后期受管线迁改延误工期进度。

（2）完善排水系统

停车场施工场地整体标高差异不大，在雨期施工时存在场地被淹的风险，囤积的大量积水会导致现场停工，影响整体施工进度。因此，在施工前及过程中要不断完善场地内排水系统，充分考虑雨量及排水能力，保证场地在雨期施工时不受影响。

（3）施工工序安排

根据各单体的大小、基础结构形式、使用功能要求、上下工序的衔接、场地情况以及总体工期要求等条件，合理安排各单体的开工时间及施工进度。具体安排如下：运用库、工程车库、信号楼、混合变电所、工人宿舍楼、危险品库、生产废水处理站、雨水泵房先期安排开工，其余单体根据总体工期要求陆续安排开工。

（4）区段划分，合理组织

停车场工程一般建筑面积庞大，施工范围广阔，在施工前应根据现场实际情况将施工区段按照土方工程、桩基及主体施工阶段进行划分，方便后续施工流水的形成与实施。施工原则为：先地下后地上、对后道工序有影响的工程先安排施工。进场后集中进行场地平整，考虑到桩基础施工时对管线的影响，先期安排桩基础和道路路基施工。桩基础施工完成后，再安排其他有桩基础的单体临近地下管线的施工。对于无桩基础施工影响的地段，先安排管线施工。

在场地临时道路面层未提供出来前，修筑足够的临时施工便道，确保场内交通畅通。

在站场土方回填时，分片区进行填土，逐段达标后，立即安排站场通信、信号及电力管线沟槽、路基排水沟、接触网基础的施工，实现各工序平行作业。

（5）流水施工

在停车场进入实质性施工阶段时，要合理安排现场施工工序及施工工区的先后，充分考虑队伍的数量及材料的周转，保证现场形成整体的施工流水，节约成本，提高施工效率。

10. 道路工程与排水施工管理

城市轨道交通为方便乘客乘车及换乘，地铁线路沿现有道路或者远期规划道路建设，车站一般位于道路正下方，出入口一般设置在路口处。为保证社会交通不受影响，故在车站主体结构施工完成后需进行交通恢复，将社会道路导流至已完成结构上部，为附属结构施工提供作业面。

（1）回填及迁改

为保证项目整体工期，在车站结构封顶、强度达到100%后，立即组织项目开始土方回填工作，并且尽量避开雨期进行施工；同时，土方回填应保证连续性，分层回填、碾压，在保证回填质量的前提下尽快完成车站顶板土方回填工作。

在回填过程中应同步将主体结构施工时临迁的电力电信、燃气管、给水管、雨污水管等管线进行回迁，预留检查井，同时将影响附属结构施工的管线进行临迁或者永迁，为附属结构施工提供施工条件。

（2）道路恢复

待土方回填完成后，严格按照原有道路设计图纸进行混凝土浇筑与沥青摊铺以及道路上方检查井井盖、雨水篦子的布设，并按照交管部门批复的方案进行道路划线以及相应交通设施恢复。

11. 轨道工程施工管理

地铁线路洞通至轨行区移交这个时间段的施工内容涵盖轨道、接触网、环网、通信、信号、给水排水及消防、动力照明、疏散平台、人防、屏蔽门等专业，包含轨顶风道、站台板、联络通道、人防门框墙、盾构机轨道和后配套拆除、车站主体机构预留孔洞封堵、车站底板混凝土回填等土建收尾作业，包括限界检查、垃圾清理、隧道冲洗等移交前收口作业；工作内容繁杂，工作量大，施工接口多，并在施工时序上彼此紧密关联，即，轨行区土建收尾工作完成并通过实体验收后方能进行铺轨，轨道铺设后机电材料运输通道及规模化施工条件才真正形成，机电安装完成后方能进行轨行区收口作业直至最终移交。

区间洞通后轨行区土建剩余施工项目仍然较多，为使工程快速进入铺轨施工阶段，实现洞通后1个月内移交轨道施工单位的管控目标，必须扭转"重主体、轻附属"的惯有思维，提前做好资源配置，找准施工切入点，加快工序转换，确保轨行区土建剩余施工项目始终保持快速推进态势。洞通后轨行区土建剩余施工项目推进安排详见表13-9。

车站或区间通过实体验收（或阶段性验收）并移交轨道施工单位后，即刻利用铺轨基地开展轨道铺设施工。在轨道铺设过程中，必须充分利用轨行区跟随穿插同步推进轨道附属项目施工，才能真正达到工程整体推进目的，最终实现短轨贯通后1个月长轨贯通、2个月内完成实体验收的管控目标，并为后续机电专业规模化施工和轨行区移交创造条件。片面或孤立地强调单一铺轨进度而忽视轨道附属项目都是与工程整体推进初衷背道而驰的。轨行区轨道铺设及轨道附属施工项目推进安排见表13-10。

洞通后轨行区土建剩余施工项目推进安排表 表13-9

轨行区关键项目	推荐推进方式(铺轨前施作)		特殊情况下推进措施(铺轨后施工)
	施工切入时间	工期目标	
洞门封堵	盾构机始发端洞门在负环拆除期间施作,盾构接收端洞门在盾构吊出后施作	1个月内完成(盾构机掘进单元通过后)	铺轨施工期间或单元铺轨完成后施作(不构成调线调坡限制因素,不得影响轨行区运输)
站台墙(邻近轨行区部分)	盾构通过后施作(与渣土车轨道重合地段洞通后施作)		
站台板(邻近轨行区部分)	盾构通过后施作(与渣土车轨道重合地段洞通后施作)		
轨顶风道	盾构通过后搭设门式架施作(与渣土车轨道重合地段洞通后施作)		
车站结构底板混凝土回填	盾构机后配套拆除及底板清理完成后施作		
盾构井封堵	始发井盾构机后配套吊出后施作,吊出井盾构机吊出后施作(建议采用吊模)		铺轨施工期间或单元铺轨完成后施作
人防隔断门、防淹门门框墙施工	盾构后配套拆除后施作		单元铺轨完成后施作
联络通道(含泵房)	区间第2台盾构机通过联络通道位置后即刻进行		
拆轨、清淤	区间洞通后进行		
贯通、断面测量	盾构机后配套拆除后进行(施工承包商、第三方测量单位同步开展测量工作)		
渗漏治理	盾构机通过后即进行隧道全断面堵漏		先进行底部堵漏,铺轨通过后进行隧道两侧及拱部堵漏

轨行区轨道铺设及轨道附属施工项目推进安排表 表13-10

轨行区轨道附属项目	施工切入时间	工期控制目标	备注
短轨铺设	土建交铺后即刻进行	交铺后3个月(即洞通后4个月)内完成	铺轨时间受盾构掘进单元长度、轨道结构特征、铺轨基地间距制约,可能存在一定浮动
长轨焊接	铺轨单元完成后进行	短轨贯通后1个月内完成	前期跟随短轨铺设施工,后期与机电专业交叉作业
无缝线路应力放散与锁定	焊轨达1个区间后进行		
侧沟混凝土浇筑疏散平台安装(含扶手)	短轨铺设达一个区间后跟随穿插进行	短轨贯通后2个月内完成(达到轨行区移交条件)	
钢弹簧浮置板顶升	混凝土达到设计强度后,择时进行		与机电专业交叉作业

续表

轨行区轨道附属项目	施工切入时间	工期控制目标	备注
钢弹簧浮置板密封条安装	短轨贯通后实施	短轨贯通后2个月内完成(达到轨行区移交条件)	与机电专业交叉作业
橡胶道口、嵌条安装			
车挡安装			
钢轨涂油器安装			
防脱护轨安装			
水沟盖板安装			
线路信号标识安装			

在短轨铺设和轨道附属项目施工持续开展的同时，为实现工程整体推进目标，根据轨行区计划管理小组的统筹安排，机电系统各专业须跟随进行交叉施工（轨行区机电安装施工项目推进安排见表13-11）。前期不影响短轨铺设及轨道附属项目施工持续推进的前提下，机电系统各专业可跟随穿插进行钻孔、支架安装及电缆敷设等工序施工作业。短轨铺设贯通后，可利用提前准备就绪的各项资源，辅以轨行区便利的运输通道和良好的施工作业条件进行规模化突击抢工，确保在短轨贯通后2个月内完成机电系统各专业轨行区范围内的施工任务，并达到轨行区移交条件。

轨行区机电安装施工项目推进安排表　　　　表13-11

轨行区机电专业施工项目	施工切入时间	工期控制目标
接触网（支架、汇流排、接触线、架空地线）	短轨铺设达1个区间后跟随穿插进行：先钻孔安设支架，后敷设电缆（困难条件下可于铺轨作业面到达前进行无轨钻孔施工）	短轨贯通后1个月内完成
环网（支架、电缆）		
弱电（支架、电缆）		
动照（支架、电缆）		
消防、给水排水（支架、管线）		
屏蔽门	轨道铺设通过后即行施作（轨道铺设到达前可先进行钻孔）	短轨贯通后2个月内完成(达轨行区移交条件)
人防门、防淹门安装	随时安装（避开轨道铺设、长轨焊接）	
道床伸缩缝连接电缆安装	焊轨通过后跟随进行	
均回流线		
信号应答器		
过轨管线		
信号转辙机	道岔精调完成后跟随进行	
广告灯箱	焊轨通过后，临时照明拆除后进行（可先行钻孔）	
垃圾清理	轨行区施工基本结束时进行	
限界检查		
隧道冲洗	垃圾清理完成时跟随进行	

洞通至轨行区移交这个建设时段牵涉土建、轨道、机电系统等相关专业，包括土建收尾、轨道铺设、系统安装等众多工程内容，交叉作业多、施工条件差、安全风险高。鉴于

此，在工程推进过程中，建设指挥部需结合自身参建经历和业内同行的经验和教训适时总结，不断完善各项保障措施，才能保证工程正常推进和工筹目标提前或如期实现。洞通至轨行区移交阶段工程推进保障措施详见表 13-12。

洞通至轨行区移交阶段工程推进保障措施　　　　表 13-12

	保障措施	作用
组织措施	成立计划管理、进度目标管理专门机构	协调主体、界面清晰，协调工作更具有针对性
	土建、轨道专业共部门	
	成立轨行区管理领导小组	
	成立车辆段或停车场施工协调小组	
	洞通前后分别由土建、机电分管领导牵头协调	
管理措施	轨行区管理工作会	及时协调解决工程推进过程中各类问题
	轨行区调度例会	
	专题协调会	
	轨通前以轨道为主，轨通后以机电为主	协调原则明确，便于工程整体推进
	疏散平台施工划入轨道标段	减少协调环节，提高效率
	区间人防门、防淹门门框施工划入轨道标段	
	垃圾清理、隧道冲洗等由总承包单位统筹组织	预防和减少地盘管理单位与施工单位间推诿、扯皮事端的发生
技术措施	推行阶段性验收（分段、分左右线，或先验收结构底板）	区别并充分利用现场条件，及时转入下道工序
	验收内容甩项（如内部结构、人防门框墙、孔洞封堵等）	
	长大区间以中央风井为界调线调坡	
	轨行区交铺后全线堵漏统一由专业单位进行	土建移交铺轨时间有保证、堵漏质量有保证
	非盾构区段底板拉毛	工作前置，减少后期凿毛工作量
	疏散平台支墩、环网支架统筹施工	提前对接配合要点，环网施工前置
	适时增设铺轨基地	多开铺轨作业面

13.3　进度控制

13.3.1　进度的推动措施

在项目伊始阶段，各项准备工作较多，生产调度会可每周召开一次，重点就当前的问题及下一步工作安排进行部署，并在第二次生产会时将会议议定事项的销项情况进行通报，保证各项准备工作有序进行，该阶段的各项准备工作将为项目后续正常进行奠定坚实的基础；待项目步入"正轨"阶段后，各项工作均开始正常推进，生产调度会可每半个月召开一次；待项目步入"快车道"后，项目生产工作在高效进行，此时应将管理人员的大部分时间精力放在现场生产工作，生产调度会可每月召开一次。在项目"快车道"阶段，现场生产工作中的问题更多体现为个性问题，在该阶段可实时根据现场生产过程中的具体问题召开专题协调会，以便快速、高效解决项目的问题，保证现场生产工作顺利进行。

13.3.2 进度的检查

对进度计划的执行情况检查是掌握进度计划执行信息的主要来源，是进度分析和调整的依据，也是进度控制的关键。检查的主要工作是定期收集反映工程实际进度的有关数据，并保证全面、真实、可靠，不完整或不正确的进度数据将导致判断不准确或决策失误。项目生产过程中的检查主要分为日常检查和专项检查。

日常检查重点体现为对项目的某个工点进行的检查，特点为不定期进行的"飞行"检查，随时检查现场进度进行情况。如某个工点现场生产进度滞后，可以进行专项现场踏勘，帮助项目部梳理在生产过程中的问题，协调有关方面的关系。

专项检查可每月进行一次全面系统的检查，可联合建设指挥部各个业务部门进行，对项目部各个工点进行踏勘、对项目部的内业资料进行检查，对发现的问题进行记录汇总后进行通报，要求项目部限期整改，并进行整改回复（配图说明）。若存在多个项目部，可对各个项目部的现场情况及内业资料收集情况进行打分排名，并将排名情况进行通报，同时可设置奖罚措施，对检查分数低于合格线的项目部进行处罚，对检查分数较高者进行奖励，以达到相互竞争、互相激励的目的。

13.3.3 进度的预警

1. 预警等级的划分标准

工期管理预警等级划分见表13-13。

工期预警等级划分表 表13-13

预警等级	划 分 标 准
红色	符合下列条件之一的工程项目界定为红色预警： （1）一级节点工期目标出现重大延误，通过采取赶工措施难以按时完成，无法满足合同工期要求的项目。 （2）业主因工期问题直接给中建总公司发函造成严重不良影响的项目。 （3）已采取橙色预警措施，但没有明显改善的项目。 （4）二级节点工期滞后60天以上的项目
橙色	符合下列条件之一的工程项目界定为橙色预警： （1）一级节点工期目标出现重大延误，通过采取赶工措施可以按时完成，能满足合同工期要求的项目。 （2）工程进度出现严重滞后，二级节点工期滞后30天以上的项目。 （3）现场施工生产组织不力，重大资源配置不足，管理不善，连续超过3个月生产计划完成率不足70%的项目。 （4）业主因工期问题给建设指挥部发函造成不良影响的项目。 （5）出现重大安全质量隐患的项目。 （6）已采取黄色预警措施，但没有明显改善的项目
黄色	符合下列条件之一的工程项目界定为黄色预警： （1）施工遇到难以协调的问题，影响施工进度的。 （2）二级节点工期滞后15天的项目。 （3）标段之间出现接口管理，需要建设指挥部协调的项目。 （4）连续2个月生产计划完成率不足70%的

2. 进度预警状态消除措施

进度管理预警状态消除措施见表 13-14。

预警状态消除措施表　　　　　　　　　　　　　　　　表 13-14

预警等级	采 取 措 施
红色	(1) 由建设指挥部专题报告上级单位。 (2) 所属公司派驻工作组进驻现场，直至存在的问题得以解决或最大限度地解决工期的问题。 (3) 所属公司工作组及时解决问题后，可根据有关程序降低预警等级，需所属公司总工程师及时组织对标段实施性施组或施工方案进行重新评审、批复。 (4) 所属公司工作组仍无法降低项目预警等级的，建议调整本项目（含与本项目有关的工点）的施工单位或施工任务，经上级批准后重新组织施工单位进场施工
橙色	(1) 由建设指挥部通报该标段所属公司。 (2) 所属公司领导进驻现场对预警项目落实、限期整改，并制定具体的整改方案报建设指挥部并认真组织实施。 (3) 列入建设指挥部重难点挂牌督办项目，委派一名领导配合协调
黄色	(1) 建设指挥部约谈标段项目主要管理人员，并召开专题会议。 (2) 标段项目部主要管理人员参加建设指挥部每周进度调度会。 (3) 建设指挥部领导、各部门、标段驻地代表积极配合项目部协调解决。 (4) 项目部进行认真策划，重点管理，有序推进项目进展

3. 预警通报变更（升级、降级及解除）

（1）当实际进度与计划进度差距进一步拉大，符合橙色预警通报条件的黄色预警通报项目，升级为橙色预警通报项目，按橙色预警通报项目进行管理；符合红色预警通报条件的橙色预警通报项目，升级为红色预警通报项目，按红色预警通报项目进行管理。反之则降级为橙色预警通报项目、黄色预警通报项目或解除预警通报。

（2）需纳入红、橙、黄预警通报的项目，由建设指挥部工程管理部结合现场实际和节点工期要求，于每月30日前提出清单，并分析影响工期的因素。建设指挥部组织相关人员研究，并报建设指挥部常务副指挥长审批，最终确定通报项目。预警项目由建设指挥部工程管理部拟文发布，每月发布一期。

（3）为控制好预警通报项目的施工进度，建设指挥部要加强组织指导，协调好内外部环境，加快施工进度；各标段项目部要根据实施性施工组织设计安排，制定切实可行的解决方案和有效措施，对影响施工进度的重点和难点问题，编制专项方案并组织落实，从资金投入、物资材料、机械设备、劳动力等方面做好保障，实现人、材、物、机的科学合理配置。

13.3.4　进度的考核

进度计划执行情况的考核，是为了判断项目生产工作是否运转正常，生产进度是否按计划进行，并及时发现项目进度偏离或滞后的情况（建设指挥部月度履约考评流程如图13-4所示）。考核可分为日考核、周考核、月考核以及周期性责任状考核。日常考核重点以报表形式进行，采用"周考核，月计量"的方法，每月集中汇总一次，分析月度计划的完成情况，在每月度的生产调度会进行通报；专项考核在考核周期结束后发布考核报告，重点以日常考核保证专项考核目标的实现。

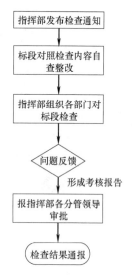

图 13-4 建设指挥部月度履约考评流程图

周期性考核责任状可在项目进行的任何一个阶段进行,其意义在于激励项目部快速完成当下的工作内容。建设指挥部可在每年年初制定当年责任状签订计划,并设立相应奖金池,对按期完成节点目标的项目部给予相应奖励,整体遵循"奖励为主,处罚为辅"的原则,起到劳动竞赛责任状激励的目的。

在项目开工阶段,可与项目部签订首桩开钻时间等节点目标,每提前一天完成相应节点追加奖励,促进项目部的生产工作按计划进行,以过程节点保证整体目标节点。

在项目在建阶段,可与项目部签订过程重大节点目标责任状或者劳动竞赛责任状,旨在施工工期范围内,掀起一定时间范围内的施工生产高潮,同样对完成相应节点目标的项目部给予相应奖励,对未完成的项目部给予处罚。

在项目部收尾阶段,可与项目部签订收尾工作责任状,明确结算、竣工验收等工作完成时间节点,保证项目部按时间完成收尾工作。

13.3.5 进度的纠偏

当进度执行与计划出现偏离时,要认真分析产生偏差的原因及其对后续工作和总工期的影响,必要时采取合理、有效的进度调整措施,使得项目各项工作环环相扣、紧密衔接,保证项目生产工作有序推进,确保总进度目标的实现。进度的纠偏措施通常有发送预警函件、安排专人驻点、召开专题会议、约谈相关负责人等。

1. 召开生产协调会

生产会协调会可分为系统生产协调会和专题生产协调会。系统生产协调会是指固定周期的生产会,如每月或每季度定期召开的生产会,该会议立足于全线的生产进度协调,对全线的共性问题统一进行协调解决,对下一步工作进行统筹安排;专题生产协调会是指针对某个项目部具体的问题或者全线的共性问题召开的会议,该会议重点解决某一特定问题,多为临时或紧急召开,以保证突发的问题得到迅速解决。

在生产协调会上要针对相关问题制定明确的解决方案、解决时间、责任人及督办人,必要时签订问题解决保证书或责任状,实行处罚制度,确保相关工作安排得到高效落实。

2. 发函及约谈

针对项目在生产过程中的"悬而未决"的问题,以及需要后台公司授权和支持的工作,建设指挥部要及时发函至后台公司,缩短问题沟通的链条,提高解决问题的效率。当发函至后台公司,某项问题依然长久存在,可启动约谈机制,单独约谈后台公司分管领导及主职领导,明确解决问题的责任人及解决时间,必要时可要求相关责任人驻守现场,直至问题得到有效解决方可离开。

13.3.6 进度的复查与销项

进度的复查与销项重点在于关注项目对进度滞后采取的各项措施落实到位情况、取得的效果以及项目生产管理工作是否正常,便于进一步采取纠偏措施,使得项目各项工作趋于正常。

进度的复查与销项由建设指挥部相关责任人在制定解决措施、明确解决时间与责任人后定期对现场进行检查,并每次形成检查记录,填写进度复查与销项清单表,并向相关责任人及时进行反馈,直至问题完全解决为止。进度销项清单见表13-15。

进度销项清单表　　　　　　　　　　表 13-15

工作类别	开始时间	结束时间	完成情况	存在问题	解决办法	责任人	督办人
……	……	……	……	……	……	……	……

14 安全管理

城市轨道交通工程属于民生工程,投资额度大,工期紧任务重,各参建单位较多,需对接的外部关系较为复杂,统筹协调难度大。城市轨道交通工程一般横跨城郊多区域,地质情况复杂多变,施工工法众多,施工期间涉及交通导改、管线迁改等工作,施工组织难度大,安全管理重难点多,具体见表14-1。

安全管理重难点表　　　　　　　　　表 14-1

特点	安全管理重难点
民生工程	社会关注度较高,安全文明施工等管理稍有不慎就会带来极大的负面影响
投资额度大、工期紧	投入人员多,赶工、抢工现象频繁,安全风险高
施工工法众多	车站一般涉及明挖法及盖挖法施工,区间隧道一般涉及盾构法、明挖法及矿山法施工,区间联络通道一般为矿山法施工,多种施工工法并存,地质较为复杂,且施工时多专业多工序交叉作业,安全管理要求较高
重特大危险源较多	暗挖施工、盾构施工、盾构穿越构筑物、深基坑工程、降水工程、高大模板工程等,如果管理不善易造成群死群伤
大型设备较多	涉及汽车吊、龙门吊、履带吊、架桥机、塔吊、旋挖钻、挖机等多种大型设备,使用量大,使用环境复杂,管理不到位极易产生设备相关事故
管线复杂	涉及通信线(包括军缆)、电力线、燃气管、给水管、污水管等管线,施工中稍有不慎,就会造成通信中断、停电、停水、停气等不良的社会影响
防汛压力大	车站、区间多为地下结构,汛期雨水容易倒灌,造成人员伤亡和财产损失

14.1 运行控制

14.1.1 安全管理策划

1. 安全管理策划编制

建设指挥部应在开工后20天内,根据业主合同内容及现场实地勘察,梳理全线安全管控要点,编制完成全线总体安全生产管理策划书,明确全线安全管理目标及主要管控措施。

各标段项目部应在开工后1个月内，根据所属合同内容、全线总体安全生产管理策划书及现场实地勘察，编制完成项目部安全策划书。

2. 安全管理策划编制内容

编制依据；适用范围；工程概况；安全控制目标；工程的安全情况分析；实施措施计划；安全达标实施计划；安全创新计划；安全文明施工费用投入预算及控制计划。

14.1.2　安全教育培训

1. 建设指挥部安全教育培训

（1）建设指挥部安监部应编制年度《安全教育培训计划》，并按计划开展。

（2）建设指挥部根据现场施工情况，不定期组织项目部主要管理人员到外部进行观摩学习交流，取长补短，提升现场管理标准。

（3）对项目部的安全生产教育培训进行指导和监督。

2. 项目部安全教育培训

（1）项目部应编制《安全教育培训制度》，根据国家法律法规、规章制度进行入场三级安全教育、日常安全教育、特种作业人员安全培训、管理人员的安全培训。

（2）各类安全培训教育内容和参加对象应有书面记录和影像资料，留存备查。

14.1.3　安全监督检查

1. 建设指挥部安全检查

（1）建设指挥部每月末对所管辖项目部开展一次生产安全综合检查，由建设指挥部工程管理部负责组织，建设指挥部各部门参与。同时，建设指挥部可根据需要对项目进行不定期的安全检查或专业性安全检查，检查小组根据隐患情况下达《在建工程安全隐患整改通知书》或《在建工程重大安全隐患局部停工整改令》。

（2）建设指挥部每月月中针对现场管控重点开展一次专项安全检查，由建设指挥部安监部负责组织。

（3）各类安全检查前应下发通知，明确检查范围、对象、组织、时间、检查内容、评比标准，检查后应进行通报和奖罚。

（4）建设指挥部安监部应每周对所管辖项目部至少开展1次日常安全巡查，建设指挥部驻地工程师应每日对所管辖项目部开展日常巡查。

（5）建设指挥部应根据现场实际需要，引进第三方检测单位对现场进行监管。

（6）对建设工程施工过程中存在的各种安全隐患、安全管理漏洞等问题，根据其可能造成后果的严重程度，实行"白、黄、红"三级管理制度，督促责任单位整改，并跟踪检查。

2. 项目部安全检查

（1）项目部应积极配合政府相关部门、业主、上级单位检查。项目部应提前通知建设指挥部上级检查的时间、内容等信息。

（2）项目部应编制《安全检查实施细则》，并按制度严格开展每日巡查、周安全检查、专项安全检查、节前节后安全检查和月度达标考核等形式的检查。检查应形成书面记录，留存备查。

(3) 项目部对检查发现的隐患应按照相关制度下发隐患整改单、罚款、局部停工令，并形成检查通报，在周生产会、系统例会上进行传达。检查通报、会议记录应形成纸质资料留存备查。

14.1.4 安全技术管理

1. 安全措施与专项方案

（1）建设指挥部应对项目部安全措施与专项施工方案的编制、审核、审批全过程进行监督，并严格按照住房和城乡建设部《危险性较大的分部分项工程安全管理规定》（中华人民共和国住房和城乡建设部令第37号）要求对安全专项施工方案进行审核审批、参与专家论证，建立安全专项方案监督台账。

（2）项目部应在分部分项工程施工至少15天前完成方案编审手续，并报建设指挥部备案。

（3）专项安全技术措施及方案的编制和审批还应符合上级单位和业主相关要求。

2. 安全技术交底

（1）建设指挥部安监部是安全技术交底监督管理部门，负责对项目部的安全技术交底工作进行监管，监督检查项目安全技术交底工作的实施情况。

（2）项目部应编制安全技术交底制度，负责实施各类安全技术交底工作。

3. 安全验收

安全验收内容包括临边洞口防护等一般安全防护、中小机械、临时用电、临建、《住房城乡建设部办公厅关于实施〈危险性较大的分部分项工程安全管理规定〉有关问题的通知》（建办质〔2018〕31号）中的分部分项工程以及业主要求的其他验收内容。项目部应严格按照上级单位相关要求按程序进行验收。建设指挥部根据上级单位和业主相关文件要求对项目部及其公司验收程序和实体进行核查。

14.1.5 安全费用管理

（1）安全生产费用的组成、提取、统计工作按照企业《安全生产费用管理与会计核算办法》及相关规定执行，确保专款专用，在财务管理中单独列出安全防护、文明施工措项目费用清单备查。

（2）建设指挥部安全生产费用计划由财务部牵头，每年一季度编制总体安全费用年度投入计划，安监部会签，报安全总监、总经济师会审，指挥长审批。

（3）建设指挥部对项目部进行安全检查、评审、考核时，将安全生产费用的投入和管理作为一项检查内容，并对分包单位安全生产费用的投入进行监督。

（4）项目开工后，结合项目施工组织设计和专项安全方案，按照企业《安全生产费用管理与会计核算办法》，对项目安全生产费用进行预算，编制《项目安全生产费用投入计划表》。

14.1.6 安全活动

1. 安全月活动

建设指挥部及项目部应在每年6月全面开展全国安全月活动。活动由安委会（安全生产领导小组）组织，安监部统筹，重点进行安全宣传、教育培训、监督检查、专项治理、应急演练等活动，积极探索并创新安全活动，相关部门按策划落实。

2. 领导带班

（1）建设指挥部、各项目每月应制定负责人带班检查、负责人带班生产计划，明确带班的人员、时间、内容，填写带班检查记录。

（2）项目施工现场醒目位置应设置标牌，公示当日带班生产负责人的姓名、职务、电话。

（3）建设指挥部对各项目部带班制度的落实情况进行监督检查，对未执行带班制度的项目和人员，按有关规定处理。

（4）各项目部应配备一部专门应急电话。应急电话应保持24h畅通，由带班领导随身携带。

3. 安全会议

（1）建设指挥部应编制《安全会议制度》，明确各类安全会议的时间、地点、参加对象、会议程序、主持人等。

（2）建设指挥部每月定期召开安全系统例会，对近期安全管理情况进行通报，并对下一步重点工作进行部署、重要文件及会议精神进行宣贯学习。

（3）各类安全会议应形成书面记录，并按照规定进行发布。

（4）项目部应编制《项目部安全会议制度》，严格执行，留存书面记录和影像资料备查。

14.1.7　安全防护标准化

（1）建设指挥部安监部根据上级和业主标准化图册牵头编制《现场安全防护标准化手册》，由相关部门进行会审，分管领导审核，主要领导审批后发布实施。各项目部可根据本项目情况进行细化。

（2）项目部应把标准化安全设施纳入施工现场总平面布置策划，绘制三维效果图，由项目经理牵头，项目技术部组织，工程部、安监部、机电部等部门参与。

（3）所有项目必须按照建设指挥部统一的标准要求，实施现场安全防护标准化工作。政府部门和业主另有要求的执行其要求。

14.1.8　安全应急管理

1. 应急预案

（1）建设指挥部及各项目部应在工程开工一个月内对本项目生产经营活动范围内的危险源进行辨识，对识别出的重大危险源应编制《生产安全事故应急救援预案》。

（2）建设指挥部应编制综合事故应急预案，各项目部根据本项目施工特点编制综合事故应急预案和专项应急预案，项目部各类应急预案经后台公司审批后报建设指挥部安监部审核备案。

（3）建设指挥部、项目部分管领导须组织有关部门和人员对预案进行评审，主要负责人审批后发布实施，按要求报上级安全生产监督管理部门和政府部门备案。

2. 应急准备

（1）建设指挥部、各项目部应在《生产安全事故应急救援预案》审批后1个月内组织对全体员工和分包单位进行宣传、教育，对应急救援组织的相关人员进行交底和培训，并做好记录。

（2）项目部应根据业主相关制度和实际情况贮备应急资源，包括应急设备、物资及社会资源等，建设指挥部建立统一的应急资源信息库，共享应急救援人员、应急物资设备信息等，确保能够在各项目部间协调调配。

（3）建设指挥部安监部定期对各项目部应急物资储备情况进行检查，项目部应急救援器材、设备应在平时备齐，并经常进行维护和保养，保证正常运转。

3. 应急演练

（1）建设指挥部每年组织至少1次指挥部级的大型应急演练，项目部每年组织至少进行2次项目范围内的应急预案演练。

（2）建设指挥部、项目部须制订应急演练方案，明确演练的规模、方式、频次、范围、内容、组织、评估、总结等内容，经主管领导批准后，由承办应急预案演练的项目落实各项准备工作。

（3）应急演练结束后，对应急演练情况进行分析、评估，找出存在的问题，提出相应的改进建议，并填写应急预案演练和评价记录表。

（4）建设指挥部安监部、项目部安监部负责整理归档应急预案演练的相关影像、文档资料，并根据改进建议，修改完善应急预案。

4. 应急响应

（1）事故发生后，项目部应按照生产安全事故流程启动应急预案，并第一时间按照规定填报《因工伤亡事故快报表》。

（2）建设指挥部、项目部按照"分级响应，快速处理，以人为本，积极自救"的工作原则，分别启动应急预案，进行应急处置。

（3）事故应急处置期间，责任项目应保持与上级单位信息沟通，及时报告事故处理动态。

5. 事故处理

（1）事故调查期间，建设指挥部相关人员及项目负责人不得擅离职守，须保持信息通畅，随时接受事故调查组的询问，如实提供有关情况。

（2）项目部牵头成立整改小组，对施工现场进行全面检查、整改。整改完成后，项目部须向建设指挥部提交复工申请报告，经建设指挥部复查批准后方可恢复施工。

（3）项目部按照事故调查报告及建设指挥部要求，对项目部有关人员进行处理，并结合分包合同及安全管理协议，对分包单位进行处罚。对项目部的处理由建设指挥部安委会执行。

（4）建设指挥部安监部按照"四不放过""履职免责、失职追责"原则，对责任项目提出处理意见，经建设指挥部安委会确定进行责任追究，并将处理结果报上级安全生产监督管理部备案。

6. 事故统计

（1）每月25日前和每年1月20日前，各项目部填写事故（事件）统计月（年）报，上报至建设指挥部安监部,由建设指挥部安监部上报至上级安全生产监督管理部门。

(2) 发生事故的项目应进行年度事故统计分析,形成分析报告报建设指挥部安监部。

14.1.9 考核与评价

1. 建设指挥部考核与评价

(1) 建设指挥部每月对各标段项目部开展 1 次综合考核评价(与每月末综合检查相结合),对取得第一名且最终得分大于 90 分的项目部给以奖励,颁发流动红旗;对倒数第一名且最终得分小于 75 分的项目部予以处罚。

(2) 建设指挥部每月月中专项安全检查按 30%～50% 的权重计入月度总分。建设指挥部对巡检发现的较大以上安全隐患按照类别直接在月度总分中扣分。

2. 建设指挥部奖惩管理

(1) 建设指挥部安委会是建设指挥部安全生产最高管理决策机构,负责对项目年度安全生产责任目标考核兑现报告进行审定和对发生安全事故的项目部进行处罚。

(2) 建设指挥部应编制《安全生产奖惩实施细则》。建设指挥部安监部是归口管理部门,负责对安全奖罚工作规范管理、组织开展各项目年度安全生产目标责任状考核工作、向建设指挥部安委会提交项目安全生产责任目标考核兑现报告、依据建设指挥部安全生产奖惩细则提出奖惩意见。

(3) 项目部按照安全生产责任状指标完成创优指标,建设指挥部根据获奖类别对项目部予以奖励,未完成创优指标的对项目部进行处罚。

(4) 项目部在业主的履约考核中,根据排名情况对项目部进行奖励或罚款。

3. 项目部考核与评价及奖惩

(1) 项目部应对下属分包每月定期开展考核评价,奖优罚劣。

(2) 项目部应编制《项目部安全生产奖惩细则》,并严格实施。

14.2 重特大危险源管理

为了有效预防城市轨道交通建设中重大安全事故的发生,建设指挥部应制定专门的管理流程和制度来规范重特大危险源的管理。重特大危险源管理流程如图 14-1 所示。

图 14-1 重特大危险源管理流程图

14.2.1 重特大危险源的辨识

进场后,建设指挥部应根据《住房城乡建设部办公厅关于实施〈危险性较大的分部分项工程安全管理规定〉有关问题的通知》(建办质〔2018〕31 号)、《危险性较大的分部分项工程安全管理规定》(中华人民共和国住房和城乡建设部令第 37 号)及在轨道交通施工过程中可能发生的其他事故,按照危险源发生事故的概率及危害程度,可以将危险性较大的分部分项工程分为一般危险源、重大危险源和特别重大危险源三种,实行分级分类管理。

在勘察、设计单位列出的危大工程清单基础上，建设指挥部在施工前应组织专家及相关参建单位进行现场踏勘、评审，编制形成重特大危险源清单。清单应包括工程设计情况、地质勘测情况、周边情况踏勘（尤其是站房和区间所涉及的管线、河流和周边构建筑物）和实施时间。

14.2.2 清单发布及公示

1. 危险源清单发布

重特大危险源清单经专家现场踏勘、评审后，建设指挥部以正式文件下发执行。

2. 危险源清单公示

每年、季度初，建设指挥部应发布年、季重特大危险源清单。标段项目部根据建设指挥部发布的重特大危险源清单，制定每月、每周的危险源清单。现场建立危大工程公示制牌，公示每日施工重特大危险源，公示内容包括危大工程名称、出现的时段、涉及的危险因素、控制措施、责任部门和责任人，在施工现场入口显著位置挂牌公告。

14.2.3 安全专项方案编审及专家论证

危大工程在实施前，建设指挥部应督促标段项目部按规定完成安全专项方案的编审及专家论证。

14.2.4 开工条件验收

所有重特大危险源施工前，建设指挥部应组织开工条件验收，验收通过后，方可开始实施。

1. 验收流程

开工条件验收流程如图 14-2 所示。

2. 重特大危险源开工条件验收应具备的条件

（1）专项方案已按管理办法要求通过专家评审，并按照专家意见对专项方案修改完善且完成相应的审批。

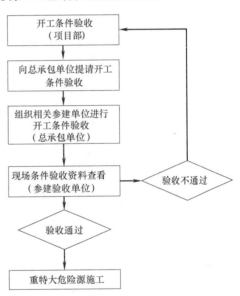

图 14-2 开工条件验收流程图

（2）开工前已按专项方案要求完成相关人员（标段项目部项目负责人必须在施工项目现场履职，不得擅自脱岗）、材料及设备的准备，已明确施工时现场监督的专职安全管理人员。

（3）按要求完成相关人员的教育培训和安全技术交底。

（4）按专项方案要求完成应急预案的编制和审批，应急救援机构设置及应急物资准备到位，并经监理验收。要求提前组织应急演练的需按要求完成，演练影像资料存档备查。

（5）各类重特大危险源开工时应具备的其他前提条件。例如：涉及起重吊装作业的，起重设备安装专项方案已按要求完成编制、审批及备案，设备进场检验检测资料、安装单位专业分包资质、安装作业人员资质通过审查和备案。开工条件验收表示例见表14-2。

开工条件验收表示例　　　　　　　　　　　　　　　　表 14-2

开工条件验收表示例 (深基坑工程开工条件) 工程名称				验收日期	
承包商		监理单位		投融资承办人	

1. 工程安全、质量保证体系及制度的建设是否完善。
　　是□　　　　否□　　　　备注：
2. 起重吊装设备专项安装方案编制、审批、报验及备案手续是否完成。
　　是□　　　　否□　　　　备注：
3. 安全专项施工方案是否通过评审并按专家意见修改完善。
　　是□　　　　否□　　　　备注：
4. 监控量测方案、监测点布设及初始值的采集是否按要求完成。
　　是□　　　　否□　　　　备注：
5. 地下的管线、建构筑物、设施等现状与隧道的关系是否进行详细勘察,并制定处理措施。
　　是□　　　　否□　　　　备注：
6. 需要迁改的管线及拆除的建构筑物等是否完成。(若有)
　　是□　　　　否□　　　　备注：
7. 需就地保护的管线是否制定专项的保护方案,标示、标牌是否完整且责任到人。
　　是□　　　　否□　　　　备注：
8. 降水井布置是否满足设计要求且完成施工,抽排水及含砂量的控制措施是否完善。
　　是□　　　　否□　　　　备注：
9. 合法的设计、地勘文件资料及会审记录是否完整。
　　是□　　　　否□　　　　备注：
10. 应急救援物资是否按要求配置到位。
　　是□　　　　否□　　　　备注：
11. 施工过程中对存在隐患的建(构)筑物,是否在地方政府部门的协调下完成建(构)筑的现状调查和评估。(若有)
　　是□　　　　否□　　　　备注：

其他验收意见：
参加验收人员(单位)：
建设指挥部：
项目部：
其他单位：

14.2.5　过程管控

1. 重特大危险源的计划管控

建设指挥部和项目部均应对重特大危险源进行计划管理,建立项目危险性较大工程关键工序安全监管计划和实施台账,明确实施时间、过程实施状态、管控措施等。

2. 重特大危险源开工审批及工序报备

危大工程实施前,项目部应向建设指挥部提起开工审批,经批准后,现场方可实施。危大工程各工序施工前,工区负责人应向项目部进行报备,项目部派专人值守。

3. 重特大危险源旁站监督与定期巡查

(1)危大工程实施过程中,项目部应当指定专人对专项方案关键工序实施情况进行现场安全旁站监督和按规定进行监测,巡查专项方案实施情况。建设指挥部应按照检查制度定期对危大工程进行专项巡查。

(2)旁站监督与巡查过程中发现不按照专项方案施工的,应当要求其立即整改;发现重大安全隐患,立即下达局部停工整改令;有危及人身安全紧急情况的,应当立即组织作业人员撤离危险区域。

14.2.6 安全核销

对于已经完工的重特大危险源,在危险源清单台账中要及时核销,并注明核销时间。

14.3 关键环节的安全管理

14.3.1 盾构施工安全管理

城市轨道交通一般会优先考虑盾构法施工,目前较常见的有密闭式泥水盾构和密闭式土压盾构。由于地质情况、周边环境及施工条件的不同,盾构施工可能会产生滞后沉降、隧道灌水、机械伤害、构建筑物沉陷倾倒等事故,在盾构施工过程中必须对盾构施工的选型、始发、掘进、接收全过程进行安全管控。盾构施工安全管理重点见表14-3。

盾构施工安全管理重点表 表14-3

管理重点	管控措施
盾构机选型	经过对现有地质条件和施工条件勘查(可行性研究),明确采用盾构施工后,根据工程地质、水文地质、地貌、地面建筑物及地下管线等条件对盾构机进行正确选型,若为瓦斯地段,应对盾构机进行防爆改装
现场组装	(1)编制方案 组织人员在盾构组装前必须制订详细的组装方案与计划,同时组织有经验的、经过技术培训的人员组成组装班组。 (2)起重设备 履带吊机工作区应铺设钢板,防止地层不均匀沉陷,大件吊装时必须有90t以上的吊车辅助翻转,吊装前做好人员教育交底,吊装过程中做好旁站监督
始发	(1)地层加固 盾构始发前,要根据洞口地层的稳定情况评价地层,采取"固结灌浆""冷冻法""插板法"等措施进行地层加固。 (2)洞门凿除 洞门混凝土凿除前,端头加固的土体需达到设计要求的强度、渗透性、自立性等技术指标后,方可开始洞口混凝土凿除工作。 (3)洞口密封 为防止背衬注浆浆液外泄,应对洞口进行密封。 (4)始发导轨安装 在围护结构破除后,盾构基座端部与洞口围岩之间必然会产生一定的空隙,为保证盾构在始发时不至于因刀盘悬空而产生盾构"叩头"现象,需要在始发洞内安设洞口始发导轨。 (5)反力架、负环钢管片安装 准确定位出反力架、负环钢管片的位置,进行安装。

续表

管理重点	管控措施
始发	(6)基座侧向加固　由于盾构基座在盾构始发时要承受纵向、横向的推力以及约束盾构旋转的扭力,所以在盾构始发前,必须对盾构基座两侧进行必要的加固。 (7)监测　大件组装时应对始发井端头墙进行严密的观测,掌握其变形与受力状态。 (8)焊接质量　盾体上焊接的吊耳、反力架安装必须经过探伤检测合格。 (9)负环管片拆除　应对作业人员进行教育交底,管片内侧和外侧作业人员必须系好安全带,起吊时作业人员至少远离作业现场10m以外;未拆除的相邻环管片连接螺栓不能打开,应保持合状;拆除过程中指挥人员应由具有施工经验的人员通过对讲机传递信号;作业前应检查工具、机具及钢丝绳等;管片起吊过程中必须系好缆风绳,以保证管片起吊平稳
开仓作业	(1)降水　在砂卵石地层、砂卵石泥岩复合地层中实施,降水井数量一般单线2～3口,深度至隧道底以下8～10m或深入泥岩地层不小于2～3m,开仓前降水井水位需降至隧道底1m或泥岩与砂卵石交界面。 (2)地面加固　一般采用地面袖阀管注浆加固,单线一般布置9个孔,钻孔深度至隧道中心线位置,若设计方案有明确要求则按照设计方案施工。 (3)气体检测　开仓前需对土仓内气体进行置换,同时进行有害气体排放量检测,检测合格后方可开启仓门;换刀期间土仓内放自动检测仪,实时检测有害气体情况;换刀作业期间应始终保持通风,氧气含量不得小于20%,有害气体含量不得超标。 (4)掌子面检查　开仓后,检查掌子面地层稳定性、含水量等情况,确保安全后方可进行换刀作业。 (5)仓内作业　人员进入土仓换刀作业必须佩戴好安全带,人闸口配备一名值班人员;每次进入土仓人员不得超过两人,进仓人员须经体检合格方可进仓,若为带压开仓,进仓人员还应取得潜水证。 (6)物资配备　水泵、手电筒、安全绳、鼓风机、瓦检仪等应急物资配备到连接桥位置,数量满足要求;应急水泵要求合闸即用;应急发电机(≥250kW),可随时启动并切换电源,应急柴油不得小于200L
掘进	(1)滞后沉降　严禁超挖和长时间停机以避免出现滞后沉降。 (2)水平运输　电瓶车司机应持证上岗;隧道入口和转弯处应有限速、鸣笛灯箱;隧道内电瓶车应有防溜车装置并配备跟车人员;电瓶车每日进行检修保养。 (3)垂直运输　司机及指挥人员均应持证上岗;吊装作业应有管理人员旁站;井口应设置临边防护;地面和井下均应有指挥人员,排除盲区;吊装作业时对现场进行隔离,严禁人员作业或穿行。 (4)轨行区管理　站内及隧道内人行通道通过设置防护围挡与轨行区分离
穿越重要河流	(1)刀具检查　为确保盾构机下穿河流时刀具具备足够的开挖能力,避免在下穿过程中换刀,保证盾构机连续掘进,盾构机在穿越河流前应停机检查刀具并根据检查情况进行刀具更换。 (2)盾构机检查　穿越前河流前对盾构机刀盘驱动系统、油缸推进系统、压力传感器、螺旋输送机和注浆管路等进行一次全面整机检查,对于存在故障和故障隐患的机械进行一次全面维修保养,确保盾构机在穿越河流的过程中处于良好的工作状态,保证连续掘进。 (3)密封性检测　穿越过程中须保证盾尾密封处无渗漏现象,盾尾油脂注入量(≥40kg)满足要求;管片盾尾间隙正常;铰接密封处无渗漏现象,润滑油脂注入正常,紧急密封气囊配套设备完好,管路连接到位。 (4)实时监测　盾构穿越河流期间应全程监测河面及周边地面变化情况,一旦出现异常变化,立即响应,采取应对措施。 (5)物资配备　提前准备盾构机易损配件,若出现故障能及时更换应急物资准备:棉纱、木屑、速凝水泥、聚氨酯等应急物资配备到开挖面,数量满足要求;应急发电机(≥150kW)线路连接到位,可随时启动切换电源;螺旋输送机闸门断电保护蓄能器状况良好,压力表显示值符合要求;螺旋输送机紧急防喷涌聚氨酯注入泵线路、管线连接到位,可随时启用

续表

管理重点	管控措施
穿越重要河流	(6) 推进控制　盾构掘进总推力、刀盘扭矩、推进速度等参数根据地质情况合理设置,无异常现象;盾构掘进每环出土量不超方,定期进行复核,应制定记录表,填写真实,渣土流塑性、稠度改良到位,螺旋输送机出渣口无喷涌现象;同步注浆注入量符合要求,管片脱出盾尾后4环及时跟进二次注浆
穿越构建筑物	(1) 入户调查　穿越前对影响范围内的构建筑物进行入户调查,做好维稳工作,避免发生民事纠纷。 (2) 加固措施　穿越前应根据影响范围内的地质情况,根据方案对地层及构建筑物采取加固措施。 (3) 参数控制　通过控制土压力、出土量、推进速度等参数和及时注浆来减弱对周边土体的扰动,减小沉降量。 (4) 纠偏控制　盾构机进入建(构)筑物影响范围之前,将盾构机调整到良好的姿态,并且保持这种良好姿态穿越建(构)筑物,在盾构穿越的过程中尽可能匀速推,以减少盾构施工对地层的扰动影响。 (5) 实时监测　盾构穿越构建筑物期间应全程监测地表沉降及周边建筑物位移变化情况,一旦出现异常变化,立即响应,采取应对措施。 (6) 应急措施　配足应急物资,开展应急演练,提高突发事件应对能力,做到有备无患
接收	(1) 轴线复核　盾构到达前100m和50m时,必须对盾构轴线进行测量、调整。 (2) 参数调整　盾构切口离到达接收井距离约100m时,必须控制盾构推进速度、开挖面压力、排土量,以减少洞门地表变形。 (3) 洞门拆除　盾构接收时应按照预定的拆除方法与步骤,拆除洞门。 (4) 洞门密封　当盾构全部进入接收井内基座上后,应及时做好管片与洞门间隙的密封,做好洞门堵水工作
过站	(1) 警示隔离　作业现场设置安全警示牌,门口设置门卫,无关人员禁止进入;盾构推进过程中,反力架两侧严禁站人,防止反力架崩坏伤人。 (2) 特种作业管理　针对盾构机吊装、电焊等风险较大的作业由有类似经验的持证人员进行;由经验丰富盾构司机进行操作,刀盘切削时的加水量、大刀盘转速、油压及推进速度等根据实际情况随时调整。 (3) 实时监测　在正式出洞前,在隧道沿线上按要求布设地面沉降监测,并要求监测单位在盾构出洞阶段进行跟踪监测,以确保盾构推进的信息化施工和沿线环境保护处于受控状态。 (4) 负环管片与反力架安装　负环管片与反力架密实紧贴,其环面应与掘进轴线垂直。在负环管片开口段应有足够的开口尺寸和稳定的支撑系统;反力架安装时,如果后背墙面不平,必须调整加固后,方可推进
调头	(1) 盾构设备重量大、体积大,因此起吊、移动调头工作时间长,必须预先编制调头作业方案,做到可靠安全,吊装前做好人员教育交底,吊装过程中做好旁站监督。 (2) 作业现场设置安全警示牌,门口设置门卫,无关人员禁止进入;盾构推进过程中,反力架两侧严禁站人,防止反力架崩坏伤人。 (3) 盾构调头时必须要有专人指挥,专人观察设备转向状态,避免方向偏离和设备碰撞
拆卸	(1) 盾构机的运输、吊装由具备资质的专业大件吊装运输公司负责;项目部指定生产副经理负责组织、协调盾构拆卸工作,并组建专业班组,大型吊装过程中做好人员教育交底,并做好全程旁站监督。 (2) 每班作业前按起重作业安全操作规程及盾构制造商的拆卸技术要求进行班前交底,完全按有关规定执行

14.3.2 瓦斯施工安全管理

城市轨道交通建设中可能会涉及瓦斯地层。在施工过程中若瓦斯防控不善，可能出现大量瓦斯涌出或突出造成爆炸、火灾以及人员中毒、窒息等安全事故。因此瓦斯隧道施工要按照"加强通风、重视监测、勤测瓦斯、严控火源"的总体原则，贯彻"先测后进，有疑必测，不明不进"的指导方针，做到"管理到位、通风可靠、监控有效"，确保瓦斯防控到位。瓦斯隧道施工安全管理重点见表14-4。

瓦斯隧道施工安全管理重点表　　　表14-4

管理重点	管控措施
门禁管理	不得穿化纤衣服，不得携带手机、烟、火、钥匙扣、电子手表等违禁物品；戴好人员定位识别卡、所有进洞人员必须全面搜身检查并登记
通风管理	通风机一用一备，采用双电源供电，隧道通风必须保持24h不间断，保证隧道施工瓦斯浓度在小于限定值，定期进行测风检测，风速达标；不能无计划停风，严禁无风或微风作业；不得擅自停开风机，洞内安装风电闭锁装置
瓦斯检测	专职瓦检员配备专业工具对隧道重点部位检测，做到检查手册、报表和牌板"三对口"；建议频率不少于2h 1次
自动监控	瓦斯监控人员24h值班值守，有签字的监控日报表，系统安装及布设符合相关规定；有设备调校及异常情况处理记录
动火审批	严格执行动火审批制度，作业时瓦检员、安全员必须旁站，配备灭火器材，瓦斯浓度高于限定值禁止动火作业
防爆改装	进洞前作业机械必须防爆改装，尾气罩加装火花熄灭装置，瓦电闭锁定期检测
用电管理	隧道内电器设备、电缆必须为矿用防爆型，安装整齐；备用电源每10d进行一次切换运行试验，应在10min内完成切换；定期对施工作业机械、通风、机电设备设施进行防爆性能检查
超前地质预报	采用物探和超前地质钻探，按照设计布置超前钻孔，按照设计深度进行钻探，同时加强常规地质分析，超前地质预报应保留一定搭接长度
特殊情况	风机停风立即撤出人员，通风恢复后必须通风30min后经瓦斯检测浓度低于限定值方可施工，停工作业面必须喷射混凝土封闭掌子面，隧道出现瓦斯突涌立即撤离人员，并加强通风，待瓦斯检测合格后方可恢复施工

14.3.3 暗挖隧道施工安全管理

城市轨道交通建设中的暗挖隧道大多数埋深较浅，地面建筑复杂，交通设施和地下管线多；同时暗挖施工工序较多，易出现坍塌、涌水、触电等多种安全事故。因此在暗挖隧道施工要严格按照"管超前、严注浆、短开挖、强支护、快封闭、勤量测"的十八字方针，重点做好超前地质预报、隧道开挖、初期支护以及监控测量。暗挖隧道施工安全管理重点见表14-5。

暗挖隧道施工安全管理重点表　　　表14-5

管理重点	管控措施
超前地质预报	隧道通长超前地质钻探，每循环按照设计要求进行搭接，钻孔个数、深度、直径满足设计要求。加深炮孔记录由现场当班技术员记录并存档备查

续表

管理重点		管控措施
超前支护		按设计要求施工超前大管棚与超前小导管
隧道开挖		仰拱开挖每循环进尺不得大于设计要求
		中下台阶施工时左右侧错开,上台阶拱架拱脚左右侧不得同时悬空
		爆破后必须通风15min以上(瓦斯隧道通风30min),方准许安全员和班组长(瓦斯隧道增加瓦检员1人)进入爆破作业地点检查;在检查人员确认安全后其他人员才可进入爆破区作业
初期支护		按设计要求施做系统锚杆、锁脚锚杆、型钢或钢筋格栅等工序
		钢架连接螺栓必须上齐拧紧;钢架连接脚板缝隙使用钢筋填充并焊接牢固
		钢架纵向连接筋八字形布置并与钢架翼板焊接牢固,格栅钢架纵向连接筋一字型布置,与格栅钢架连接牢固,纵向连接筋搭接长度满足设计要求
		锁脚锚管(杆)打设角度控制在45°~50°,使用L形钢筋与钢架焊接牢固,且管内注浆或采用锚固剂填充密实
		喷射混凝土喷射密实,钢架背后不允许有空洞并按设计要求预埋初期支护背后回填注浆管,防水施工前进行注浆施工并做好注浆记录备查
二衬	二衬台车	二衬台车施工前必须编制专项施工方案,并组织专家论证
	衬砌施工	灌注混凝土时应规范施工,先灌注边墙基础混凝土,再逐步分别交叉灌注至拱部混凝土。衬砌工作台上应搭设不低于1m的栏杆,跳板设防滑条,上下梯子应安装牢固。工作台、跳板、脚手架的承载重量,不得超过设计要求。在2m以上高处工作时,应按高处作业的有关规定组织施工
	洞内运输	各种运输设备不得人料混装。装载料具时,不得超出装载界限。运输车辆和运输机械在二衬地段必须限制速度5km/h行驶,经过台车下面有限界标志的地方要缓慢行驶。洞内应安排专人指挥交通
监控量测		监控量测点埋入基岩深度满足规范要求,且不得与钢架、连接筋、网片焊接;严格按设计要求断面布设监控量测点
爆破管理	存放	雷管和炸药要按其性质分类专库存放,设置专人管理。临时存放点必须满足地方政府要求。出入库收存、发放应按制度进行登记、签字。库区内严禁吸烟、用火及将火种和汽油等其他易燃、易爆物品带入库区,库区内应配备消防灭火器材设施。每个爆炸物品仓库应保证24h有专人在岗值班、巡守
	洞内运输	火工品进入施工场地后,安全员旁站、爆破员开箱清点火工品数量并做好记录,清点完成后由爆破员分别将雷管和炸药人工运送至掌子面
		爆破员装药时,工区安全员全程旁站,装药完成后清点剩余火工品数量及时退库并登记造册
	爆破作业	瓦斯隧道严格执行"一炮三检""三人联锁"放炮
		爆破完成后,进行不小于30min的通风,通风完成后,应派专人进行排查盲炮。发现盲炮后,立即报告工区负责人,安全员设置警戒范围,严禁其他人员设备进入警戒区,爆破员进行排查、处置。爆破作业结束后,经检查确认安全后,方可解除警戒。安排专人进行施工现场及弃渣场检查、清理,杜绝火工品流失

14.3.4 深基坑施工安全管理

城市轨道交通的站房或明挖法区间隧道都涉及深基坑施工,基坑均具有地质结构复杂、周边环境复杂(施工场地窄、邻近多有建构筑物、道路、管线)等特点,易导致基坑坍塌、管线破损、邻近建构筑物失稳、高处坠落、基坑被淹等事件事故。因此,在基坑施工过程中不仅要保证结构稳定,还要严格控制周边地层的变形与位移,确保周边建构筑物、道路、管线的安全。深基坑施工安全管理重点见表14-6。

深基坑施工安全管理重点表　　　　表14-6

管理重点	管控措施
施工工艺及降排水措施	深入了解施工场地及周边、地表至支护结构底面下一定深度范围内地层结构、岩土性状、含水层性质、地下水位、渗透系数等地质参数,确定合理的施工工艺及降排水措施
开挖与支撑	土方开挖应遵循"分段分层、分块开挖、先中间后两边、随挖随撑、限时完成"的原则
施工监测	引进第三方专业监测单位每日对基坑及邻近建构筑物进行监测,并对每日检查数据进行分析,提前发现不安全因素并消除
管线保护	施工前需对施工范围内管线进行调查,形成调查核实报告,并编制管线保护手册,建立责任清单,落实到人。施工时,安排专人旁站,并遵循"先探后挖,双确认"的原则,根据实际情况对管线采取废除、永久迁改、原位保护、悬吊保护、临时迁改及迁改后保护等措施,并设置管线标识标牌进行警示
邻近建构筑物及道路	施工前需对邻近建构筑物及道路进行实地调查,对原位保护的应采取合理的加固措施,并每日进行监测。对需要临时迁改或占道的道路,为保证交通畅通及安全,需提前到政府相关部门备案并设置交通指示进行引导
防汛	根据周边历史最大降雨量沿基坑边设置连续的截排水沟及防水挡墙,配备防汛沙袋,基坑内提前安设至少2台(一用一备)45kW大功率水泵,配置应急发电机,并安排人员24h值班,发现异常及时上报并采取措施
防护设施	基坑周边应设置连续闭合的定型化防护,基坑上下应设置人员上下通道及逃生通道,钢支撑安拆过程应设置"生命线"等人员保护措施
环境保护	现场施工时要严控扬尘,围挡上方设置喷淋系统,对开挖部位设置移动雾炮进行重点降尘,渣土车需均进行全覆盖,场地出入口需设置车辆冲洗设备

14.3.5 高大模板施工安全管理

城市轨道交通的站房或明挖法区间隧道主体结构施工均具有层高高、板面厚、梁大等特点,施工过程支撑体系多为高大模板支撑体系,易导致架体坍塌、高处坠落、物体打击等事件事故。因此,应加强施工过程管控,严把关键环节验收,合格后方可进入下道工序施工。高大模板施工安全管理重点见表14-7。

高大模板施工安全管理重点表　　　　表14-7

管理重点	管控措施
地基处理	施工前应严格按照方案对地基进行处理,确保地基承载力满足施工要求,场地平整且排水设施到位
架料管控	架料进场前应对架料材质报告及外观进行验收,确保架料管径及壁厚符合方案要求,无严重锈蚀、开裂、变形等情况
架体搭设	架体搭设严格方案进行施工,分阶段(第一步搭设完毕、模板铺设前、混凝土浇筑前)进行验收,验收合格后方可进入下道工序施工

续表

管理重点	管控措施
混凝土浇筑	混凝土浇筑顺序严格按照方案实施,浇筑过程安排专人对架体进行监测,发现异常及时处理加固
架体拆除	混凝土强度达到设计与规范要求并办理拆模申请后方可进行架体拆除,拆除过程严格遵循"先搭后拆,后搭先拆"的原则
防护设施	架体搭拆过程中确保作业人员按规定系挂安全带,模板铺设前在顶步满挂水平兜网,施工过程中需按规定搭设外架并应设置人员上下通道及逃生通道,设置材料堆放平台,板面及时搭设临边防护

14.3.6 机械设备安全管理

城市轨道交通工程施工涉及汽车吊、龙门吊、履带吊、架桥机、塔吊、旋挖钻、挖机等多种大型设备,使用量大,使用环境复杂,若管理不到位设备带病作业或人员违规违章操作极易产生设备倾覆等相关事故。机械设备安全管理重点见表14-8。

机械设备安全管理重点表　　　表14-8

管理重点	管控措施
进(退)场管理	(1)设备进场前,标段项目部应及时收集资质文件(安全生产许可证、设备制造许可证、设备出厂合格证等)。 (2)设备进场时,标段项目部应组织对设备完好状态、安全保护装置等进行验收,验收合格后,填写《项目设备登记台账》,并在设备的醒目位置张挂验收合格牌(验收时间、验收人员、管理责任人等)。 (3)设备退场时,验收合格牌、操作规程等信息标牌应进行清除并及时将《项目设备登记台账》进行更新
安拆管理	(1)安拆前,安拆单位应编制安拆专项方案,项目部应组织专家论证并与设备安装、拆卸单位必须签订安全协议书。 (2)安拆时,应进行危险作业申请,报监理验收签发吊装令,做好旁站监督。 (3)安装后,项目部应组织设备供方、安装、使用和监理等单位进行联合验收,填写验收表,联合验收合格后方可投入使用
使用及维修保养管理	(1)项目部应建立设备管理制度,明确机械设备使用与维保要求,明确责任人。 (2)每日安排专人对设备操作使用情况进行巡视,及时消除设备使用过程中的各类隐患。 (3)每月邀请第三方专业检测机构对大型设备定期进行专项检查,消除设备安全隐患,不带病作业
人员管理	加强人员起重吊装教育培训、起重吊装安全技术交底,严格遵守"十不吊"原则,杜绝人的不安全行为发生
过程管控	(1)起重吊装前由安全员、工区经理、现场监理对吊装环境进行确认合格后开具吊装令方可起吊。 (2)起重吊装时安全员进行全程旁站确保吊装安全。 (3)敏感区间(人、车流量较大的地方、重要地段)设置硬防护

14.3.7 防汛工程安全管理

防汛工作实行"安全第一、预防为主、综合治理、以练备战"的方针,明确划分责任,"谁主管、谁负责",建立防汛责任追究制度,压实各级防汛管理责任,将防汛安全管理责任落实到具体人员。建设指挥部、标段项目部在进入汛期前编制《防汛管理制度》,

并制定各项防汛应急制度措施,促进防汛工作规范化、制度化、科学化,确保建设工程汛期安全度汛。防汛工程安全管理重点见表14-9。

防汛工程安全管理重点表 表14-9

管理重点	管控措施
增强意识、压实责任	(1) 积极开展防汛抢险知识的宣传、教育。 (2) 建立健全防汛组织机构,明确责任分工。 (3) 定期开展防汛专项检查,并发布检查通报限时整改,及时加强、完善现场防汛设施,压实责任到个人
辨识风险、完善"防汛一张图"	标段项目部应辨识现场防汛重点,修订及完善"防汛一张图",明晰本工点防汛风险源类别及位置、防汛应急物资储备位置、应急抢险程序、应急抢险报警电话等,并在施工现场醒目位置张贴,确保防汛抢险工作有序、规范
搭建沟通平台	(1) 建设指挥部应建立雨季汛情报送QQ群,做到实时共享、汇报现场汛情,提前采取防治措施。 (2) 各标段应指定专人提前发布每日天气预报至各工区相关责任人
按要求配备防汛应急物资	建设指挥部及分包均应建立防汛物资清单台账,定期核查并严令禁止挪为他用
值班值守、加强巡查	(1) 施工方确保各工点24h有专人值班值守。 (2) 建设指挥部建立24h值班和巡逻制度,及时准确上报巡防值班工作开展情况,并形成值班记录
现场防汛布控	(1) 建设指挥部应核查工程所在地历年最大降雨量,提前做好现场防汛工作,砌筑挡水墙、排水沟。 (2) 根据现场汇水情况,提前布置抽排水设备,保证在第一时间能启动。 (3) 工地周边管网的排查及治理。 (4) 加强对工地周边的排洪沟、渠及河道管理,涉及导改的必须按方案实施,并做好维护及巡视。 (5) 排查车站出入口、基坑周边的挡排水措施。 (6) 基坑周边雨污水断头管严格落实"双重封堵"措施
加强应急、及时处置	(1) 主汛期时刻做好防汛准备工作,一旦出现汛情立刻启动防汛机制。 (2) 现场值班人员发现险情立即上报工区经理,立刻安排对现场汛情展开抢险,并通过沟通平台实时向上级领导汇报汛情。 (3) 编制应急预案,并组织开展防汛应急演练。 (4) 建设指挥部、各标段应建立防汛应急组织机构,防止事故发生或尽量减少事故的危害,保障各标段员工和工人的人身健康和安全、各标段财产安全

14.3.8 管线施工安全管理

为确保市政管线施工安全,严格制定管线保护制度、措施,切实保障市政管线稳定运行。管线施工安全管理重点见表14-10。

管线施工安全管理重点表 表14-10

管理重点	管控措施
高度重视、压实责任	(1) 标段项目部、监理单位进场后须建立健全管线保护现场巡查制度,并邀请管线单位参与现场巡查。 (2) 做到管线施工相关宣贯、教育、交底常态化。 (3) 开展管线调查及编制管线保护方案。 (4) 编制《管线迁改及保护手册》。 (5) 落实管线保护项目部岗位职责

续表

管理重点	管控措施
设置管线专员	标段项目部每工点应配备不少于2名专职管线安全保护专员(简称管线专员)
先探后挖	(1) 管线施工采用管线探测仪,同时辅以人工开挖探孔、探槽(沟)方式进行探测。 (2) 盾构区间上方不明地段、联络通道、加固区域及其降水井均需进行管线探测。 (3) 土方开挖区域破土前需沿开挖边界线人工开挖环形探槽(沟),每个桩及注浆孔破土前需在孔位采用人工开挖探孔,探孔及探槽(沟)须挖至地面3m以下
双确认	既要各相关单位现场确认,同时测量放线后各相关单位坐标确认
管线标识标牌	现场应按标准设立管线信息标识牌,内容包括管线的走向、埋深、保护形式、各管线产权单位负责人、施工负责人、监理单位负责人、建设指挥部现场负责人、建设公司主管部门业主代表等信息及联系方式
管线施工教育、交底	管线保护专项方案审批后,管线施工或临近管线区域在动土作业安全条件确认前每条管线实行两级教育、交底,交底全过程邀请管线单位相关人员参与,并留存有管线单位签字的交底记录
管线施工申请	建设指挥部制定管线施工申请表,标段项目部在施工前向建设指挥部提交管线施工申请表,经验收合格后方可动工作业
管线施工时安全保障	(1) 各方根据文件、制度要求严格把控管线施工前现场确认关,确保管辖施工具备安全作业环境。 (2) 管线迁改及邻近管线作业时,监理及管线专员需全程旁站,并共同填写旁站记录备查
应急管理	(1) 标段项目部应按照市政管网综合布置图并结合现场施工实际情况,编制管线破损、损毁、堵塞等突发事件的编制现场处置应急预案。 (2) 成立应急指挥领导小组。 (3) 施工现场应配齐经管线单位认可的应急物资,并报监理审批验收

14.3.9 环保及文明施工安全管理

指挥部根据相关环境保护及文明施工制度文件要求督促各分包做好现场环境保护及文明施工工作,并牵头开展环境保护及文明施工专项排查。环保及文明施工安全管理重点见表14-11。

环保及文明施工安全管理重点表　　　　　表14-11

管理重点	管控措施
落实责任分工	(1) 指挥部和标段项目部应根据环境保护及文明施工管理目标进行任务分工,压实责任。 (2) 指挥部应安排专人负责工程环境保护及文明施工管理工作,牵头开展检查、督促整改等。 (3) 标段项目部各工点应安排专人负责环境保护及文明施工现场管理,并在必要时候及时处理投诉事件
开展自查自纠、专项检查	(1) 指挥部、标段项目部应定期开展环境保护及文明施工自查自纠工作,及时整改现场存在的问题。 (2) 指挥部定期开展环境保护专项检查
现场排查治理	(1) 现场文明施工。工点安排专职文明施工队伍,文明施工队在第一时间要清理场内出现浮土、泥浆等。 (2) 渣土外运。对运输车辆进行覆盖和封闭,严格控制渣土装车高度不得超过车厢栏板上沿以下10cm,切实做好渣土运输途中的防抛洒措施,渣土车出场前必须进行有效冲洗,严禁将泥土带出工地。 (3) 噪声控制。合理安排工序,避免夜间施工扰民,及时办理夜间施工许可证并备案。

续表

管理重点	管控措施
现场排查治理	（4）扬尘监控。指定专业人员对扬尘监控系统进行维护，加强现场扬尘监测，当工地扬尘指数PM10≥50时，必须立即相应措施进行控制；工地现场风速达到四级及以上应立即停止易产生扬尘的作业；场内施工尽可能采用湿法作业，避免产生扬尘；进行渣土外运、喷锚施工等易产生扬尘作业时，必须开启喷淋、雾炮进行降尘。 （5）交安设施标准化。施工现场务必做好人车分流，保证交安设施完整有效性。 （6）围挡标准化。所有围挡周边应安装自动喷淋系统，安排专人对围挡进行保洁和维护工作，保持围挡整洁。围挡若有损坏、倾斜必须及时更换、整改；围挡头灯、应急灯夜间保持常亮状态。 （7）材料堆码。场内材料堆放严格执行"下垫上盖"原则，对已损坏的篷布立即更换。 （8）渣土场管理要求。各标段必须审核渣土场相关合规资料，选择满足环保要求的弃渣场

14.4 安全信息化管理

城市轨道交通施工中重特大危险源多、管理空间跨度大、管理层级多、管理对象多、各类参数复杂多变，宜采用信息化的手段进行辅助并加强现场的安全管理，充分利用互联网的实时性以及信息管理系统的流程控制严谨性，实现紧盯现场重特大风险源的同时，做好安全隐患的排查治理工作。根据轨道交通施工的特点，可构建安全风险监控系统、安全隐患排查点巡检系统、扬尘在线监控系统等信息系统。

14.4.1 安全风险监控系统构建

安全风险监控系统功能包括实时视频监控、施工数据及瓦斯综合预警监控、盾构综合监控等。建成了全面的安全风险监控网络，实现了全线所有站点和区间的全覆盖。

（1）实时视频监控功能，由建设指挥部监控中心和各工点现场分监控中心及现场监控点构成一体网络。监控中心设在建设指挥部，分监控中心设置各工点办公区，同时分别在施工现场的深基坑四周、暗挖隧道工作面、盾构出渣口和管片拼装处、工点出入口及材料堆场、竖井及开挖面等处安装视频摄像机，通过网络实时的在各级监控室显示现场画面，同时将其安全存储到监控中心设备上，视频资料保存至少为30d。成都轨道交通11号线风险监控系统架构如图14-3所示。

（2）施工数据及瓦斯综合预警监控功能。1）各工点信息员每天将基坑、区间等施工监测数据录入安全风险监控系统，系统自动生成监测数据的各类图表，如有预警将通知相关人员。2）信息员同时还需录入重特大风险源情况数据，处理系统预警信息和回复等。3）瓦斯区间的气体实时监控数据也通过风控平台接入系统，实现24h监控，气体浓度超标自动预警。4）工点出入口等处均设置有工地扬尘监测系统，监测现场PM2.5数据并对施工进行抓拍，监测数据也传输并网到风控系统。

（3）盾构综合监控功能，配合盾构机出渣口及管片拼装处的实时视频监控，配合区间实时施工监测数据分析，配合盾构出土量的分析，同时接入盾构机压力、注浆等实时工况参数，构成了盾构综合监控体系。为各级业务部门及相关专家提供了大量及时有效信息，保障了生产安全有序地进行。

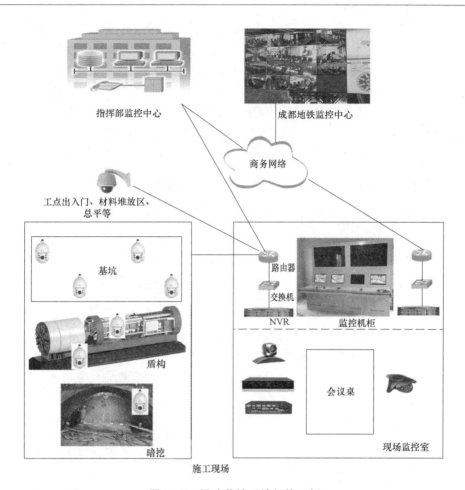

图 14-3　风险监控系统架构示例

14.4.2　安全风险监控系统运行与维护管理

监控中心固定值班人员，按每日2班每班12h进行固定轮值。做好监控系统信息源校对，每日对所有监控系统信息源进行逐一巡检校对，确保各监控信息源信息正常。确保监控信息源按方案在大屏系统中显示，随时为建设指挥部各管理人员提供信息，能及时合理切换信息源展示。做好日常值班记录，发现监控中心温湿度及相关监控系统异常，及时报告，监控系统预警时及时通知相关管理人员。建设指挥部除工程部、技术部等业务部门利用监控平台进行安全日常巡查以外，还增加第三方瓦检单位对瓦斯监控系统的日常巡查，确保风控系统有序运行。

标段设施管理维护：要求各标段安排专人对分监控室及现场监控设施设备进行维护和保养，与建设指挥部充分对接，发现设备故障立即进行检修。

14.4.3　安全隐患排查点巡检系统构建

安全隐患点巡检系统是为了促进全线各级安全生产监督管理人员履行安全监督管理职责而构建的手机APP程序，点巡检系统通过任务分解的形式，压实各级岗位人员的职责。

系统要求建设指挥部各相关岗位、各标段项目安全员、质检员、安全总监等各岗位人员按固定频率对现场安全隐患进行排查并上传信息至系统。

点巡检系统内置严格的工作流程，使安全隐患排查及治理回复形成闭环管理。点巡检系统要求项目及建设指挥部各级领导在隐患信息提报后，根据隐患级别不同分别在4~24h内响应，要求项目对隐患进行及时处置后关闭，形成闭环。标段要对发布的各级隐患按排查要点和整改时限要求及时进行整改，整改完毕后及时提出消除申请，各相关岗位或部门人员复核达到要求后予以核准消除，对未达到整改要求的安全质量隐患可退回并按要求进行处罚。

14.4.4 安全隐患排查点巡检系统的履职要求及处理

点巡检系统依据建设指挥部相关制度，对系统应用情况进行严肃考核。系统对所有排查均规定了频次、响应及整改关闭要求，对不履职的标段和个人 APP 会记录在案，并按月考核扣分。建设指挥部出台了《建设指挥部安全生产奖罚细则》并与点巡检系统考核分数直接挂钩，对当月累计扣分超过一定分值的标段按安全隐患违章进行处置。成都轨道交通 11 号线点巡检系统示意图如图 14-4 所示。

图 14-4 点巡检系统示意图

15 质量管理

城市轨道交通工程建设作为城市基础设施建设的重要组成部分，有着一般大型工程的共性，诸如建设投资大、参建单位多、变更索赔多等，除此之外，其在质量管理方面有着鲜明的特点：

（1）工程质量要求高。轨道交通工程属于一个永久性标志工程，是设计使用寿命长达100年的公共建筑工程，所以对结构耐久性提出了较高要求。同时，其质量水平也受到社会各界的广泛关注，这就要求在质量管理工作中严把过程关，进行科学决策。

（2）质量管理难度大。轨道交通一般规划为长线形工程，地下结构埋深较深、地下水位较高，对于渗漏的管控难度大。由于工期紧、环境要求高、土方外运时间紧，未采用"跳仓法"施工，对结构裂缝的管控难度大。同时，工程建设一般采用分阶段、分专业、平行交叉施工方式，在同一个时间，工程参与单位的数量往往很多，项目质量管理在沟通与协同工作上存在许多困难。

考虑到轨道交通工程体量大、参建单位多、专业复杂等因素，建设期的管理任务常采用国内较为常见的总承包管理模式来完成，总承包管理单位对于众多参建单位空间位置分散化、管理方法多元化的状况，迫切需要一套适合轨道交通建设特点的质量管理体系，以更好地对项目进行管理。

15.1 质量的方针和目标

质量方针：过程精品，质量重于泰山。

质量目标：符合国家和铁道部有关标准、规范和设计文件要求。根据与建设单位签订的合同要求与建设指挥部内部要求，在建设工程项目开工前制定可行的质量目标。质量目标可包括质量验收、质量创优、QC成果、观摩会等。确定总体质量目标之后，建设指挥部要对质量目标进行分解，具体目标要分解到各部门、下属标段项目部，并定期进行质量目标考核，以推动整体质量目标的实现。

15.2 质量保证体系

建设指挥部负责建立完善的质量管理体系，成立质量管理委员会（下称质委会）。

质委会是总承包项目质量管理最高决策机构，办公室设在建设指挥部质量管理部，主要职责有：制定并下发质量管理办法、细则；审议质量奖罚；处理重大质量事项；完成质量考评；组织进行无人员伤亡质量事故的调查与处理；总承包项目其他质量监督、管理的有关决策。

质量管理部是总承包项目日常质量管理的归口部门，负责质委会日常工作的开展及项目质量体系运转的维护，部门经理兼任质委会办公室主任。质量总监协助指挥长，建立全方位的质量管理体系，负责组织协调、督促以及检查标段项目部的质量管理工作。

标段项目部成立质量管理领导小组，明确相关部门和岗位的质量职责，全面负责项目质量管理工作。标段项目部设质量总监一名，全面负责标段项目部质量管理的各项工作，并接受建设指挥部质量总监、质量管理部的监督及指导。标段项目部设质量管理部，配备满足质量管理需求的专职质检员，负责标段项目部工程质量管理的具体工作。

城市轨道交通建设的特点决定了其质量管理人员配置与房建领域的不同。因其标段项目部众多、地理位置分散、空间距离大、涉及专业多，建设指挥部根据工程特点，设立"两条线"管理思路。一是区域线，按照区域划分设立区域线，设区域质量主管，负责区域内各专业质量的日常管理工作。二是专业线，根据不同专业设置专业主管，每名质量主管分管1~2个专业，对专业内质量管理方面的重难点进行管理。两条管理线路相互交叉、相互补充，达到全方位质量管控的目的。目前，建设指挥部质量管理部配备质量总监（兼部门经理）1名、质量管理部副经理1名、质量主管6名。质量组织机构管理如图15-1所示。

15.3 质量管理职责

1. 建设指挥部

负责编制《项目质量策划》，在正式发布后，组织对标段项目部进行交底，并填写质

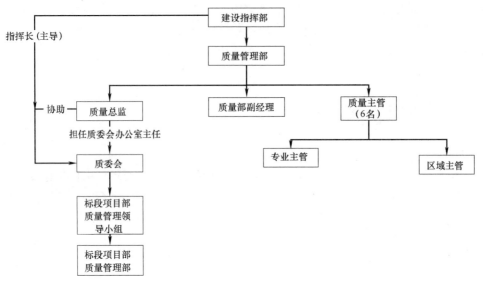

图 15-1 质量组织机构管理图

量策划交底记录。质量策划的内容包括：

(1) 明确目标：建设指挥部对项目的定位，根据合同明确及细化质量管理目标。

(2) 资源配置：根据项目定位合理配置质量相关资源（人、机、料、法、环）。

(3) 环境认知：识别质量相关的社会环境、政府环境、现场环境。

(4) 风险识别：识别质量相关的风险点及规避措施。

2. 建设指挥部质量总监

负责牵头汇总、编制《质量管理总体实施计划》《年度质量工作计划》，经建设指挥部指挥长审批后发布实施。

3. 建设指挥部质量管理部

详见"5.3 质量管理部管理职责"。

4. 标段项目部

定期向建设指挥部质量管理部报送年度、季度、月度质量管理工作计划、样板验收计划、质量培训计划等各级计划，并按照计划组织实施。

5. 标段项目部项目经理

在工程正式开工 15 日前，组织编制项目《质量管理实施计划》，报上级单位审核完成后，再报建设指挥部质量管理部审核。审核通过后，标段项目部需对管理人员进行交底。《质量管理实施计划》经过相关程序进行评审、审批后，由项目组织实施，除工程有重大变更或者管理目标有重大调整外，一般不得变更，如确需变更，由标段项目部项目经理提出变更原因和变更方案，按原审核审批程序进行变更方案的审核、审批，按照审批后的方案执行。

15.4 过程质量管控

工程建设质量形成的各个阶段都是一个过程，因此都有一个过程质量的问题。只有对各阶段影响工程质量的各种要素进行管理，保证了过程质量，才能保证工程建设的质量。过程质量管控，主要包括事前质量管控、事中质量管控、事后质量管控三个方面。运用PDCA循环（计划Plan、执行Do、检查Check、处理Act），在过程质量管控中使工程建设质量水平不断上升，保证工程建设质量处于可控状态。过程质量管理流程如图15-2所示。

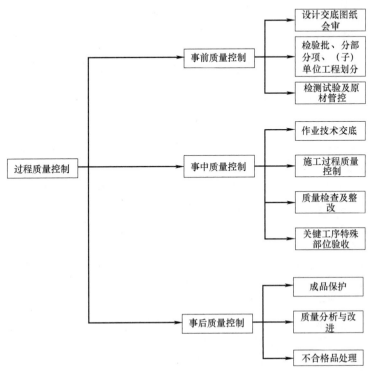

图15-2 过程质量管理流程图

15.4.1 事前质量管控

1. 设计交底和图纸会审

涉及二次结构、机电安装、装修等工程，由建设指挥部总工程师牵头开展深化设计，对图纸进行细化、补充和完善，进一步明确土建工程与站后工程等专业的施工界面划分，为各专业顺利配合施工创造有利条件，避免出现返工现象。

2. 检验批、分部分项、（子）单位工程划分

单位工程划分见下表，分部工程、分项工程、检验批的划分，由标段项目部、监理单位在工程开工前，按照国家、行业、地方相关规范和标准结合工程实际情况，组织专题会议进行划分，最终划分结果报建设指挥部备案。工程质量验收单元划分见表15-1。

工程质量验收单元划分　　　　　表15-1

类别	划　　分
单位工程	每个车站建筑工程（含地下车站、地面车站、半地下车站、高架车站）为一个单位工程
	每个标段区间工程（分为一般区间或盾构区间）为一个单位工程
	全线人防工程为一个单位工程

续表

类别	划分
单位工程	每个车辆段(停车场)工程为一个单位工程
	每个控制中心工程为一个单位工程
	每个集中冷站为一个单位工程
	每个主变电所为一个单位工程
	全线轨道工程为一个单位工程
	全线供电系统工程(牵引变电所、电力监控、环网电缆、接触网、杂散电流)为一个单位工程
	全线通信系统工程为一个单位工程
	全线屏蔽门为一个单位工程
	全线综合监控系统为一个单位工程
	改、扩建及零星工程的一个合同标段为一个单位工程
子单位工程	车站、集中冷站、运营控制中心的每个单位工程可分为土建工程和机电装修工程两个子单位工程
	一般区间工程的每个单位工程包含明挖区间、暗挖区间、路基工程、高架区间四类子单位工程
	盾构区间工程的每两站之间的区间盾构隧道为一个子单位工程
	人防工程中一个防护单元(一个车站和一个相邻区间)为一个子单位工程
	车辆段(停车场)工程中桥梁或涵洞工程、轨道路基及道路工程、室外建筑环境、室外安装工程各为一个子单位工程;每一个独立的建筑物分为土建工程和安装及装修工程两个子单位工程
	轨道工程单位工程中车辆段(停车场)及出入段线轨道工程为一个子单位工程,正线中各合同标段的轨道工程各为一个子单位工程
	供电系统单位工程分为刚性接触网子单位工程、柔性接触网子单位工程、牵引变电所(降压所)子单位工程和杂散电流腐蚀防护系统子单位工程
	通信系统工程分为专用通信系统、公安通信系统、民用通信引入三个子单位工程
	综合监控系统工程的每个集成子专业为一个子单位工程
	其他经验收委员会确定的子单位工程
分部、分项、检验批工程	分部工程、分项工程、检验批的划分,由标段项目部、监理单位在工程开工前,按照国家、行业、地方相关规范和标准结合工程实际情况,组织专题会议进行划分,最终划分结果报建设指挥部备案

3. 检测试验及原材管控

标段项目部应配备专职试验人员,试验人员应具备相关的专业知识和资质。同时应建立原材料、半成品试验及工程质量检测制度,明确试验人员及有关管理人员职责,建立原材料进场、半成品台账和试验检测台账。标段项目部质量总监定期对原材料、半成品台账和试验检测台账进行监督检查。标段项目部应将拟委托的试验检测机构的资质报建设指挥部、监理单位审查,建设指挥部、监理单位应审查试验检测机构的资质、仪器、管理等情况,确认符合要求并批准后将试验检测机构的资质报建设单位备案。原材料未经检测验收合格,严禁投入使用。

15.4.2 事中质量管控

1. 作业技术交底

各分部分项工程开工前,标段项目部总工程师进行技术质量交底时须包括质量要求、质量验收流程、验收标准、质量通病防治措施等内容，标段项目部质量总监在施工过程中必须监督交底书的落实情况。标段项目部应定期组织工程质量要求、验收标准、质量通病防治等方面相关的质量教育、培训和学习活动。

对于工程涉及结构安全及使用功能的工序、部位必须严格执行首件制与样板引路制，将每一分部工程涉及的所有分项工程的第一个检验批为首件验收的对象。主要包括钻孔灌注桩（含钢筋笼制作、灌注混凝土）、钢支撑加工及安装、防水工程（含防水卷材及涂膜防水）、主体结构钢筋、模板安装、脚手架工程、混凝土工程等分项工程。首件制样板验收管理流程如图15-3所示。

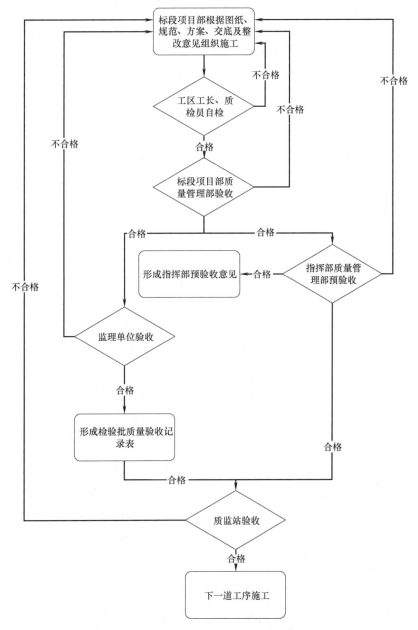

图15-3 首件制样板验收管理流程图

2. 施工过程质量控制

标段项目部在工序交接中做好"四检制"(自检、互检、交接检、专业检)工作。各施工作业队伍每天下班前各作业人员对作业内容进行一次认真的质量复核，发现不符合质量要求的，应立即返修、返工。每天下班前，相同施工内容的不同作业班组，共同对施工质量进行互检、互评。每道工序施工完成后，由标段项目部质检人员组织本道工序及下道工序作业班长参加检查和验收。

标段项目部根据工程进展情况开展实体实测实量工作，在实测实量部位按要求张贴标识牌，并对检查结果进行统计分析，统计分析结果每月上报建设指挥部质量管理部。建设指挥部质量管理部将不定期进行抽查。

3. 质量检查及整改

建设指挥部质量检查主要包括例行检查、过程检查、专项检查。例行检查由质量管理部牵头成立检查小组，每月对质量情况进行检查；过程检查由质量管理部对质量情况日常巡检、不定期检查；专项检查由质量管理部对钢筋、模板、混凝土、防水等某一专项工程进行检查。发现问题时下发质量整改通知单，标段项目部必须按时整改，并进行书面回复。针对施工过程中存在的各种质量问题、质量事故隐患，建设指挥部根据其可能造成后果的严重程度实行分级质量隐患管理机制及质量事故通报机制，督促责任单位整改，并跟踪检查。

4. 关键工序、特殊部位验收

标段项目部开工前应依据施工计划、关键线路、技术难点、质量管控要点，编制《关键工序、特殊部位质量监控计划表》。标段项目部每周定期向建设指挥部质量管理部报送下周关键工序验收计划，以及本周关键工序自查验收情况。对于一般关键工序，由标段项目部质量总监自行组织验收，建设指挥部质量管理部进行抽查，抽查比例不低于10%；对于具有重大质量、安全风险的关键工序(见土建工程关键工序表15-2)，由建设指挥部质量管理部牵头进行全数验收(关键工序验收流程如图15-4所示)。

土建工程关键工序表　　　　　　　　　表15-2

分　类	关键工序名称
车站(明挖区间)	防水工程
	高支模架体
	主体结构钢筋、模板、混凝土
	模板拆除
盾构区间	管片拼装
	洞门钢筋、模板、混凝土
暗挖区间	洞门模板支架、钢筋、混凝土
	防水板
	施工缝及变形缝
	初期支护
	二次衬砌

续表

分类	关键工序名称
停车场	工程桩
	主体结构钢筋、模板、混凝土

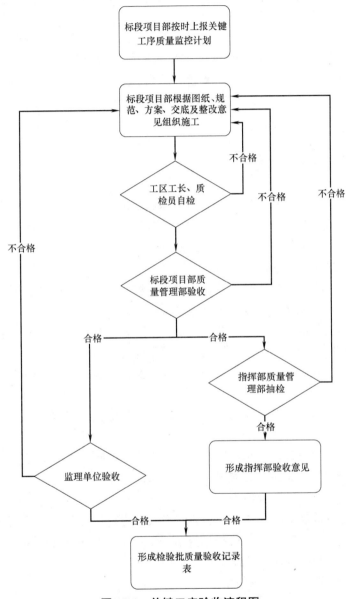

图15-4 关键工序验收流程图

15.4.3 事后质量管控

1. 成品保护工作

标段项目部的分项、分部及单位工程完工后，要采取切实可行的措施做好已完工程的保护工作，避免在竣工移交前出现损毁，影响最终的观感质量和竣工验收质量评定。

2. 质量分析与改进

建设指挥部对收集的质量信息应采用统计技术进行数据分析。数据分析应包含以下方面的有关信息：相关方满意度、与建设指挥部质量管理要求的符合程度。建设指挥部领导班子每季度召开质量检讨分析会，积极寻找改进机会，对影响工程质量的潜在原因，采取预防措施，并于下个季度评价其有效性。

3. 不合格品管理

质量管理部对施工过程中发现的不符合项，建立不合格品（不符合项）台账，并按不符合项控制程序规定进行标识、记录、评价、隔离和处置，不合格品（不符合项）台账定时上报至建设指挥部质量管理部。建设指挥部质量管理部负责建立总承包项目不合格品（不符合项）台账。

15.5 常见质量通病防治

轨道交通工程地下结构易出现的质量缺陷与通病主要有三个方面，一是钢筋保护层厚度控制，二是混凝土表观质量缺陷，三是结构渗漏水。这就要求在现场质量管理工作中，加强以上三个方面的质量管控，控制质量缺陷与通病的产生。

1. 钢筋保护层厚度控制措施

（1）在施工前，组织项目管理人员认真学习图纸，了解钢筋保护层厚度，编制施工方案，明确保护层垫块的尺寸和强度要求、布置方式、间距。

（2）对现场施工班组进行交底，要求让每一个工人清楚每一个部位的钢筋保护层厚度控制方法和措施，使每一位工人提高钢筋保护层厚度的意识。

（3）钢筋绑扎过程中，安排专职质检人员进行监督，要求工人严格按照方案及交底安装足量的垫块。

（4）混凝土浇筑时，应避免钢筋受碰撞位移。混凝土浇筑前、过程中设专人检查修整。

（5）混凝土浇筑完成后，及时安排工人调整钢筋，确保保护层厚度满足设计要求。

2. 混凝土质量缺陷与通病防治措施

（1）通过控制钢筋施工质量预防

钢筋必须进行质量复检，选择有经验的施工人员进行制作加工，钢筋表面必须除锈、清洁，钢筋下料准确，安装正确，保护层厚度适宜，固定牢靠，浇筑时安排人员随时检查。保证垫块的数量和质量，以防露筋。

（2）通过控制模板制作安装质量预防

混凝土结构施工能否达到整体美观的要求，首先取决于模板，模板的制作安装质量是关键，混凝土表观质量都与模板直接相关。模板在安装前，应均匀涂刷脱模剂，模板支撑应加固牢固，确保接缝严密、尺寸准确。

（3）通过控制混凝土工艺质量预防

原材料必须合格，随时测定材料含水量，按配合比称料准确，准确控制水灰比、坍落度、搅拌时间。混凝土运输与浇筑的间歇时间应合适，必须在初凝时间以内保证连续施工、分层浇筑。混凝土自由倾落高度小于2m，正确控制振捣间距、时间，确保不漏振、不过振，防止出现蜂窝、麻面、狗洞、漏浆等现象。根据环境温度选择养护方法，按设计及规范要求确定养护时间、次数、养护用水。

3. 防水施工质量缺陷与通病防治

（1）混凝土裂缝渗漏水：杜绝使用安定性不合格的产品，混凝土配合比准确，并严格控制水泥用量，对于车站主体结构厚体积大的混凝土，应遵守大体积混凝土施工的有关规定，严格控制温度差，加强养护措施。混凝土裂缝表面封闭法处理工艺流程如图15-5所示。

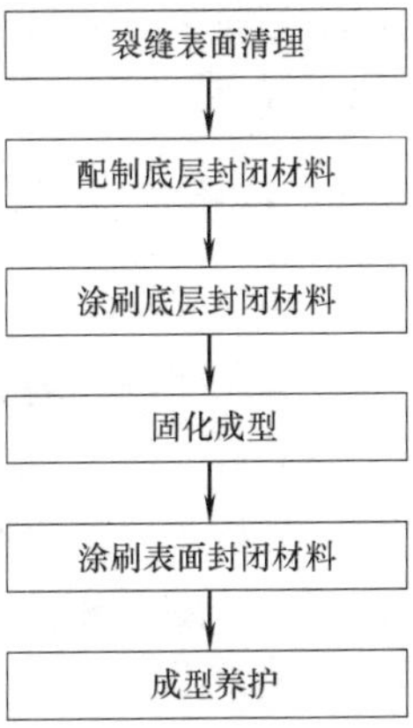

（2）卷材空鼓：施工前把地下水位降至垫层以下不少于500mm，垫层上应抹1∶2.5水泥砂浆找平层，同时防止由于毛细水上升造成基层潮湿，保持找平层表面干燥洁净，必要时应在铺贴卷材前采取刷洗、晾干等措施，卷材均应实铺，保证铺实贴严，铺贴卷材时气温不宜低于5℃，冬期施工应采取保温措施，以确保胶结材料适宜温度，雨期施工应有防雨措施。

图15-5 混凝土裂缝表面封闭法处理工艺流程图

（3）涂料防水层表面存在气泡、厚薄不均：阴阳角按设计要求处理，阴阳角应做成圆弧或钝角，基面必须平整光滑、特别是里面模板接缝部位打磨平整，及时掌握天气变化，雨天不进行施工，涂刷时分层涂刷，前后两次采用垂直十字交叉法涂刷，温差较大或气温低于5℃不进行施工，涂料防水施工前将基面清理干净。

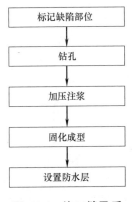

图15-6 施工缝及后浇带渗漏水处理流程

（4）施工缝渗漏水：施工缝旧混凝土凿毛彻底，并用水冲洗干净，施工上层结构时在施工缝处先浇筑一层与混凝土灰砂比相同的水泥砂浆，混凝土浇筑时一定要按要求进行，超过2m加设串筒或溜槽，同时加强施工缝处的混凝土振捣，保证捣固密实，止水钢板固定在结构物（墙或板）1/2厚度位置，止水钢板焊接固定要求牢固可靠，不得出现扭曲、变形等现象，止水钢板搭接应满焊，混凝土浇筑时止水带部位要充分振捣，振捣时严禁振捣棒触及止水钢板，凿毛时确保不得对止水钢板造成破坏。施工缝及后浇带渗漏水处理流程如图15-6所示。

（5）变形缝渗漏水：止水带必须准确就位，中心气孔必须放置在变形缝中间，止水带必须密封成环，对硫化橡胶止水带宜采用粘结，接头部位不得留在转角部位，转角部位的转角半径不得小于20cm，浇筑前检查止水带是否破损，振捣时严禁振捣棒接触止水带。

15.6 样板管理

"样板"是建设指挥部和标段项目部有目的施作的、能够较好满足质量标准和功能要求，具有推广价值的工艺工序。"样板"也是一种有效的施工管理方法。把"样板"作为实物进行质量技术交底，使工程项目施工的质量目标和验收标准一目了然，有利于提高项目参与人员的质量意识。因此每个分项工程或工种（特别是量大面广的分项工程）都要在开始大面积操作前必须做出示范样板，统一操作要求，明确质量目标。

"样板"主要有样板模型、工程实体样板和样板工序/段。考虑到地铁施工场内环境和成本因素，标段项目部视情况确定是否设立样板模型展示区、工程实体样板展示区，主要以样板工序/段管理为主，本书着重介绍样板工序/段管理。

15.6.1 样板工序/段定义及范围

1. 样板工序/段定义

（1）样板工序：各系统各专业率先施工的重要工序、严格按设计图纸和规范施工。经样板工程验收小组验收，评定为具有代表性和推广价值的工序。

（2）样板段（样板间）：各系统各专业有代表性的施工部位或区段、严格按设计图纸和规范施工。经样板工程验收小组验收，评定为具有代表性和推广价值的部位或区段。

2. 样板范围

建设指挥部开工前根据合同、建设单位相关规定和工程量相对较大、重要性较高、影响比较广泛的工序、部位编制样板管理办法，明确需要实施样板的专业和整体范围。样板工序/段范围主要有桩间网喷混凝土、卷材防水层、钢筋工程、砌体工程、管片拼装、供电安装、涂料涂饰、饰面板安装、轨道安装等。样板工程划分可参照表15-3 相关内容。

样板工程划分　　　　　　　　　　　　表 15-3

分部工程	子分部工程	分项工程	样板选定
基坑围护及地基处理	支护、土方	钻孔灌注桩	一批 5 根
		土钉墙	一个施工段
		桩顶冠梁	一个浇筑段
		横撑支护	一批 10 根
		锚杆（索）	一批 20 根
		桩间网喷混凝土	一批 10 根桩间
		混凝土垫层	一个浇筑段
		土方开挖	一个开挖段
		土方回填	一个回填段
	地基处理	路基基础	一个处理段
防水工程		防水混凝土	一个施工段
		水泥砂浆防水层	一个施工段
		卷材防水层	一个施工段
		涂膜防水层	一个施工段
		膨润土防水毯	一个施工段
主体结构	混凝土结构	模板及支架	一个施工段
		钢筋	一个施工段
		（防水）混凝土	一个浇筑段
		装配式结构	一个安装段

续表

分部工程	子分部工程	分项工程	样板选定
主体结构	砌体结构	砖（配筋砖）、石砌体	一个砌筑段
		混凝土小型空心砌块砌体	一个砌筑段
		填充墙砌体	一个砌筑段
隧道结构	盾构	管片拼装	百环
	暗挖	初支、二衬	一个施工段
附属结构	联络通道	与相应工法主体工程相同	
	泵房	与相应工法主体工程相同	
	出入口、风井、风道	与相应工法主体工程相同	
轨道工程	轨道行区	轨道安装	一个施工段

15.6.2 样板工程实施流程

样板实施主要流程如图15-7所示。

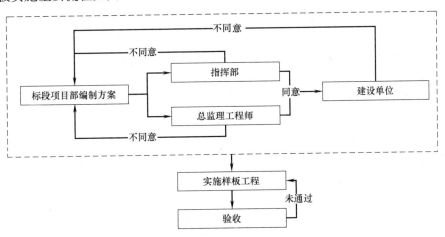

图 15-7 样板实施流程图

1. 申报

各专业标段项目部根据监理单位、建设指挥部、建设单位的样板管理办法编制各自的样板实施方案，对样板工序、实施位置、具体范围、工艺选择、材料选择、工期安排等进行详细的描述。样板工程实施方案经监理单位、承包管理部及建设单位认可后方可实施。

2. 实施

（1）标段项目部应根据样板工程实施方案实施，所有材料进场前均须经建设指挥部现场确认并封样，对不满足招标文件及设计文件要求的材料严禁进场。

（2）选取最早进行施工的工区进行样板打造，严格按照图纸及标准要求组织人员进行施工。

（3）样板段务必做到工艺美观，具有操作性、推广性。

3. 验收

（1）成立样板工序/段施工验收小组，小组成员包括：建设指挥部的质量管理部、技术部、工程部、机电管理部等相关人员。

（2）验收依据：经审批后的样板工程实施方案、施工图及深化设计图、施工图会审答疑文件、施工标准及相关验收规范。

（3）样板工程验收小组按照专业分组对已完成的样板工程进行验收。各标段项目部的样板段经验收合格后及时挂牌，标明该工程名称、专业、工序名称、工序轴线位置并予以保护。样板工程验收小组将评选出材料选择、施工工艺、实体质量最优秀的标段项目部，作为其他标段项目部施工的标准，同时对该标段项目部进行通报表扬，积极向质监站、建设单位、行业协会等推荐为质量观摩工地。样板工程验收中不符合验收要求的，无条件返工，并在规定时间内整改，直至验收合格为止。由此造成的工期延误等一切损失，由标段项目部自行负责，不另作调整。

15.7 验收管理

15.7.1 工程质量验收机构

建设指挥部成立验收委员会，对所辖工程质量验收进行统一指挥和管理，指导开展工程质量验收工作。

1. 验收委员会的组成

主任：指挥长。

副主任：各分管副指挥长。

成员：工程管理部、技术管理部、质量管理部、安全管理部、征拆管理部、机电管理部等相关部门负责人。

2. 验收委员会主要职责

负责参与轨道交通建设项目的分部工程、（子）单位工程及竣工验收（分项工程检验批验收由监理单位组织，标段项目部配合），负责审定工程验收管理的相关制度，负责组织制定验收管理制度，负责对工程验收问题的整改情况进行督查。

3. 验收办及职责

验收委员会设置验收委员会办公室（以下简称"验收办"）。验收办设在质量管理部，负责牵头承办验收委员的日常工作，验收办主任由质量管理部部门经理兼任。

15.7.2 工程验收程序和内容

1. 工序质量验收

（1）验收定义

工序质量验收是指施工过程中的检验批、分项工程、（子）分部工程质量验收。

（2）验收前置条件

检验批、分项工程、（子）分部工程按施工图设计以及合同的约定已实施完成，满足进行下一道工序的条件。

2. 分阶段实体质量验收

（1）验收定义

分阶段实体质量验收是指当工程某区域或部位必须在单位工程实体质量验收前隐蔽或需后续专业对工程实体进行接管并继续施工的情况下，针对该区域或部位组织的实体质量验收。

（2）验收前置条件

1）该区域或部位完成施工图设计和合同中约定的施工内容。

2）该区域或部位工程资料齐全、完整。

3）该区域或部位具备外观检查、实体检测及场地移交条件。

3. 单位工程实体质量验收（单位工程划分见表 15-1）

（1）验收定义

单位工程实体质量验收是指合同标段或（子）单位工程完成设计和合同中的施工内容（含设备单体调试、接口调试）后，在综合联调联试前开展的实体质量验收。本项验收旨在实现土建工程向站后工程阶段的转换或站后工程向综合联调阶段的转换。

（2）验收前置条件

1）完成单位工程或合同标段内施工图设计以及合同约定的各项内容，甩项或缓验项目有支撑性文件。

2）站后工程完成设备单体调试和接口调试，具备基本功能并达到联调联试条件。

3）竣工资料齐全、完整，初步完成组卷工作。

4）完成标段内的资产信息录入工作，并通过审核。

5）完成验前检查和问题库中需在实体质量验收前完成整改的问题。

4. 竣工验收

（1）验收定义

竣工验收是指建设工程依照国家有关法律、法规及工程建设规范、标准的规定完成工程设计文件要求和合同约定的各项内容，取得试运营阶段政府专项验收批复文件后，组织进行的施工全过程的最后一次验收。

（2）验收前置条件

1）完成合同标段内施工图设计和合同约定的各项内容，相关缺陷整改完毕，各项工程有支撑性文件。

2）施工许可证等建设管理手续齐全。

3）通过单位工程实体质量验收并完成工程移交，且实体质量验收中明确的需整改的问题全部整改完毕。

4）取得试运营阶段政府专项验收批复文件。

5）工程设计变更和签证手续齐全、流程完整，工程量清单和竣工结算资料已提交。

6）工程竣工资料已移交政府工程档案管理部门、建设单位档案管理部、标段项目部档案管理部及接管单位，并办理档案移交手续。

15.8 质量创优管理

15.8.1 创优策划

标段项目部应在开工前根据施工合同及上级相关单位的要求确定创优目标,并在实体工程正式开工后60d内,由项目经理组织编制项目《质量创优实施计划》,逐级分解创优目标,经上级单位完成审核后,报建设指挥部质量管理部审核。审核通过后,标段项目部需对管理人员进行交底。

《质量创优实施计划》经过相关程序进行评审、审批后,由项目组织实施,除工程有重大变更或者管理目标有重大调整外,一般不得变更,如确需变更,由标段项目部项目经理提出变更原因和变更方案,按原审核审批程序进行变更方案的审核、审批,按照审批后的方案执行。

建设指挥部质量总监牵头汇总、编制《质量创优总体实施计划》,经指挥长审批后发布实施。

为更清晰地展现创优过程中的各个环节,提高创优工作的推动进展,建议将创优工作分解为"市优、省优、国优"三个阶段,创优目标分解可参考图15-8所示。

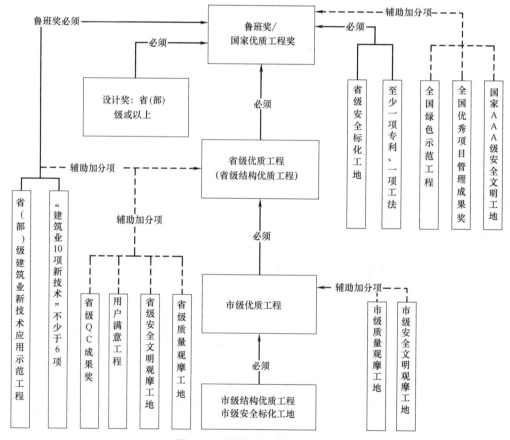

图15-8 创优目标分解示意图

15.8.2 创优实施

1. 建立健全创优工作实施机构

为确保各项创优指标在规定时间节点内完成,建设指挥部成立创优领导小组及创优工作小组。创优领导小组由建设指挥部领导组成,对创优工作全面负责。创优工作小组由建设指挥部各部门经理、标段项目部分管领导组成,主要负责创优工作的具体推进。

2. 创优工作考核

标段项目部严格按照《质量创优实施计划》中的要求进行落实,施工过程中建设指挥部每季度对标段项目部进行创优推进情况考核,出具考核通报。

15.9 质量投诉与事故处理

15.9.1 投诉处理

政府部门、建设单位、监理投诉到建设指挥部,建设指挥部质量总监组织相关人员进行现场核实并约谈标段项目部项目经理和相关责任人,督促出具相关处理方案,处理完成后,经政府、建设单位及监理核实后报相关投诉单位。

15.9.2 事故调查与处理

根据相关文件要求,质量事故主要分为一般质量事故、较大质量事故、重大质量事故、特别重大质量事故 4 个等级。为便于更精细化管理,在一般事故以下的,定义为质量事件,分为 3 个等级,分别为:质量事件苗头、一般质量事件、险性质量事件。质量事故发生后,应及时进行信息报送。总体上遵从"信息全报、分级处理"的原则报送,过程中坚持"首报要快、续报要准、终报要全"的原则,对外报送遵照"快报事实、慎报原因"的原则。应采取有效措施,防止事态扩大,通知标段项目部负责人、建设单位、监理到场按照相关质量管理条例组织研究处理方案并将事故处理过程中工程质量事故处理表、质量事故处理记录报至标段项目部负责人、建设单位、监理进行核查;责任追究处理依照"事故原因未查清不放过、责任人员未处理不放过、责任人和群众未受教育不放过、整改措施未落实不放过"原则处理后续事宜,建设指挥部应全程参与处理过程。

15.10 考核与奖罚

15.10.1 考核

建设指挥部成立质量考核领导小组,由建设指挥部领导班子、各部门负责人等相关人员组成。建设指挥部质量部按月度对标段项目部进行质量考核、评比、排名、奖罚。标段项目部月度考核总分，由建设指挥部月度检查评分、第三方检查评分、日常工作评分三部分组成。其中，第三方检查评分包括政府部门、建设单位、监理。

15.10.2 奖励

建设指挥部对在质量管理过程中标段项目部质量管理效果进行分级分类奖励。质量奖励包含组织行为类（现场质量管理、综合管理等）、考核评比类（建设指挥部、政府、建设单位、监理评比等）、目标指标类（QC成果指标、创优指标、观摩指标等）三种。质量奖励方式主要包含经济奖励、组织奖励两种方式。对于各级政府部门、建设单位对项目的奖励，建设指挥部将对相关标段项目部进行双倍奖励。奖励需具体落实到个人，由相关标段项目部编制奖金发放单，现金下发由建设指挥部监督执行。

15.10.3 处罚

建设指挥部对在质量管理过程中标段项目部质量管理效果进行分级分类处罚。质量处罚包含组织行为类（质量管理体系、隐蔽工程验收、施工测量、事故报告处理制度、质量整改、质量投诉、综合管理等）、考核评比类（建设指挥部、政府部门、建设单位、监理评比等）、实体质量问题类（土建工程质量处罚、站后工程质量处罚等）、目标指标类（项目指标文件、项目专项责任状等）、质量事故类（一般质量事故、较大质量事故、重大质量事故、特别重大质量事故等）五种，质量处罚方式主要包含经济处罚、组织处罚两种方式。对于各级政府部门、建设单位对项目的处罚，建设指挥部将对相关标段项目部进行双倍处罚。处罚需具体落实到个人，现金缴纳，由建设指挥部监督执行。对未完成目标指标，未履行岗位职责存在质量隐患、发生质量事故（或未遂事故）的单位或相关负责人给予相应处罚；对于严重问题，直接扣除质量保证金；对于存在严重质量问题、质量管理失控的标段项目部，建设指挥部将对其进行约谈。

16 环境管理

16.1 环境管理概述

城市轨道交通工程属于民生工程，社会关注度高，施工现场常位于城市中心地带，环境保护及文明施工工作管理难度大、标准高。为切实做好环境管理工作，需严格落实国家、地方政府及业主单位相关管理制度，确保建设工地文明施工、扬尘治理、噪声控制、缓堵保畅等环境管理工作达标并形成常态化机制。

16.2 环境管理体系建设

为保障组织机构正常运转，确保环境保护工作常态化管理，工程建设指挥部应成立环境管理领导小组,负责总体协调全线环境保护工作;各标段项目部成立环境保护工作小组,负责具体实施环境管理相关措施。

进场后一个月内建设指挥部需根据工程实际情况制定《环境管理考核细则》《环境管理奖罚细则》等细则,明确管理标准、管理责任、考核奖罚等措施体系。

16.3 环境管理重难点

为加强城市轨道交通工程文明施工及环境保护工作管理,推进轨道交通建设绿色、安全,贯彻落实国家及地方政府相关要求,有效遏制因文明施工、扬尘治理、缓堵保畅等引起的投诉事件的发生,需做好以下几方面工作:

16.3.1 扬尘治理

禁止现场搅拌混凝土和砂浆;产生扬尘作业区域应开启喷淋、雾炮机等降尘设备;不得有浮土、积土;加强现场扬尘监测,当工地扬尘指数超标时,必须立即相应措施进行控制;工地现场风速达到四级及以上时应立即停止易产生扬尘的施工作业。

16.3.2 场地硬化及裸土覆盖

施工现场布置须合理,并采用混凝土进行硬化,地面必须采用洒水或其他措施防尘,不得有浮土、积土。施工现场超过8h的裸土一律使用绿色密目网进行覆盖,超过三个月的裸土必须绿化。

16.3.3 渣土运输

各标段项目部应制定渣土运输管理办法,严格落实"安全员、安全协管员"制度。现场张贴建筑垃圾处置公示牌;配备冲洗装置和设备,确保所有出场车辆进行有效冲洗;严禁将泥土带出工地;运输车辆应覆盖和封闭,严格控制渣土装车高度,切实做好渣土运输途中防抛洒措施;严格执行城管、交管、各街道等政府部门渣土运输相关要求。

16.3.4 施工围挡

所有围挡周边应安装自动喷淋系统,安排专人对围挡进行保洁和维护工作,保持围挡整洁。围挡若有损坏、倾斜必须及时更换、整改;围挡头灯、应急灯夜间需保持常亮状态。

16.3.5 日常保洁

施工垃圾、废弃物应及时清理、封闭和转运,清运须抑尘降尘避免产生扬尘污染。易产生扬尘污染的施工作业现场应采取分段作业、场内择时施工、洒水抑尘、冲洗地面等有效防尘降尘措施;施工现场材料及物料应堆放整齐,不同材料分区域堆放,并使用防尘网或防雨布进行覆盖。

16.3.6 现场自拌混凝土（砂浆）管理

全面禁止施工现场自拌混凝土、砂浆；禁止使用袋装水泥。对于盾构施工等确实需要现场拌制的特殊工艺，要积极采取降尘、除尘措施。储存料仓及四周（含进料口）、骨料传输带等所有搅拌设备必须采取措施进行全封闭，同时还需配备集尘设施确保粉料筒仓表面清洁、无粉料物质粘附。

17 土建工程移交管理

17.1 移交的内容

（1）车站土建施工单位向机电系统车站场地管理单位进行车站主体结构（车站站厅、站台等）、车站附属结构（车站出入口、出入口通道、风亭组等）、站内附属结构（车站结构风道、预制站台板等）以及联络通道泵房、区间泵房、区间风井的移交。

（2）车站、盾构土建施工单位向轨道工程施工单位进行铺轨基地、区间的移交。

（3）车站土建施工单位向机电系统车站场地管理单位进行的车站室外排水、给水接入工程（水表井至车站自来水给水管道）实体的移交。

（4）停车场相关工程实体及作业面移交。

（5）指定的其他相关系统、专业施工单位之间的工程实体及作业面移交。

17.2 移交工作的组织

成立项目施工实体及作业面移交领导小组和工作小组。基本组成如下：

（1）施工实体及作业面移交领导小组

组长：建设指挥部常务副指挥长。

副组长：建设指挥部分管生产副指挥长和机电副指挥长。

组员：建设指挥部工程管理部、机电管理部、安全管理部、质量管理部负责人、驻地工程师和移交双方施工承包商分管生产的副总经理。

领导小组在施工实体及作业面移交过程中，应统筹安排、合理规划、整体把控、审批实施方案，充分发挥领导小组的沟通协调作用。

（2）施工实体及作业面移交工作小组

组长：建设指挥部分管生产副指挥长。

副组长：建设指挥部分管机电副指挥长。

组员：建设指挥部工程管理部、机电管理部、安全管理部、质量管理部负责人、驻地工程师和移交双方施工承包商项目经理。

工作小组在施工实体及作业面移交过程中，负责编制土建工程验收工作计划；发布和处理土建工程验收和移交中的相关信息；督促工程验收和移交中所发现问题的整改落实；审查验收和移交条件；组织验收和移交。

17.3 场地移交原则

(1) 移交时间节点按照建设指挥部下达的《车站附属结构施工及移交计划》严格执行。

(2) 原则上车站实体及区间按一次性完全移交,如确实因工期安排,土建工程也可实行分期移交,但必须满足移交条件及标准。

(3) 站前场地管理单位应在车站围挡范围内为站后场地管理单位提供不小于 $DN80$ 管径的临水接驳口和不小于 $200kW$ 的临电接驳口,同时,应确保站后施工人员和材料出入口的临时道路畅通。

(4) 前期站前场地管理单位已实施的临时设施移交站后场地管理单位时,应做好移交前检查,对不合格的临时设施禁止移交和接受。

17.4 车站移交标准

车站移交标准可参考表 17-1。

车站移交标准   表 17-1

移交接管检查项目	移交接管检查要求
土建结构完成内容	(1)车站主体结构(区间)、附属结构一个出入口,一个风亭施工完成,并通过质量验收;车站站厅层、站台层移交的同时必须附带移交一个出入口通道及一个风亭组,并保证机电系统相关专业施工人员、材料物资、机械设备能够通过其附带移交的出入口通道及风亭组顺利到达车站站厅层、站台层。 (2)车站内部结构施工全部完成。 (3)质量缺陷销项的清单梳理完成,并明确整改时间。 (4)场内材料、建筑垃圾清理完成
土建施工完成产品清单及验收记录(分段实体验收记录复印件)	(1)本次移交范围已明确,交接双方协商完成。 (2)预留、预埋施工符合设计标准。 (3)预留、预埋排查情况统计表满足具备移交站后段要求
施工用水、用电接口	施工用水、用电接口移交协议交接双方协商完成,并签字确认
场地内临时设施	(1)临边防护移交协议交接双方协商完成,并签字确认。 (2)场区道路移交协议交接双方协商完成,并签字确认。 (3)施工围挡移交协议交接双方协商完成,并签字确认。 (4)临时照明移交协议交接双方协商完成,并签字确认。 (5)通风设施移交协议交接双方协商完成,并签字确认。 (6)场内排水设施移交协议交接双方协商完成,并签字确认。 (7)管理权限移交协议交接双方协商完成,并签字确认
测量控制点及复测资料	测量控制点及复测资料土建施工单位已完成整理,具备移交站后单位条件
设计变更资料	设计变更资料土建施工单位已完成整理,具备移交站后单位条件
管线资料	管线资料土建施工单位已完成整理,具备移交站后单位条件
土建剩余工程施工计划	土建剩余工程施工计划土建施工单位已编制完成,并发与站后单位
安全管理协议	土建及站后标段已签订安全管理协议
防汛重点说明文件及物资	断头管封堵、周边水系等情况说明及图片文件已交接站后工程施工单位;防汛物资、设施、设备等双方协商完毕
后期路面恢复工程(机电占用部分)	后期路面恢复协议(机电占用部分)交接双方已协商签订

17.5 铺轨基地（含轨排井）、轨行区移交标准

铺轨基地（含轨排井）、轨行区移交标准可参考表17-2。

铺轨基地（含轨排井）、轨行区移交标准　　　　表17-2

移交接管检查项目	移交接管检查要求
土建结构完成内容	（1）土建施工单位应完成其移交范围内的施工内容：包括但不限于车站及区间隧道主体结构、站台板、轨顶风道、区间联络通道、预留孔洞封堵、底板预留孔洞及盾构井下沉区域回填，未完成的附属工程不得影响轨道铺设。 （2）车站及区间隧道完成分部分项工程验收、各专项验收及实体验收，验收存在问题整改完毕。 （3）场内建筑材料及建筑垃圾清理完成，结构底板及盾构螺栓孔内应清理干净，无淤泥、无浮浆、无积水、无垃圾及杂物等。 （4）在铺轨作业面到达前15d完成区间人防隔断门（含防淹密闭门）门框墙施工，并完成场地清理。 （5）停车场：上盖结构已完成，架体已拆除，材料已清理，场内永久道路基本完成。库外线碎石道床地段路基回填完成，库内一般整体道床及平过道处道床基础混凝土浇筑完成，库内壁式检查坑道床检查坑壁及排水沟施工完成，库内柱式检查坑道床检查坑壁及立柱施工完成
土建施工完成产品清单及验收记录（分段实体验收记录复印件）	（1）轨行区场地移交范围满足两站一区间最小调线调坡测量单位。 （2）车站、隧道底板标高严禁超过设计标高，低于设计标高区域，双方对混凝土的亏方问题达成一致。 （3）移交范围内由土建施工单位实施的预留、预埋施工符合设计标准，未完成部分需向轨道施工单位明确具体位置。 （4）主体结构无明显渗漏现象，其中车站达到一级防水要求，区间隧道达到二级防水要求。 （5）盾构隧道滞后沉降满足轨道铺设要求。 （6）停车场：库外碎石道床地段路基压实度及平纵断面尺寸符合设计要求，库内整体道床地段基础混凝土平纵断面尺寸、预留预埋数量、尺寸及位置符合设计要求
临水、临电接口	临水、临电接口移交由双方协商完成，并签订移交协议
预留下料口	预留下料口移交由双方协商完成，并签订移交协议，明确封堵责任方
铺轨基地影响范围内临时设施	（1）轨排井或下料口临边防护移交由双方协商完成，并签订移交协议。 （2）铺轨基地影响范围内道路移交由双方协商完成，并签订移交协议。 （3）铺轨基地影响范围内施工围挡移交由双方协商完成，并签订移交协议。 （4）铺轨基地影响范围内临时照明移交由双方协商完成，并签订移交协议。 （5）铺轨基地影响范围内抽排水设施移交由双方协商完成，并签订移交协议
测量控制点及复测资料	移交范围内导线点和水准点完好、无破损，标识清晰无误，断面复测及贯通测量由土建施工单位实施并上报
土建未完工程施工计划	土建未完工程施工计划已编制完成，经建设指挥部确认后发送轨道施工单位
施工安全协议	移交后，土建施工单位如进入轨行区地盘管理范围施工，需联合建设指挥部及轨道施工单位签订三方协议
防汛重点说明文件及物资	断头管封堵、周边水系等情况说明及图片文件已交接站后轨道施工单位；防汛物资、设施、设备等移交由双方协商完成，并签订移交协议
后期路面恢复工程（铺轨基地占用部分）	后期路面恢复协议（铺轨基地占用部分）交接双方已协商签订

17.6 移交流程

建设指挥部工程管理部是土建工程拟移交场地验收和移交的组织、协调牵头部门。具体土建工程向站后场地移交流程可参考图17-1。

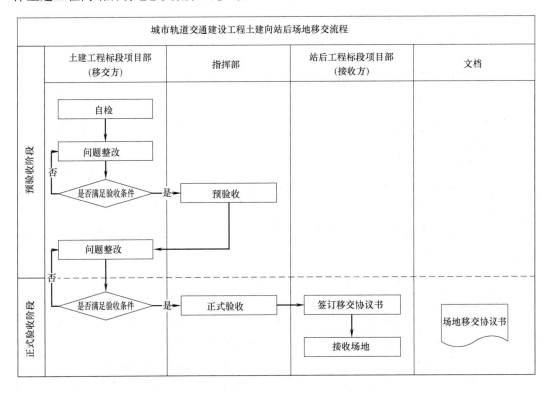

图 17-1　土建工程向站后场地移交流程示意图

（1）移交方按照建设指挥部下达的移交时间节点，应在移交节点时间10d前完成自检和整改，并填写《项目场地移交申请单》，报送建设指挥部工程管理部并抄送场地接收方和其他相关方。

（2）由建设指挥部工程管理部牵头，在移交时间节点7d前组织建设指挥部各相关部门、移交方土建标段、接收方机电标段对照移交清单对拟移交土建工程范围的移交准备情况进行预验收，检查结果汇总至《项目场地移交过程问题汇总表》。

（3）移交方土建标段对预验收反馈问题在5d内整改完成，并将《项目场地移交过程问题整改回复》报至建设指挥部工程管理部。

（4）由建设指挥部工程管理部牵头，在移交时间节点前组织建设指挥部各相关部门、移交方土建标段、接收方机电标段，并邀请业主及监理单位对移交问题整改情况进行复查后召开会议进行正式移交，由移交方土建标段和接收方机电标段负责人签订《项目场地及作业面移交协议书》后视为完成土建移交工作。

（5）移交协议书经移交双方签字确认后，必须在1d内完成场地的移交和接收。对于场地内不能临时拆除的安全保障设施，由移交方土建标段和接收方机电标段进行费用协商。

17.7 移交奖罚

建设指挥部场地移交管理采用只罚不奖的办法。如移交方土建标段未按照建设指挥部下达的移交时间节点移交场地，则依据延后天数按 2000 元/d 进行罚款。

17.8 移交后场地管理界面划分

（1）停车场施工阶段，其场地管理单位为土建工程施工单位，部分区域根据实际需要移交给站后施工单位。

（2）部分移交情况下，常规机电施工单位进场根据实际需求，进行小围挡作业，小围挡范围内（含围挡施工）场地管理由常规机电单位负责，未移交区域由土建施工单位负责场地管理。

（3）盾构井在土建移交常规机电单位前，其临边防护、防汛等措施由土建单位负责。

（4）轨排井在土建移交轨道单位前，其临边防护、防汛等措施由土建单位负责；移交轨道后由轨道单位负责。

（5）区间泵房、中间风井土建移交常规机电单位前，其场地管理单位为土建施工单位，移交常规机电单位后，其场地管理单位为常规机电施工单位。

（6）场地管理责任划分以移交时间为界，车站（或轨行区）等已移交常规机电（或轨道）施工单位区域，其现场由常规机电（或轨道）施工单位承担场地管理责任；未移交区域由土建施工单位承担场地管理责任。

（7）车站地面站后施工指定的出入口、风亭及机电装修标段施工围挡范围内区域，其场地管理由常规机电单位负责，其余部分仍由土建施工单位进行场地管理。机电装修标段施工单位施工完成后其管理的场地应重新移交土建工程施工单位，由土建工程施工单位统一进行室外场地管理。

18 商务合约管理

商务合约管理始终贯穿于项目管理的全过程，商务合约管理主要包括招投标、合同管理、成本管理、分包管理、计量结算、变更签证、索赔管理等。

商务管理部作为商务合约管理的责任部门，负责建设指挥部的商务合约、招标采购管理工作；负责贯彻落实国家、省市的相关法律法规，执行公司及业主相关管理规定；负责指导各施工单位按照公司和业主的管理规定开展商务管理的相关工作；指导各施工单位履行合同约定。商务管理部组织架构如图 18-1 所示。

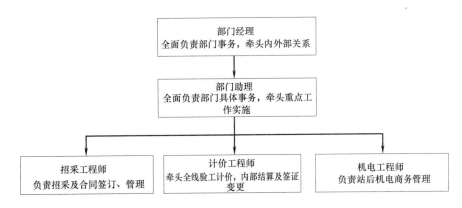

图 18-1 商务管理部组织机构图

18.1 概算管理

18.1.1 概算修编小组的建立

1. 概算修编领导小组

概算修编领导小组主要负责协调外部关系和内部资源，督促概算问题的调整及落实。

组长：建设指挥部指挥长。

副组长：建设指挥部总工程师、总经济师。

组员：各后台公司分管商务副总。

2. 概算修编工作小组

概算修编工作小组根据工程特点、相关图纸、概算资料和编制概算策划书负责修编的具体实施。概算修编工作小组要做好分工，建设指挥部做好统筹，各后台公司应给予人力物力支持并负责更为具体的基础工作。

组长：建设指挥部总经济师。

组员：建设指挥部各业务部门、各标段项目经理、各业务部门负责人。

18.1.2 概算评审

建设指挥部商务管理部在项目成立第一时间组织概算评审动员会，对概算存在的问题进行梳理。由建设指挥部商务管理部牵头，各部门、各后台公司、各标段配合，在2周内完成概算问题的整理，报领导小组审核。

建设指挥部商务管理部负责牵头概算问题的收集整理，通过对概算问题的分类整理，制定相应的对接方案，通过与设计、财评等单位对审，调整概算错项。

建设指挥部各部门应深度参与到概算错漏项调整中，在各自专业领域提出相应建议。如设计部从初步设计图纸和地勘方面对概算进行复核，提出好的建议；征拆部根据前期工程特点重点分析，就管线迁改和管线保护等的数量、单价提出建议。

各后台公司、各标段具体负责初设图纸及概算文件的分析，从"三点分析"中寻找概算错漏项点，并将概算问题责任到人，上报建设指挥部统一汇总。

18.1.3 概算修编的实施

（1）概算编制及修编阶段，需要对初步设计图纸、地勘、概算套项进行详细分析，与设计院积极对接，确保工程量足额计入、套项合理。

（2）概算财评阶段，与财评单位保持良好的对接沟通，提供支撑依据，尽可能降低审减金额。

（3）在与业主、设计院、财评单位保持良好沟通的同时，需积极对接造价站、财评中心及发改委等单位，针对存在争议的问题，争取有利的解释及政策性支撑。

（4）对于具体问题，需做到资料完整有效，能够形成完整的证据链并闭合，核对过程中能够说服设计院及财评单位。

18.1.4 策划修编经验总结

建设指挥部各部门，各标段应根据概算修编实施情况，总结经验教训和成败得失，完成概算修编总结报告。内容须包括：工程概况、背景、总结（从架构体系、责任分工、思路、重难点分析等各个方面进行总结提炼）、存在的问题和不足等，并在最后附一两个具体案例（成功或失败皆可）。建设指挥部商务管理部负责对成果进行汇总整合。

18.2 招标采购及分包商管理

18.2.1 招标采购管理

地铁工程涉及专业多，特别是站后工程各专业分包及设备材料招标采购工作量大。在进行分包招采过程中，标段及界面划分等至关重要，既要便于现场管理、保证收益，又要避免出现施工盲区、导致扯皮纠纷等情况。需重点管控以下几个方面：

18.2.2 招标包件划分

针对各系统、各专业的特点，对招标包件进行划分。包件划分的原则应考虑专业特点，确保专业界面清晰、减少管理链条，减少工作面移交、合理分配包件工程量。

例如：成都地铁11号线常规机电及设备区装修工程，在传统划分过程中机电安装为一个包件，设备区装修为一个包件。考虑到机电安装及设备区装修交叉作业太多，施工过程中相互影响，同时考虑到设备区装修相对简单。为避免后期移交出现问题，在包件划分过程中将机电安装及设备区装修合并为一个包件，由机电安装总包管理施工。这样既减少了建设指挥部协调工作，又能更好统筹施工生产、配置劳动力。

18.2.3 合约界面划分

根据包件划分，结合地盘管理及各专业接口管理，对各专业、各包件界面划分、接口移交、地盘移交进行明确，确保整个项目不出现施工盲区，避免施工过程中因工作内容不明确导致纠纷问题，同时在后期合同签订中对界面划分、接口处理等进行明确。

18.2.4 招标计划编排

根据整体工筹安排,明确各标段最晚进场时间,统筹分析招标过程中可能存在的问题、所需的时间,倒推招标启动时间,合理编排招标计划。

招标计划制定后,严格按照招标计划执行,确保各专业招标进场时间能够满足现场施工要求。

18.2.5 招标流程管理

对于总承包方具有施工资质、业绩的专业,可自行施工;采取内部邀请招标模式缩短招标时间;针对总承包方不具备施工资质和业绩的专业,采取公开招标模式进行招标,在规范招标流程的同时,确保招标流程合规合法,避免后期审计风险。

建设指挥部有编制招标文件和组织评标能力的,可自行组织招标;如不具备,必须委托招标代理机构进行招标。采用公开招标模式的具体招标流程如下:

1. 招标小组的成立

组织机构设置:成立建设指挥部招标领导小组、招标监督小组和招标工作小组。

招标领导小组由建设指挥部领导班子组成。全面负责部署建设指挥部招议标工作,对招标结果及需要议标事项进行审批和决策。

招标监督小组由建设指挥部纪检监察人员组成。负责监督建设指挥部整个招议标活动的过程,受理招议标过程中的各种举报、投诉,对招议标工作中存在的违法违纪行为进行调查核实,提出处理建议。

招标工作小组由建设指挥部商务管理部及各部门人员组成。负责完成招议标方案及整个招议标过程的实施。

2. 招标计划的制定

由商务管理部牵头,各部门配合编制整体招标计划,作为后续分包招标的指导性文件。其内容应包括:分包标段划分、拟采用的招标模式、合同计价类型、招标时间、招标清单、预计标的额、预计招标效益率等。整体招标计划由项目综合考虑生产需要、合同要求、经济性等各方面因素共同确定,由建设指挥部领导审批后方可实施。

3. 招标文件的编制及审批

商务管理部牵头,各业务部门配合编制招标文件初稿(明确招标范围、资格要求、招标清单、分包模式、评标办法、主要合同条款、招标图纸、技术规范和技术要求等),组织相关部门及领导进行评审,根据评审意见,编制招标文件终稿,报送招标领导小组审批,建设指挥部确认最终招标文件后报送至董事会及业主审核,审核无误后可发售招标文件。

4. 招标文件的发布与答疑澄清

招标公告应在国家公共媒介(专业网站、报纸等)进行发布,需合理设置招标过程各节点时间要求,发售招标文件时做好信息登记。

答疑澄清阶段,由商务管理部牵头,各业务部门配合编制答疑文件,组织相关部门及领导进行评审,确定答疑文件终稿,报送至业主审核,待业主审批后发送至各个潜在投标人。

18.2.6 开标与评标

商务管理部负责组织开标，并通知招标监督小组全程参与开标过程，严格按要求进行公开唱标，留存过程签字及影像资料。

根据法律法规要求随机抽取评标专家组成评标委员会，按照招标文件评标办法，客观公正的评标，编写评标报告，推荐中标候选人。

评标结果根据要求报送至董事会及业主审核，审核无误后可公示中标候选人。

18.2.7 定标及发出中标通知书

自收到评标报告3日内在公共媒介公示中标候选人，公示结束后发出中标通知书。

18.2.8 合同草拟及签订

商务管理部组织中标单位进行合同技术谈判，达成一致意见。根据招标文件、投标文件、答疑文件、谈判纪要等，编写合同文件，组织相关部门及领导进行评审，确定合同文件终稿，待领导小组审批后签订书面合同。

18.3 分包商管理

18.3.1 分包商招标采购管理

根据合同要求，针对分包采购的关键性材料，采购需在建设指挥部及业主监管下进行，招标文件、答疑澄清需要报送至建设指挥部及业主审核，按要求进行调整，发布招标文件及答疑澄清之前需将招标文件报送至建设指挥部及业主进行备案。

招标结果（中标候选人投标文件）需报送至建设指挥部及业主单位审核，如有重大偏差（技术条款或业绩），则需重新核实后报送中标候选人投标文件。

18.3.2 分包商进出场管理

分包商进场施工前填写《分包商进场申请单》，按照流程办理进场手续。将交纳各种保证金的单据、项目部组织架构、管理人员名单及通讯录等提交商务管理部备案。

主管部门应组织相关部门对分包商进行管理交底，确定分包商的各类计划、报告、实物的管理程序、时间要求、紧急问题的处理方法等。

分包商完成约定范围内的工作后，填写《分包商退场申请单》，按照分包商退场流程办理退场手续。分包商违约或履约能力不能满足项目管理要求时，建设指挥部按约定扣除履约保证金或保函。

18.3.3 分包商过程管理

分包商根据合同及建设指挥部总体安排提交进度计划，详细说明人员、材料、机具的进场及作业安排，有关计划一经批准即为主管部门开展管理的依据。

商务管理部做好分包结算及支付等情况的统计分析，主管部门对分包过程管理情况进行分析，找出问题和不足，并制定有效的整改措施。

18.3.4 分包商考核

建设指挥部按分包商考评流程对分包商进行考评，分包商考核结果与结算挂钩，同时作为后续招标的遴选分包商的重要分析资料。招标管理流程如图 18-2 所示。

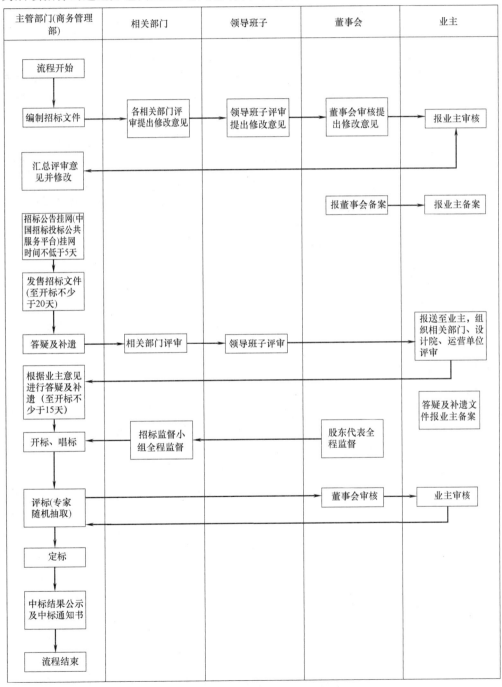

图 18-2 招标采购流程图

18.4 计量及分包结算管理

投融资合同约定验工计价按季度进行,分为月度验工、季度计价两个阶段。由建设指挥部牵头季度全线计价,各标段负责标段月度及季度计价具体对审。

18.4.1 验工计价的工作分工

对于地铁项目的验工计价很大程度上按照业主相关规定执行即可。

(1) 各标段根据分包合同约定,负责计价资料的编制以及对审工作。代表建设指挥部每计价季度末向业主发起计价申请,申请文件须经建设指挥部审核、签章方可对外报送。

(2) 建设指挥部应保证各标段在时间、资料形式上保持统一,各标段应做好资源调配,服从安排。

(3) 标段负责计价流程的跟踪、推动及具体核对工作,并对计价资料的真实性及完整性负责,建设指挥部按程序履行审签、交接和协调义务。

(4) 计价资料审核完成后,标段应向建设指挥部申请签章确认,申请单需写明标段意见。无建设指挥部授权同意,标段无权自行同意和审签造价确认书。

(5) 标段负责资料的打印、装订。计价流程完毕后,建设指挥部、标段应各自归档。

18.4.2 计价流程

标段验工计价均由标段项目部以建设指挥部的名义发起,对外报送资料需经建设指挥部驻地工程师、商务部计价工程师及商务部负责人审核。资料经相关人员审核签字后,加盖建设指挥部印章方可对外报送。

标段验工计价包括月度验工及标段季度计价。建设指挥部对以上资料进行审核,经监理、咨询单位、业主审定后,予以签章确认。

全线验工计价由建设指挥部商务部负责汇总、报审。各标段按照统一要求的时间和格式完成标段计价审核,将相关资料交建设指挥部备案。建设指挥部按业主相关表格进行汇总申报,经咨询单位、业主工程部、合约部及相关领导审批后确定最终计价额。

验工计价流程如图 18-3 所示。

18.4.3 资金支付的申请

验工计价完成后,在业主资金充足的情况下,可申请提前支付(提前于合同约定的支付节点和比例支付)。资金支付申请由建设指挥部商务部发起,经建设指挥部指挥长签字,咨询单位审核后交地铁公司财务部,之后由建设指挥部财务部跟踪后续流程。资金支付申请发起前,商务部要及时将资金计划通过地铁公司合约部上报。资金支付申请流程件如图 18-4 所示。

18.4.4 分包结算的办理

分包结算依据分包合同约定进行办理。合同结算时按照业主审定的计价额进行相应比例的下浮即可作为当期结算额。分包结算还要充分给予建设指挥部各管理部门审核权利,

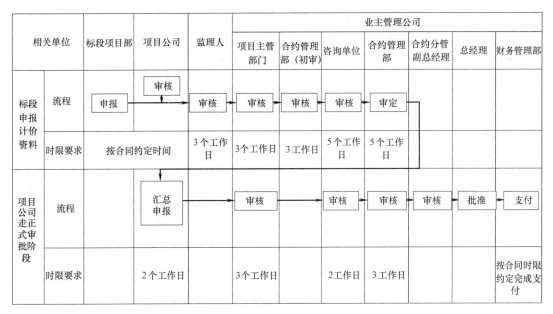

图 18-3　验工计价流程图

相关单位	项目公司	咨询单位	业主管理公司		业主	
			财务部门	公司负责人	分管领导	财务部	公司领导

（注：图示流程为：项目公司申报→咨询单位审核→财务部门审核→公司负责人审核→分管领导审核→财务部审定→公司领导审批）

图 18-4　资金支付申请流程图

以经济手段促进生产。

分包结算流程如图 18-5 所示。

相关单位	标段	标段	各部门	商务部	总经济师	常务副指挥长	指挥长
流程	完成形象进度申报表	申报	审核	审核	审核	审核	审核
时限要求	25日-30日	次月1日	1日-5日	5日-8日	9日	9日	10日

图 18-5　分包结算流程图

经驻地工程师、监理、业代及咨询单位审定的形象进度申请表可以作为结算依据。考虑到形象进度申请表的审签时间为每月 25 日至 30 日，结算节点与之对应，结算完成时间定在次月 10 日。具体格式可结合验工计价格式以及局分包结算表设置。分包结算考核表可参考表 18-1。

通过月度结算考核表，将结算的审核权下放到各个部门，任何部门审核不通过的不予结算，部门提出的意见也应如实反映到结算中。

以业主验工计价金额为前提，每季度计价金额不得超过业主验工计价金额。

分包结算考核表　　　　　　　　　　表 18-1

标段名称		结算时段	年 月 日至 年 月 日	
本次施工内容	标段负责人： 日期：		结算申请人： 日期：	
	考核内容		评定部门	具体意见
1	月度结算综合意见（填写是否同意结算）		驻地工程师	工程师： 日期：
2	1. 工程资料是否齐全；2. 是否服从现场管理（综合以上情况，填写结算意见）		工程管理部	负责人： 日期：
3	1. 工程资料是否齐全；2. 是否完成建设指挥部下达的生产计划（综合以上情况，填写结算意见）		技术部	负责人： 日期：
4	1. 接口管理是否符合要求；2. 是否完成建设指挥部下达的生产计划；3. 是否服从建设指挥部统一协调（综合以上情况，填写结算意见）		机电管理部	负责人： 日期：
5	是否配合前期协调工作		征拆工作部	负责人： 日期：
6	现场安全文明施工情况（结合业主及建设指挥部奖罚，填写奖罚金额及结算意见）		安全生产监督管理部	负责人： 日期：
7	现场质量达标情况（结合业主及建设指挥部奖罚，填写奖罚金额及结算意见）		质量管理部	负责人： 日期：

18.5　变更及签证索赔管理

18.5.1　工程变更的定义

根据业主相关管理制度，工程变更包括设计变更、施工签证、工程索赔、工程量清单更新、合同范围变更、图纸勘误或设计优化等。

(1) 设计变更是指经政府有关行政部门批准的初步设计至工程竣工期间发生的所有设计变化。

(2) 施工签证指合同及施工图以外的施工现场所发生的临时或零星工程项目。

(3) 工程索赔指在合同履行过程中，合同当事人一方因对方不履行或未能正确履行合同或者由于其他非自身因素而受到经济损失或权利损害,根据合同规定的程序和时间向对方要求经济补偿或时间补偿。

18.5.2 工程变更的办理

1. 设计变更的实施

(1) 业主(包含设计院、监理单位)提出的变更:在建设指挥部技术部统筹下,各标段积极跟踪、策划变更方案。

(2) 施工单位提出的变更:各标段技术部牵头,在变更方案完成项目部评审后,报建设指挥部技术部。建设指挥部技术部组织变更方案审查会议,通过建设指挥部审查后,由建设指挥部技术部按照地铁公司相关制度填报《设计变更申请表》,完成签章手续后报出。

(3) 变更方案经业主审定下发后,分别在建设指挥部技术部及商务管理部备案,并及时下发相关标段。

2. 变更费用管理

变更文件下发后,标段应在 7 日内完成预算编制。所有变更费用均应由建设指挥部商务管理部审核、主要领导审批后报送,报送稿资料需在商务管理部备案,是否调整合同价款根据合同约定执行。

变更费用的核对原则上由标段负责。变更费用经咨询单位核定后,标段须将审核结果及时向建设指挥部商务管理部报告,建设指挥部过程进行协调,对于无争议的变更费用待咨询单位出具审核报告后,由标段按相关规定发起签章流程,建设指挥部予以签章。

3. 变更费用申报注意事项

(1) 预算编制应实事求是,不得瞎报乱报。标段应对审减率过大造成的一切后果负责。

(2) 变更无论 A 类、B 类,或是其他单位发起的变更,均需申报费用。对于未按要求及时申报、核对、备案变更资料的标段,须承担业主一切处罚。

(3) 变更台账应每月定期更新。

变更流程如图 18-6 所示。

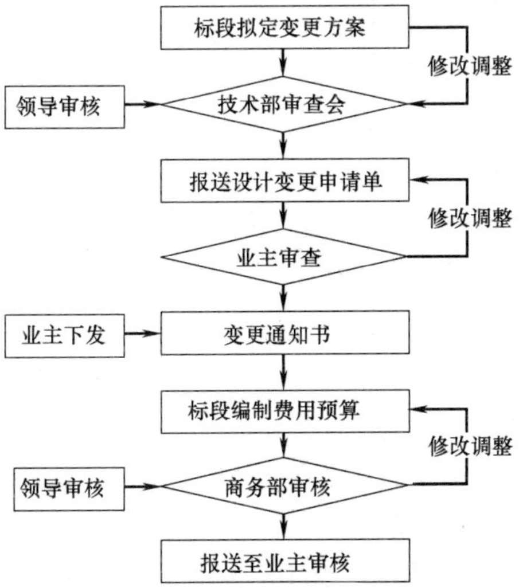

图 18-6 变更流程图

18.5.3 工程签证的办理

工程签证由各标段根据业主管理制度及流程进行办理,建设指挥部予以配合。商务管理部作为主管部门,对工程签证作备案及结果进行管理。未按业主要求的资料及时限办理的签证,建设指挥部有权不予结算。

涉及工期签证的,签证在报送前,需由建设指挥部工程部、技术部联合审查,必要时需建设指挥部领导专项审批,签证资料报送业主前,建设指挥部技术部组织工程签证审查会,审议通过的工期签证,方可根据会议纪要对外报送。

18.5.4 工程索赔的办理

工程索赔必须经过建设指挥部审批方可申报。索赔的主管部门为建设指挥部商务管理部，协管部门为建设指挥部技术部、工程部和机电部等。工程索赔发生时，各标段向业主报送索赔意向书前，建设指挥部需针对索赔内容及索赔方式进行会议审查，审议通过后方可根据会议纪要对外报送。索赔报审及核定结果均需报建设指挥部商务管理部备案。

在索赔事件发生后，需在28日内报送索赔通知书及相关资料（包括但不限于正当理由、条款根据、有效的可证实的证据和索赔估算等）。

18.5.5 反索赔

建立反索赔机制，在思想上培养项目管理人员的商务意识，提高风险识别能力，对于可能导致业主及分包商向总承包商索赔的函件等必须在有效时间内进行书面回复。

签证索赔流程如图18-7所示。

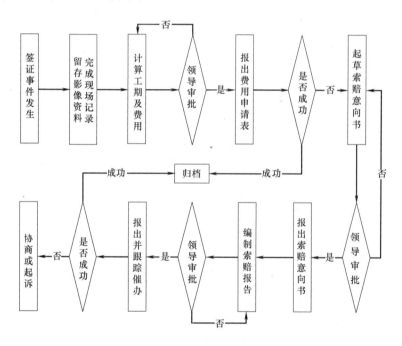

图18-7 签证索赔流程图

18.6 风险管控

风险管理是项目管理过程中的一个不可分割一部分，主要通过对主合同条款的分析、市场变化，结合实际施工过程中存在的问题，分析梳理项目运营过程中存在的风险，形成风险台账，制定相应的化解措施并实时跟踪措施的落实情况，对风险进行动态管理。

18.6.1 风险识别及台账建立

风险识别主要是分析主合同条件、收集政策性文件、了解市场情况，分析可能出现的项目风险，形成风险化解台账。总承包项目的主要风险以下几个部分：

1. 合同风险

仔细研究合同条款，主要针对风险条款、工期要求、违约责任等条款内容的分析，分析施工过程中可能存在的风险。

比如成都轨道交通 11 号线：土方单价包含因运距、运输方式、运输途径、运输时间、弃土场或弃土收费等发生变化所引起的费用增加，另因地质水文、勘察精度等条件变化引起的施工工法及措施改变、场地加固、工作量增加、施工难度增加等费用均含在合同总价中；该条款约定土方及地勘等引起的风险均由承包商承担，且地质条件是由地勘单位进行勘察，对于承包商而言承担的风险极大，需在合同谈判过程中进行规避及化解。

2. 概算风险

采用概算下浮等模式计价的总承包项目，在概算编制过程中或多或少均会出现错漏项、编制不合理等问题，导致承包商承担较大的风险。

比如成都轨道交通 11 号线的喷射混凝土：因定额缺项概算中喷射混凝土按自拌混凝土（砂石料）考虑，但根据政府及业主要求需采用商品混凝土施工。针对定额的缺漏项等问题应咨询造价站进行补充定额，降低承包商风险。

3. 市场变化风险

由于施工周期较长，材料价格受市场、政策等影响较大，易发生变化；同时，受合同条款的影响，又不能进行调差；这些将会对总承包单位造成较大影响，导致承担的风险增大。

比如成都轨道交通 11 号线的地材涨价：自 2017 年 9 月以来，砂石价格上涨约 50%，水泥价格上涨 20%，因该部分材料不能调差，市场价格持续飙升，远超承包商所能承受的范围。

4. 签证索赔风险

主合同规定"索赔事件发生后 28 天内，向甲方发出索赔事件通知。如未在索赔事件发生后的 28 天内发出索赔事件通知，甲方不再承担任何责任，法律另有规定的除外"。考虑到签证索赔时效性，在发生签证索赔事件后需第一时间完成索赔意向书的报送，保留我方索赔权利。但在实际过程中，往往对签证索赔时限性把握较差，签证索赔风险高。

5. 政府审计风险

目前合同均会约定"最终结算金额以政府审计金额为准"，对总承包单位将存在造价审减的风险。

6. 违约风险

一般合同中均会约定工期违约、质量安全违约等条款，设置相应的奖励条款，比如工期延误罚款和提前竣工奖励。同时针对违约条件应设置合理的罚款额度，才能降低承包商的违约风险。但往往在建设合同中，承包商签订了明显不平等的条款。

比如成都轨道交通 11 号线：经甲方及建设行政主管部门批准更换施工工区项目经理或技术负责人（总工程师），甲方收取违约金 100 万元/人·次。在业主已经同意更换人员的前提下，仍然需要面临高额处罚，合同条款明显有失公平。

7. 工期风险

一般合同中均会约定工期延误的处罚、赶工的要求等，考虑到项目实际情况，需要充分评估项目工期压力和风险，制定相应的风险化解措施，过程中及时办理工期签证。

比如成都轨道交通 11 号线：累计赶工时间在 180 天内（含）造成的施工成本增加，所需费用均包含在赶工费中。在工期延误方面，延期超过 45 天时，支付人民币 500 万元/天的违约金，且未设置处罚上限，工期风险极大。

18.6.2 风险防控方案

（1）在投标过程中，充分考虑到施工过程中可能存在的风险，加以策划。同时在合同谈判过程中，尽量多的设置符合市场政策变化、便于风险控制的条款，尽量消除不平等条款，修订为责任和利益均衡、对双方均有制约作用的合同条款。

（2）项目实施后及时成立项目风险化解小组，全面梳理项目风险清单，制定风险化解措施，责任到人。

（3）形成风险清单后，每月或每季度及时对风险台账进行更新，重点监控各项风险化解措施落实情况，与绩效考核挂钩，做到真正的动态管理。

19 财务管理

19.1 费用预算及管理

1. 费用管理的范围

办公费、差旅费、业务招待费、职工薪酬、车辆使用费、业务宣传费、房租及物业费、折旧及摊销费、劳动保护费、税费、科研费、中介机构费及其他等。

2. 管理费用控制原则

（1）预算控制、计划开支：年初各部门根据工作计划，申报年度费用预算，并在核定的预算总额内控制开支、合理使用。

（2）归口管理、总额控制：对费用总额进行科学分析，财务部将核定的总额根据预算分解到各部门，各责任部门根据核定后的各类型费用控制本部门的使用额度；对归口管理的费用，由责任部门统一规划、审核、控制，避免费用多部门管理。

（3）分级管理、年度考核：各部门根据部门管理职能，具体落实费用预算控制与管理职责。财务部每季度通报费用预算执行情况，并在年终对各部门执行情况进行考核。

3. 费用预算

费用预算总体流程：预算申报、预算核定、指标分解、责任归口、月度反馈、季度通报、年度考核。

（1）预算申报、核定及指标分解：各部门年初测算当年所需费用，报财务部汇总初审，经领导班子讨论确定后报董事会审批执行。财务部将根据预算批准后的指标分解到各责任部门，由各责任部门遵照执行。原则上各明细预算之间不得调配使用，各部门设专人对本部门发生的费用建立台账。

(2) 财务部每月末对本月发生费用进行统计汇总分析,并向各部门反馈。同时每季度召开管理费用分析会,通报各部门执行情况,年末对各部门预算执行情况进行统筹分析,并向领导班子及董事会汇报执行结果。

(3) 根据上半年费用分析结果,年中可根据费用预算执行情况调整一次。

4. 费用管理流程

(1) 财务部依据年度经营预算和产值目标,综合考虑、测算管理费用总额,并据此核定各项费用控制额度。

(2) 各类费用由相关业务部门根据预算额度,按照规定的费用开支标准和管理程序执行。

(3) 各部门发生费用由财务部每月进行分析,每季通报,年终总结。

(4) 各归口管理责任部门根据实际开支情况对比分析,加以控制。

19.2 财务资金管理

19.2.1 资金收入管理

资金收入的范围包括经营性资金收入和融资性资金收入。

(1) 经营性收入是单位资金收入的重要组成部分。主要包括:工程预付款、工程进度款等。建设指挥部商务部应及时向业主办理报量签证,工程结算等工作,并向财务部提供相关结算资料,财务部根据结算资料向业主跟踪收款进度。

(2) 融资性收入包括公司股东认缴的资本金、银行提供的融资款项、业主给予的资金占用费等。

19.2.2 资金收入集中管理

(1) 项目公司负责管理资金收入集中业务。

(2) 资金收入集中后至项目公司统一管理。项目公司账户为唯一收款账户,以资金结算中心为主体进行收入集中,不得将资金进行体外循环,更不准设立小金库和账外资金。

19.2.3 资金支出管理

(1) 月度工程款支付审批管理,在每月初,由建设指挥部财务部牵头,组织商务部、工程部等部门按照计量及合同应付金额编制资金支付审批表,资金支付审批表经分管领导与指挥长审批后报予项目公司。项目公司根据资金支付审批表编排本月资金计划并办理支付。每月结束,当月未执行完毕的资金支付计划自动作废,纳入下月资金计划编制。

(2) 日常费用支出审批管理,各职能部门或个人用款时,应提前向审批人(部门经理、主管领导)填报货币资金支付申请单或费用报销单,注明款项的用途、金额、预算情况、支付方式等内容,部门负责人审批完后由经办人交于财务部审核,经分管领导、总会计师及指挥长审批完后方可办理支付。

19.3 税务管理

建设指挥部财务部在税务管理工作中主要负责项目公司税务的日常申报与合法纳税,

整理保管日常的税务档案，同时积极做好与当地税务部门的沟通工作。

19.3.1 税种、税目、税率的认定

根据项目的施工内容，目前涉及的税种主要包括增值税、附加税与个人所得税。

1. 增值税

（1）项目公司属于一般纳税人，应开具增值税专用发票，适用税率为9%。

（2）对业主开具的增值税发票由建设指挥部财务到当地税务局办理。各标段项目部到施工所在地主管税务机构办理税务登记手续，以便开具增值税发票及办理分包工程税金抵扣。

2. 附加税

附加税包括城市建设维护税、教育附加税、地方性教育附加税。附加税是以缴纳的增值税为计税依据按固定税率缴纳的，在尽量收取高税率进项税发票减少增值税缴纳税款的同时，也会相应减少此类税种的纳税金额。

3. 个人所得税

个人所得税是以个人取得各项应税所得为对象征收的一种税。根据2018年8月31日第十三届全国人民代表大会常务委员会第五次会议《关于修改〈中华人民共和国个人所得税法〉的决定》第七次修正，下列各项个人所得，应当缴纳个人所得税：工资薪金所得，劳务报酬所得，稿酬所得，经营所得，利息、股息、红利所得，偶然所得。

19.3.2 增值税业务运营管理内容

（1）加强对分包商的结算管理，在分包合同中明确约定"先提供发票、后拨付工程款"的要求，确保及时取得进项发票，并及时认证抵扣。

（2）发票管理

1) 增值税发票的领用和保管。增值税发票由建设指挥部财务部人员到主管税务机关申请每月领用发票限额及单张发票开具限额，同时领购增值税发票，增值税发票视同现金管理，不得丢失。

2) 增值税专用发票的联次。专用发票统一规定为三联，各联次应按规定用途使用：第一联为记账联，作为销售方收入的记账凭证；第二联为税款抵扣联，作为购买方抵扣进项税的凭证；第三联为发票联，作为购买方核算成本和进项税的记账凭证。

3) 发票抵扣

① 在办理采购货物、服务、无形资产和不动产时，应主动向对方索取增值税扣税凭证，取得的抵扣凭证应当合法合规，保证合同流向、货物流向、资金流向和发票流向一致。业务人员严禁取得代开、虚开的增值税扣税凭证。

② 在取得合法扣税凭证后，进行如下审核：字迹是否清晰、是否有压线、错格；项目填写是否齐全；发票联和抵扣联是否加盖发票专用章；将扣税凭证与合同对比，查看是否符合合同的约定；扣税凭证上显示的开票方是否与合同相对方信息一致。为避免折痕、污迹等影响认证，扣税凭证经手人员应妥善保管扣税凭证，确保扣税凭证安全、完整、清晰、不折叠、不装订、不粘贴、不签字。

③ 建设指挥部各部门在取得增值税进项发票后，及时传送至财务人员；财务人员按

月登记增值税进项台账,并将发票原件及台账进行集中认证扫描,进行申报抵扣。

④ 对认证相符的专用发票抵扣联、《认证结果通知书》和《认证结果清单》按月装订成册。

4)融资利息收入发票的开具。公司所取得的利息实际上属于金融服务,金融服务所适用的税率为6%,因此利息收入的税率也为6%。又因利息收入进项税额不得从销项税额中抵扣,因此利息收入可开具增值税普通发票,此应与工程服务增值税专用发票的开具区分开来。

(3)纳税申报。建设指挥部财务部应按照税法规定每月15日前向所在税务机关申报增值税,附加税及个人所得税等其他各项税款。

19.4 后勤设备资产及办公用品管理

19.4.1 组织机构与职责

(1)办公室为后勤设备资产及办公用品管理的牵头管理部门。

(2)办公室在后勤设备资产及办公用品管理中具有的职责和权限为:负责管理办法的制定,调拨使用的组织协调,盘点回收的处理监督;负责建设指挥部的办公家具、后勤生活用品、食堂设备的审批、采购、调拨、盘点、回收;负责建设指挥部的摄像机、照相机、录音笔、印刷品等行政办公设备用品的审批、购置、调拨与处置;负责建设指挥部的电脑、投影设备、打印机、复印机、扫描仪等电子信息设备的审批、购置、调拨与处置;负责登记建设指挥部所属物品的实物台账,建立办公用品管理信息系统;定期开展资产盘点,对违规现象和违规个人作出处理意见,降低资产流失风险。

(3)财务部在后勤设备资产及办公用品管理中具有的职责和权限为:负责按照上级单位及局有关规定组织会计核算、报销等账务处理。协助办公室开展资产盘点工作。

19.4.2 资产的分类和使用年限

(1)后勤设备资产按用途分为三类:办公设备(用品)、后勤生活用品、食堂设备。

(2)办公设备(用品):包括电脑及配件、照相(摄像)机、录音笔、打(复)印机、传真机、投影设备、扫描仪、移动硬盘、文件(保险)柜、办公桌椅、印刷品、文具等。

(3)后勤生活用品:包括员工制服、电视机、DVD机、音响、空调、取暖器(油汀)、开(热)水器、锅炉、洗衣机、电扇、家具、灭火器、高低床等。

(4)食堂设备:售饭系统、蒸饭车、冰柜(箱)、灶具、炊具等。

(5)有使用年限的物品。

低值易耗品:印刷品、文具。

2年:灭火器、炊具。

3年:打(复)印机、扫描仪、录音笔、移动硬盘、办公桌椅、文柜、洗衣机、电扇、开水器、取暖器(油汀)、柴汽两用灶、床板床架。

4年:员工制服。

5年:电脑、电视机、影音设备、照相(摄像)机、传真机、售饭系统、家具、热水器、开水器、锅炉、冰柜（箱）、蒸饭车。

（6）凡未列举的后勤设备及办公用品同类型的品种，均列入管理范围。凡未说明使用年限的品种均按产品说明书使用年限确定。

19.4.3 计划与采购

（1）后勤资产及办公用品的配置主要有内部调剂和购置。内部调剂为首选，做到物尽其用。

（2）需求部门递交后勤设备办公物品需求报告，明确所需物品名称、规格等，由综合办公室负责调配，确无可调剂的由综合办公室在需求申请报告上注明采购标准等事项，由分管领导审核，指挥长审批后执行采购。

（3）后勤资产及办公用品的购置与处理按照职责划分，由相关归口部门按建设指挥部审批权限进行管理，审批人为建设指挥部分管领导。

（4）各种文体设施、生活、办公用品一次批量价值在3万元以上或者单机、单件在1万元以上的购买行为，必须通过招投标方式采购。

（5）各部门特殊用途办公用品或设备，由使用部门自行配置，安排专人做好采购、发放登记管理台账，由综合办公室监督。

（6）综合办公室采购物品后交申购部门验收，由采购人和领用人各自在发票上签字，建设指挥部领导审签后由综合办公室在财务报销中将成本划转至使用部门。未经综合办公室复核签字的采购发票，财务部门不予报销。

（7）按照"谁签字、谁负责"的原则，在采购活动中违反建设指挥部规章制度，对公共财产造成损失的，建设指挥部需追究有关责任人的责任。

19.4.4 使用与管理

（1）综合办公室将后勤资产办公设备管理责任落实到人。做好防火、防盗、防潮、防尘、防锈、防洪等工作。管理责任人定期检测维护，确保性能完好和使用安全。

（2）建设指挥部的后勤资产及办公设备的管理责任人为综合办公室部门负责人，对公用办公设备如照相机、打印机、复印机、影音设备等行政办公物品负有直接管理责任，负责该类物品的使用安排及回收处置。

（3）后勤资产设备及办公用品的管理责任人和使用人因工作调离，需与交接人办理好后勤物资移交清单，交建设指挥部综合办公室部门负责人签字后，劳资方可开具调令。如未办理移交手续，则视同办公设备用品使用人未变更，其损坏或遗失责任由原使用人承担，公用办公设备行政办公物品由综合办公室部门负责人承担，费用将按原价或使用年限折旧净值从其工资中扣除。

（4）个人使用期间造成名下后勤物品遗失或损坏的，应在第一时间上报归口管理部门，根据情况按相应价格赔偿，如到移交期再说明情况的则不受理和认可。

（5）在综合办公室领取办公用品时，领取人需填写办公用品领用计划单，部门负责人审核签字。对于易耗品，发放人可根据历史记录和经验法则设定领取基准。明显超出常规的申领，领取人应做出解释，否则保管员有权拒发。

（6）综合办公室应每月对所属物品进行盘点，每季度向相关领导及部门上报《后勤资产管理台账》，如实反映资产的现存状态，并在建设指挥部信息平台公示。

19.4.5 调配与处置

当设备、用品严重损坏，没有维修价值时，由归口管理部门提出申请，填写后勤资产报废申请表，经综合办公室复核，分管领导审批后按要求处理，归口管理部门交报批的申请表交综合办公室备案。经查明资产因使用不当管理不善造成的严重损坏或丢失，由综合办公室提出处理意见，原则上是"谁使用、谁保管、谁维护、谁负责"。按原价或规定折旧金额进行赔偿处理，并对责任人和管理人进行处理。

20 综合事务管理

20.1 党建管理

总承包管理项目党建工作坚持习近平新时代中国特色社会主义思想，充分发挥项目党组织的政治核心作用，为项目的健康发展提供思想基础、精神动力和组织保证。

20.1.1 党组织机构设置

总承包方与分包方根据工作需要和党员人数，经上级党组织批准，设立相应党组织，保证党组织机构健全。根据项目实际情况，可探索总分包方党组织共建活动。党组织成立时，同步成立纪检组织、工会和共青团组织。

20.1.2 领导机制

总承包管理项目中，土建、机电等专业分包单位，以党支部或党小组的形式纳入总承包项目党组织，受所在单位党组织和总承包项目党组织的双重领导（即各分包单位党组织受建设指挥部党组织和后台公司党组织双重领导）。总承包项目党组织定期组织召开项目党群工作专项例会。

20.1.3 制度建设

集体领导制度应及时建立和完善，并严格执行议事规则和分工负责制。党组织书记和委员要定期向委员会报告工作，委员会向党员大会做工作报告，接受党员群众监督。党建制度建设见表20-1。

党建制度建设　　　　　　　　　　　　　　　表20-1

党支部制度建设	党支部政治生活要求
请示报告制度	对于职权范围内的问题,要独立负责解决。遇到重大问题或超越职权范围的问题,必须请示上级党组织。定期向上级党组织汇报工作,遇到特殊情况应及时汇报
"三会一课"制度	要定期组织开展党员大会、支部大会、党小组会,按时上好党课。每月组织召开支委会、党小组会,每三个月召开一次党员大会,组织一堂党课

续表

党支部制度建设	党支部政治生活要求
组织生活会制度	定期安排党员的组织生活会。委员会成员除参加所在党支部、党小组的组织生活会外，还要专门召开党组织委员会的民主生活会
党日活动制度	党日活动是指党组织和党员在专门时间进行党的活动。主要内容是召开党的会议，进行党的教育，开展组织生活，处理党务工作
党员评议制度	每年开展一次民主评议党员活动。民主评议党员的主要内容是指按照党章规定的党员标准，对党员做出评价，表彰优秀党员，妥善处置不合格党员
创先创优制度	创先争优，即创建先进基层党组织，争做优秀共产党员活动。要贯彻"立足争创、坚持经常、注重实效"的方针，健全和完善各项制度，努力探索新活动形式
党员联系群众制度	通过建立党员责任区、党员结对帮扶等形式，密切党群关系，教育党员树立马克思主义的群众观点
廉政建设制度	党组织书记和委员要从自身做起，带领党员和群众保证党组织廉政制度的贯彻实施

20.1.4 融入生产

积极将党建工作融入项目生产并服务于生产发展。总承包项目党组织成立"示范党支部""党员先锋队""党员示范岗""党员责任区"等，作为项目攻坚克难的中坚力量，确保项目党建工作与一线生产同频共振。

20.1.5 考核评比

（1）总承包项目党组织结合项目建设实际，制定项目党建工作责任制，明确工作目标，细化责任分工。每年与直属党支部及各专业分包党支部签订《项目党建工作责任书》。

（2）根据项目党建工作责任制，总承包项目党组织每年开展一次项目党建工作专项考核评比，考核主要采取"目标管理、单位自评、检查考核、集体评价、综合评分"方式。考核结果与评优推优奖惩及干部任免挂钩。

20.2 行政管理

20.2.1 文件管理

（1）建设指挥部文件是指上级单位、工程所在地政府部门、建设单位、监理单位、设计院、分包（供货）商等单位来文以及对上述单位的发文。

（2）建设指挥部综合办公室指定专人负责文件的接收、传阅、督办、归档。

（3）建设指挥部综合办公室文书收到文件后，按照《收文登记表》登记造册。由建设指挥部综合办公室负责人签署拟办意见，并根据拟办意见传阅、传办。

收文流程示意如图 20-1 所示，发文流程示意如图 20-2 所示。

（4）建设指挥部综合办公室文书对文件及时进行催办、督办。

（5）文件承办人在文件上签署办理结果或者意见后，表明文件处理完毕，由综合办公室文书负责回收文件并分别归档至相关业务部门。

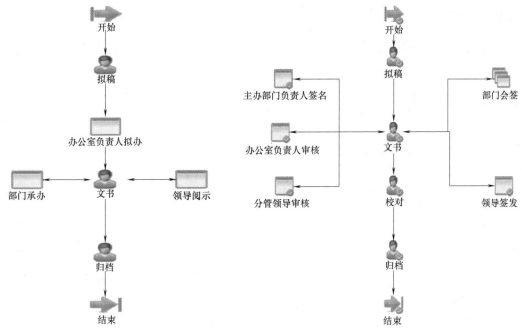

图 20-1　收文流程示意图　　　　图 20-2　发文流程示意图

（6）建设指挥部发文审批权限。建设指挥部所属各项目部对建设指挥部报送请示、报告等，由项目部经理审批，并以文稿形式加盖项目部印章后报送建设指挥部；建设指挥部对外部单位报送相关文函，由建设指挥部负责人审批，并以文稿形式加盖建设指挥部印章后报送；建设指挥部发放内部通知等，由建设指挥部负责人审批后，加盖建设指挥部印章发送文稿。

（7）建设指挥部综合办公室文书应对印制的文稿进行分类登记存档。

20.2.2　会议管理

总包方组织月度办公会、月度生产会、安委会、质委会、党群工作会、年中工作会、年度大会等。

（1）建设指挥部综合办公室是会议归口管理部门，负责会议的统筹、协调与督导。

（2）统筹会议计划。建设指挥部领导班子会由综合办公室按要求组织落实；建设指挥部各部门负责本系统会议的计划管理、组织和实施；计划外的大型会议（含上级要求建设指挥部承办的会议）按程序报批，报上级单位办公室备案。

（3）建设指挥部综合办公室及相关会议承办部门负责会议策划、会中服务、会后总结、任务督办等工作。

20.2.3　办公秩序管理

（1）建设指挥部综合办公室建立员工考勤、员工加班、车辆管理、办公区防火防盗、办公设施管理等制度，对办公环境进行有效管理。

（2）建设指挥部综合办公室对办公环境进行日常监督检查及定期考核评比。

20.2.4 对外联络、接待及重大活动管理

（1）根据建设指挥部生产经营需要，建设指挥部指挥长（党委书记）负责对接当地政府部门、业务关联单位等，为生产经营服务。

（2）根据接待及活动的需要，建设指挥部综合办公室负责人制定接待及活动管理计划，确定标准、责任人、时间、规格、安全措施、现场布置；对于重要接待及重大活动，建设指挥部指挥长（党委书记）需亲自把关。

（3）重要接待及重大活动在正式启动前，建设指挥部指挥长应对准备工作进行验证或预演，制定应急方案以防突发情况的发生。

（4）接待及活动结束后，综合办公室应将照片、影像、签名、题词、礼品等资料整理归档。

20.2.5 后勤管理

1. 治安保卫

（1）建设指挥部应设专人负责保卫工作，保卫队员视建设指挥部规模定员，可通过采购社会化专业服务获得。

（2）做好建设指挥部"六防"工作（防盗、防抢、防火、防丢失、防破坏、防渗透）。

2. 餐饮服务

（1）炊事员、餐厅服务员、保洁员具备相应的业务技能和服务意识，定期参与培训学习。

（2）把好采购、验收、保管关，人员分工和日常工作安排合理；成立伙管会，对餐饮服务实行民主管理。

（3）每月按要求整理好原始单据及各项记录。

3. 设施设备管理

（1）后勤物资设备包括：办公会议桌椅、空调、锅炉、电热水器、电开水器、食堂炊具、床板床架等。

（2）做好每半年一次（6月30日和12月30日）的物资、设备的盘点。

（3）每天定时对负责区域的公共场所如道路、楼梯、厕所、会议室、大门等进行打扫保洁，做到无尘、无味、窗明地净。

（4）生活区路面干净无垃圾，厕所清净无臭味，排水沟通畅无积水；定期对食堂周围、生活区、办公区喷洒消毒液、杀虫剂，并管理好此类化学药品。

（5）确保每天的开水、热水供应；保证供水管道的通畅与完好，节约用水避免浪费。

（6）认真做好后勤物资设备的调进、调出的登记、盘点、报损工作。

20.3 群团工作

20.3.1 工会工作

1. 工会职责

总承包方工会应围绕项目的施工生产中心任务，充分发挥工会维护、建设、参与、教

育、创新、帮扶职能。关心职工生活,满足职工的精神文化需求。

2. 劳动竞赛

总承包方牵头开展项目大型劳动竞赛和专项劳动竞赛,成立劳动竞赛组委会,制定劳动竞赛计划和方案,积极开展工人先锋号创建活动,结合重要工期节点或生产黄金季节开展,及时考核奖罚兑现。分包方根据总承包劳动竞赛要求,组织分包范围内的劳动竞赛,及时总结劳动竞赛活动过程资料和经验,按要求上报总承包方。

3. 职工创新

总承包方工会应指导有条件的项目成立劳模(职工)创新工作室。因地制宜,开展技术攻关、技术创新、管理创新和降本增效活动,探索、创新出更多的项目技术与管理成果。分包方应按总承包方要求进行劳模(职工)创新工作室的创建及科研攻关。

4. 职工关爱

总承包方工会应推动项目建立功能齐全的生活保障系统。加强对分包方职工食堂、职工宿舍、洗衣房、卫生间、洗浴间、职工服务超市、职工书屋等职工生活后勤服务工作的管理和监督。分包方应按总承包方要求,做好夏季防暑降温,冬季增温保暖工作。总承包方牵头成立文体协会,可将协会授予分包方,分包方根据总承包方要求做好协会具体工作及活动开展。可根据项目生产实际情况,开展篮球、乒乓球、羽毛球等球类比赛,以及职工喜闻乐见的其他文体活动,由总承包方牵头,分包方工会负责承办。

20.3.2 共青团工作

总承包方团组织负责组织各参与方青年员工参与开展青年安全示范岗、青年质量监督岗、青年成本示范岗创建活动;结合项目施工生产不同时期特点或劳动竞赛,成立青年突击队;在各分包方参建青年中评选品质善良、爱岗敬业、技术突出和进步显著的青年岗位能手;广泛开展青年文明号创建活动。总承包方统筹各类青年先进推荐及评比工作,分包方负责推荐及材料报送。

分包方应按总承包方要求配合开展青年技能素质提升活动,广泛开展技能竞赛、技术练兵、技术比武、创新创效等活动。总承包方应及时做好选拔、推荐青年业务骨干工作,并进行重点、系统宣传,以点带面,在项目营造更加浓厚的争先氛围,积极引导青年成长成才。

总承包方牵头成立项目青年志愿者队伍,开展志愿者活动,并广泛宣传志愿者精神,进一步扩大项目在社会上的影响力。

20.4 新闻宣传管理

20.4.1 整体原则

总承包方新闻宣传工作应遵循"统一协调、分级负责、资源共享、策划先行、程序规范、注重实效"原则,坚持"团结、稳定、鼓劲、正面"的方针,紧紧围绕中心工作,鼓舞员工士气,提升企业美誉度,为项目履约营造有利的舆论氛围。

20.4.2 管理职责

新闻宣传工作由总承包方统一领导,总承包方党委副书记是新闻宣传工作的主管领导,办公室是新闻宣传工作的主管职能部门,各部门和分包单位应主动配合总承包方宣传工作,完成新闻指标任务。

总承包方负责项目新闻宣传工作的整体部署、检查指导和考核总结;负责项目重大宣传活动的组织和策划;牵头负责新闻媒体单位的联络与协调;负责对外宣传稿件的把关报审等。各部门及分包单位全面负责工作范围内的新闻宣传工作,负责本项目通讯员队伍建设、稿件提供和管理支持。

20.4.3 管理要求

总承包方办公室是所属项目新闻对外发布的唯一渠道,项目层面的重大新闻线索和重要宣传策划由总承包方办公室牵头统筹,并报总承包方主要领导审核,分包方不得自行对外召开媒体见面会或记者见面会。分包方需联系、对接媒体时,应先上报总承包方办公室,由办公室对内容进行审核把关后才可报送发表。未经总承包方审核把关,分包方擅自对外发布新闻报道,一经发现,总承包方将严厉处罚。

20.4.4 新闻危机处理

新闻危机应急处理遵循"统一领导、综合协调、分级负责"方针,总承包方成立新闻应急领导小组、分包方成立工作小组报送总承包管理方办公室备案,需建立全线网络信息群,对舆情及时进行沟通和管理。

新闻危机因素包括但不限于重大质量安全事故、重大群体性事件、重大劳务纠纷、法律纠纷、消防事故、社会安全事件、重大自然灾害、媒体不实报道等可能给项目声誉造成负面影响的突发事件,以及其他严重损害企业形象、信誉及造成恶劣影响的事件。

新闻危机预防要坚持"快速反应、快速决策、主动应对、统一发布"的原则,总承包方要联合所属分包方,根据自身实际情况制订新闻危机应急预案,并定期开展预案演练;建立定期网上监测制度,定期搜索相关新闻与信息,发现负面新闻及时处理,严格把控对外信息流向;要加强与当地新闻媒体、派出所、医院、行业主管部门的沟通与交流,建立良好关系。

20.5 监督管理

20.5.1 工作督办

设立监督委员会。监督委员会为总包单位跨部门机构,下设督办工作小组和监察工作小组,负责具体实施和协调总包单位督办工作,向总包单位党委和纪委报告工作。监督委员会全面负责指导、统筹总包单位工作督办情况,监督总包单位各种决策的落实与执行;重要岗位和重大经济事项过程监督;各类违法违纪违规案件的调查与落实。

督办工作小组主要负责各部门根据职责分工或领导批示负责本系统(部门)内具体业

务工作的督办。包括但不限于对会议纪要、重要文件、重要政策、法规制度执行情况；总包单位领导批示、上级转办的重要事项；总包单位发展规划、年度工作要点中涉及的重大事项；总包单位员工出勤情况与考核等进行督办。监察工作小组负责监督总包单位文明办公情况、作风建设情况、纪检监督情况、案件查办情况、共建联控情况等。

20.5.2 督办原则

（1）紧扣中心工作，政令畅通：督办工作必须紧紧围绕每一时期总包单位中心工作，积极、主动地开展督促检查，对上级、总包单位的重大决策、领导关注的重大事项，要加强跟踪督办，狠抓落实。维护决策权威，提高办事效率，做到"事事有着落，件件有回音"。

（2）实事求是，务求实效：督办小组要深入调查研究，全面、准确地了解和反映决策实施情况。特别要及时掌握和反映影响决策落实的问题及原因，提出解决问题的建议，加强协调与服务，注重实效，防止和克服形式主义。

（3）认真办理，及时报告：对已立项的督办事项和案件，承办部门必须认真抓紧办理，按交办通知的要求报告办理结果。在规定时限内不能办结的，要说明原因，同时按时限要求分段报送办理进展情况。办理结束后，及时报告办理结果。

20.5.3 督办程序

1. 立项

由督办小组根据督办内容涉及的工作任务进行分解立项，明确牵头单位、协办单位、责任人和完成时限。

2. 登记分发

对督办工作任务进行登记，经督办小组负责人审核后，不涉及保密的公布到总包单位办公平台"工作督办"栏，涉及保密事项的由督办小组分发到承办单位，由承办单位予以承办。

3. 督促检查

督办小组要督促各承办单位在规定的时限内按要求完成所承办的工作任务。过程中除采取电话催办的方式外，对决策实施和工作部署落实中涉及全局或落实有难度的问题，可采取实地督查的方式进行跟踪落实。

4. 综合反馈

承办各项督办工作任务的牵头单位，负责起草反馈意见或报告，报督办小组审核。对符合办理要求的，由督办小组向总包单位领导报告落实情况；对不符合办理要求的，退回原单位重新办理后上报。必要时，下发督办情况通报。

20.5.4 督办要求

各承办单位主要领导是落实督办工作的第一责任人，对督办工作的落实负总责。总包单位各部门是督办工作的组织实施部门，按业务管理范围实行分工负责、交叉检查制，重点抓好催办环节。各承办部门是督办工作的具体落实部门，对所负责的事项，要按规定要求认真抓好落实，在反馈承办情况时，要力求做到快速、准确、精炼、规范。

1. 请示报告制度

各承办单位在督办事项办理过程中遇到自身难以解决的疑难问题、重大问题或新情况，要随时请示。因特殊情况不能按时办结的，要及时说明原因并报告工作进展情况和下一步措施。监督委员会每年至少两次向总包单位党委、纪委汇报工作开展情况。

2. 检查通报制度

督办小组和监察小组要采取多种督促检查方式，随时掌握各单位所承办的督办事项的落实情况，对落实不力或敷衍塞责的单位和个人，给予通报批评。对于多次被通报不予整改的，对责任人问责。

20.5.5 共建联控

"共建联控"工作是加强党风廉政建设和反腐败工作的创新机制，是由参建各方共同参与、共同建立、共同管理的工作机制。为充分发挥"共建联控"工作效能，参建各方应采取有效措施，努力搭建五个工作平台，联合完成以下工作任务：

1. 联合签署合同，共担廉洁责任

签署廉洁合同。总承包方与分包方签署《轨道交通建设廉洁建设合同书》和《"共建联控"专项工作合作备忘录》，明确工作事项，将廉洁风险防控工作贯穿于工程建设的全过程。严格约束违纪行为，弘扬廉洁正气，全面落实各项廉洁合作约定。合同各方信守合同约定，主动协作配合，全面履行合同各方的义务。此外，以廉洁合同和共建备忘录为基础，开展廉洁共建评价，对地铁线路各标段廉洁诚信的履约行为进行评价，评价优秀线路将被评为当年"廉洁示范线"，结果同时作为履约考核评价参考指标。

2. 共建预警机制，促进防控前移

（1）打造"廉洁示范点"。按照"围绕发展促廉洁、融入建设提效能"的原则，启动"廉洁示范点"打造工作。同时充分发挥示范点的桥梁和纽带作用，定期组织开展党内活动和廉洁警示教育，不断加强分包方之间日常联系交流。

（2）设立"星级预警牌"。在建设工地示范点建立"星级预警告示牌"，对当月进度任务、安全责任、廉洁风险以及其他重要节点任务进行星级预警告示。根据（项目）风险或任务性质不同，由项目党支部书记和项目负责人确定预警告示内容，并明确预警星级（从低到高分为一星至五星），在试点有效的情况下进行全线推广。

（3）开展任前廉洁谈话和节前清风提醒。为强化廉洁风险提示，建设指挥部各部门负责人、参建项目经理上任前，由建设指挥部纪委赠送"廉洁共建提示卡"，由相关单位纪检机构开展任前廉洁谈话；在法定节假日和重要活动前夕，由建设指挥部纪检机构根据干部管理权限，编清风短信对本单位管理人员进行节前清风提醒。

3. 共建监督平台，规范从业行为

（1）公开监督方式。总承包方与分包方加强配合，在各施工标段醒目位置设立"廉洁从业的监督举报牌"，向社会和群众公布三方单位的纪检监督电话、监督举报事项、监督举报范围等。拓展廉洁从业监督渠道，汇集廉洁从业监督信息。

（2）发放廉洁提醒承诺书。凡涉及地铁工程验收、设计联络以及各类谈判活动等，建设指挥部要认真开展廉洁提醒，发放双方（多方）共同签字确认的《廉洁提醒承诺书》。

（3）联合开展效能监察。创新效能监察开展形式，联合各后台公司和标段成立效能监察领导小组及检查小组,每年初结合建设指挥部纪委统一部署,针对重难点项目进度,工程的变更、结算、验工计价等情况开展效能监察,对发现的问题限期整改,并形成闭环。

(4) 联合查处违纪案件。加大惩治腐败的工作力度。整合分包方纪检监察力量,严肃查处合作范畴的商业贿赂和重大责任事故涉及的腐败案件;严肃查处合作范畴的以权谋私、滥用职权、严重损害国家利益的案件;严肃查处和纠正合作范畴的吃、拿、卡、要等不廉洁行为,在地铁建设过程中起到强大的威慑警示作用。

4. 共建教育平台,共享建设信息

(1) 开展警示教育。结合"两学一做"学习教育,总承包方与分包方要加强对员工的正面典型引导和反面典型警示,大力宣传地铁建设进程中涌现出的先进事迹,对全体员工进行正面引导和反面教育,提升建设者的思想政治意识。

(2) 开展交流研讨。总承包方与分包方要加强对所属员工思想动态、警示案例、工作程序等方面的交流研讨,每半年召开一次沟通联络会,交流地铁党风廉政建设成果与经验。

(3) 建立信息共享机制。建立"信息共享平台",当可能产生维稳或舆情问题时,确保信息互通与信息对称;当工程建设中出现影响居民利益或因市民误解产生过激行为时,快速反应,化解矛盾,维护和谐稳定。

5. 共建党群平台,营造和谐氛围

(1) 联合开展"创先争优"活动。围绕地铁建设关键节点,联合组建"党员先锋队",充分发挥党员在推进地铁建设中的带头作用;分包方党组织不定期开展沿线走访活动,深入到社区和沿线单位,及时主动了解工程建设对周边群众出行造成的影响,认真听取市民的意见和建议,及时处理和减少因地铁建设施工产生的扰民问题。

(2) 联合开展宣传活动。加强对外宣传的引导和协调工作,建立"共建宣传平台"。充分发挥分包方的宣传资源优势,开展正面宣传等活动,为地铁建设创造一个良好的外部环境;分包方主动协调沿线单位,每半年组织一次邀请市民参观工地的活动,对地铁建设提出意见和建议,加深市民对地铁建设的认识,争取市民的理解、支持和配合。

20.6 维稳与风险管理

20.6.1 维稳事件分类

城市轨道交通常见维稳事件分类见表20-2。

城市轨道交通常见维稳事件分类 表20-2

维稳风险名称	风险源/影响因素
扰民事件	(1)施工噪声扰民,导致居民反复向政府部门投诉。 (2)爆破施工、基坑及盾构施工引起周边居民不安,聚众阻工等
讨薪事件	(1)总包方、分包方结算和支付不及时,导致民工工资未及时发放,出现讨薪行为。 (2)分包方恶意欠薪,导致民工聚众讨薪。 (3)民工为追加额外补偿,恶意讨薪,聚众闹事等
管线损坏	因管线损毁造成周边群众聚集维权

续表

维稳风险名称	风险源/影响因素
伤亡事件	(1)工伤造成人员伤亡,需进行经济赔偿的,但协商不一致的,引起人员聚集、堵门堵路等。 (2)非因工伤造成人员聚集闹事,索取不合理赔偿等造成不稳定因素的

20.6.2 维稳应急工作组织机构

建设指挥部维稳应急领导小组人员包括:

组　长:建设指挥部指挥长(党委书记)。

副组长:建设指挥部维稳分管领导。

组　员:建设指挥部各部门负责人、分包部主要负责人。

维稳应急办公室设在建设指挥部工程部,工程部设置维稳专员。维稳应急办公室牵头负责维稳日常管理工作,维稳专员负责日常维稳事件的统计与联络工作。

分包部成立维稳应急处置小组,发生维稳事件时与建设指挥部维稳应急办公室对接。

20.6.3 维稳应急工作组成员职责

维稳应急工作组成员职责见表20-3。

维稳应急工作组成员职责　　表20-3

成员	职　　责
工作组组长	(1)负责维稳应急工作组的全面领导工作。 (2)对重大维稳隐患或维稳事件协调相关资源,解决相应问题。 (3)负责签署、批准工程涉及的人员、资金、物资调动、制度制定以及与维稳应急工作相关的事宜。 (4)负责组织制定工程的应急组织机构,批准专项预案,组织维稳会议,部署维稳工作安排。 (5)出现应急事件时,负责发布本预案的启动与关闭指令
工作组副组长	(1)负责维稳应急工作组的组织与协调工作,及时向组长汇报。 (2)负责工程涉及的维稳应急事宜的具体协调;负责组织对事件的分析、调查和处理。 (3)出现维稳应急事件时,经组长同意,负责向上级部门以及业主、政府部门上报维稳事件。 (4)负责组织对潜在的影响稳定的隐患的查处和整改
工作组组员	(1)制定部门、分包部维稳应急方案及演练。 (2)维稳应急小组员必须清楚本部门、分包部的作业区域、人员数量、紧急集合点位置、疏散路线,确保发生维稳事件时第一时间得到处理。 (3)每月梳理维稳风险隐患,及早化解。 (4)与分包部周边公安、社区、医院、消防、管线产权单位保持良好关系。 (5)发生应急事件时,第一时间向建设指挥部汇报;讲政治、讲大局,稳定群众、民工情绪,按应急预案及上级指示,妥善处理。 (6)配合组织对受伤员工的救援,配合对应急事故的调查工作

20.6.4 维稳应急处置流程图

维稳应急处置流程如图20-3所示。

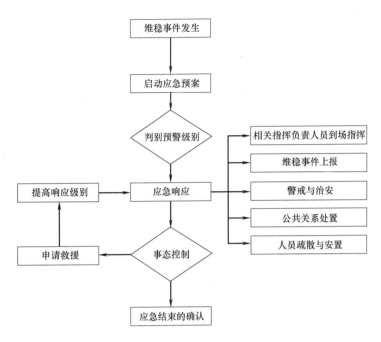

图 20-3 维稳应急处置流程图

20.6.5 风险等级划分及牵头处理责任人

风险等级划分及牵头处理责任人划分见表 20-4。

风险等级划分及牵头处理责任人划分表　　　　表 20-4

风险等级	事件发生地	涉及人数	涉及金额	现场牵头处理责任人
1级	国家、省市属政府单位、其他敏感区域	30人以上	500万以上	维稳领导小组副组长，紧急时为维稳领导小组组长
2级	市属部门业主单位	10人以上30人以下	100万以上500万以下	维稳领导小组副组长
3级	建设指挥部	5人以上10人以下	50万以上100万以下	维稳办主任（牵头部门）
4级	项目部	3人以上5人以下	20万以上50万以下	维稳小组组员
5级	项目部	3人以下	20万以下	维稳专员

注：1. 对于涉及自杀、堵路、少数民族聚集等紧急情况，虽未达到一级标准，可直接按一级处理；2. 风险级别处理按事件发生地、涉及人数、涉及金额，满足任一条件即可确定对应等级和牵头负责人。

20.6.6 合约管理

1. 分供方资信管理

针对分供方的审查范围主要是：总承包单位内部的招议标活动，由总承包单位统一组织的招议标活动。所有投标单位须按规定到总承包单位办公室进行主体资格审查，未经审查或审查不合格的不得参与投标或签订合同。

2. 主体资格审查要求

资源供方在进行主体资格合法性审查时须提交营业执照、资质证书（分包商）及其他法律法规规定必须具备的证件原件。为避免挂靠行为，专业分包商和劳务分包商须法定代表人持身份证现场办理。但对于注册资本在 3000 万元以上的劳务分包商、一级及以上资质且注册资本在 5000 万元以上的专业分包商，可由代理人持法人委托书到场预登记，然后由法务人员向该分包商注册地或经常居住地发送询证函，函证确认后方可列为合格资源供方。

3. 合同相对方授权管理

总承包单位、各项目部办理相关业务或接收任何文件、函件等需要相对方签字的资料时，应确认相对方签字人有相应的授权并在其授权范围、权限、时效内签署，要求相对方提供授权书或其他相应文件。

4. 合同的起草、评审

总承包单位办公室是总承包单位层面合同管理归口部门，总承包单位业务部门是总承包单位层面合同管理主管部门，各项目部合同由各项目后台公司直接管理。

总承包单位业务主管部门负责组织起草总承包单位权限范围内合同文件并组织合同招标、投标、洽商及签约活动，办理合同审核、审批手续。合同起草应采用企业已公布的标准合同示范文本，总承包单位所签合同法律评审率100%。

招标及合同文件评审部门应包括财务部门、法务部门、业务主管部门及与合同权利义务密切相关的部门（未设置相应部门的，为相应机构或岗位责任人）。

5. 合同用印

各类合同用印应当使用与授权相应层级的合同专用章并将授权书作为合同附件。总承包单位、项目部不设置合同专用章，应向上级法务部门申请用印。招投标文件及合同在用印前必须履行评审、审批程序。

总承包单位业务部门、各项目部应建立合同台账，填写《××权限范围内新签合同台账》，并按月向办公室备案报送。

20.6.7 风险分级管理

总承包单位统筹管理全线项目履约风险管理，各项目部及其后台公司系项目风险管理的直接责任主体，项目风险化解情况计入总承包单位对项目综合考核评价结果。

20.6.8 诉讼与非诉讼纠纷处理

1. 纠纷处理原则

总承包单位负责总承包单位层面的纠纷处理，各项目部纠纷由其后台公司处理。总承包单位负责监督、考核各项目部发生的涉及总承包单位、项目公司的诉讼案件。

2. 案件管理

各分包单位项目部须每月将本项目部纠纷处理台账报总承包单位综合办公室备案。涉及总承包单位、项目公司层面的纠纷，由案发项目后台公司负责处理，并作为诉讼主体承担责任；案件策划书须报总承包单位审批，相关法律文书须报总承包单位综合办公室备案；案发项目部及其后台公司案件处理情况计入总承包单位对项目综合考核评价结果。

3. 行政司法文书管理

行政司法文书为国家司法行政机关依法制作的处理各类诉讼案件和非诉讼案件的具有法律效力的文书的总称。较为常见的有《履行到期债务通知书》《协助执行通知书》《追款通知书》《行政处罚决定书》《传票》《举证通知书》、《应诉通知书》等。

4. 规范要求

（1）司法行政机关人员到总承包单位、项目部直接送达法律文书时，原则上不得签收，但项目人员要热情接待，并以"无授权"等理由积极做好解释工作。若经多次沟通仍无法拒绝，则要求送达人员邮寄送至公司，并及时通知相关法务人员。

（2）司法行政机关人员将涉及非本单位外的法律文书留置项目部，或直接邮寄到项目部的，项目接待、邮件签收及项目主要负责人员应当在事件发生后24h之内将情况报送至总承包单位综合办公室。

（3）未经授权及法务职能管理部门确认，项目部、各部门等不得向相关行政司法机关或其工作人员提供和确认任何经济数据、信息。沟通过程中应注意措辞和表达，谨防被录音或录像等。

5. 责任承担

因项目部原因导致总承包单位和项目公司涉诉或其他非诉纠纷的，由项目部后台公司承担包括但不限于诉讼费、差旅费、律师费等费用及全部损失。

20.6.9 法制宣传与合规管理

1. 普法宣传与法律咨询

总承包单位法务管理组应督促总承包单位依法履约，提供生产经营活动相关的法律咨询，并按总承包单位需求及上级单位的普法计划和要求，组织普法培训。

2. 重大决策事项法律评审

总承包单位法务管理组应参加总承包单位重要会议，并应对总承包单位重大决策进行合法性审查，对于不符合项提出法律建议。

第四篇 总承包管理思考

本篇是企业针对在总承包管理过程中遇到的重点和难点问题进行的一些思考和探讨，主要聚焦于组织机构、标段划分、生产管理和商务管理四个方面，旨在对项目后续管理工作提出改进措施和建议。

21 对组织机构设置的思考

"组织是目标能够实现的决定性因素"。对总承包管理而言，组织管理则是总承包管理目标能否实现的决定性因素，因此城市轨道交通总承包管理的首要任务就是根据建设工程的特点进行科学合理的组织管理，主要工作包含组织机构设置与管理职能划分，这对总承包管理机构运转效率的提升和管理目标的实现有着至关重要的作用。

城市轨道交通总承包管理组织机构设置应遵循以下原则：

（1）总承包管理组织机构应与上级单位（包含业主单位）的管理体系相适应，确保业务系统对接顺畅，便于上级单位对口管理。

（2）总承包管理组织机构应与合同要求及项目特征相适应，能够承担合同条款中规定的总承包管理职能，能够确保总承包管理目标的顺利实现。

（3）总承包管理组织机构应力求扁平化，避免管理层级过多、业务流程过长，应确保精简、高效、协调、统一，从而降低管理成本，提升管理效能。

另外总承包管理组织机构设置还应充分合理考虑权、责、利三者之间的关系，"没有权力的管理是空泛的，没有管理的权力是虚构的，权力与管理从来都是紧密相关的"。城市轨道交通总承包管理的对象是多个标段项目部，在项目实施过程中，全线要做到行动一致、令行禁止，必要时可赋予总承包管理组织机构足够的权利；建设指挥部能够完全履行项目公司的管理职能，这样建设指挥部就能够对标段项目部的管理产生一定的约束力，以便更好地履行总承包管理职能，使项目优质履约更加有保障，让业主更加满意，为市场开拓奠定更加坚实的基础。

对于多条线路总承包管理组织机构设置可采用项目公司＋线路建设指挥部两级管理机构，具体的机构设置可参考图21-1和图21-2。项目公司履行总体总承包管理及对外履约、

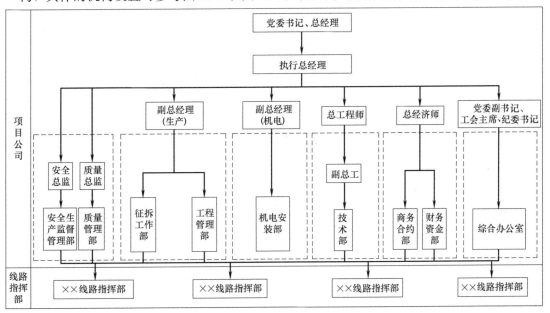

图 21-1 项目公司组织机构图

协调管理、对接职能；线路建设指挥部履行线路生产管理职能。

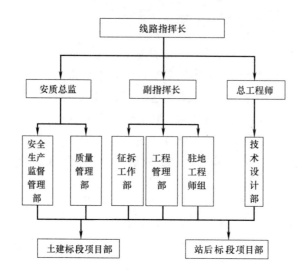

图 21-2　线路建设指挥部组织机构图

22 对生产资源管理的思考

建筑行业履约的核心是实体工程建造，而生产资源的组织是实体工程建造的重要保障，直接关系到能否实现高品质履约。目前国内各大施工企业大多采用工程分包的形式组织施工资源，大多具有重管理团队、轻资产运营的特性。尽管项目管理团队建设十分重要，但最直接创造价值的劳动力、机械设备大部分都由分包单位掌控，导致工程履约的水平高低受制于分包单位的综合水平。

在地铁施工领域往往出现以下几种情况：一是，原本通过商务合约明确，由分包单位承担的部分商务风险难以真正实现，例如：现场发生安全质量事故、民工工资纠纷、材料纠纷等问题，在目前严峻的维稳形势面前，往往最终仍由标段项目部承担相应损失，导致标段项目部成本剧增；二是，无法有效掌控生产资源调配，在需要分包单位劳动力和机械设备大量及时投入时，分包单位却因种种原因不能第一时间配备到位，导致现场大量工作面在施工最佳时机闲置，从而延误了黄金生产期。同时部分分包单位的不合规挂靠、违法转包等情况屡禁不止，履约能力更是无法保证；三是，部分分包单位诚信和合约意识差，进场后商务纠纷不断，动则以消极怠工或停工要挟，项目部无论是更换队伍或是调价，项目成本及工期均会面临巨大损失；四是，用工荒问题逐步凸显，一方面随着全国基础设施项目加速开发，劳动力市场需求井喷，另一方面建筑工人老龄化加剧，新增年轻建筑工人急剧减少，人口红利逐步消失，建筑市场劳动力供需严重失衡。

针对生产资源管理问题，建议可从以下几个方面进行加以改进：

（1）严把分包准入关。分包招标过程中要严格考察队伍资质、信誉及履约能力，将实力雄厚及资产优良的分包单位纳入核心分包，增强战略互信。合同条款力争量化和细化，界面划分清晰，在源头上控制分包队伍质量。

（2）优化关键设备配置。随着基础设施建设规模的扩大，盾构机等关键装备成为施工企业竞争力的重要体现，应根据市场战略布局，针对性地提高关键装备自有率，培育和提升关键装备管理及维保水平，保障设备稳定运行，充分发挥关键装备对工程建设的支撑作用。

（3）加快施工机械化、自动化、智能化探索。过去几年，我们见证了云计算、虚拟现实、物联网、BIM技术、预制施工等一系列前沿技术与传统产业相结合产生的巨变，建筑行业变革趋势也愈发清晰。我们必须加快地铁项目建设的关键施工技术的积累及提升，加速先进装备、先进技术的应用，逐步提高机械化水平，并探索信息化、智能化管理，提升劳动生产率，应对日益突出的劳动力成本增加和劳动力短缺，逐步摆脱人口红利趋于消失带来的发展瓶颈。

（4）培育自有专业技工团队，打通管理链条症结。自有技工团队作为项目管理层与分包作业人员之间纽带，能够有效弥补项目管理深度不足的缺陷，有助于关键施工环节的安全质量把控及技术积累。具体可分两步实施：一是通过社会招聘、劳务派遣等途径及时补充暗挖和盾构等专业技工；二是与高职技校签订战略协议，定向培养技工人才。

23　对施工标段划分的思考

地铁项目建设是一个复杂的系统工程,合理的标段划分能够有效促进项目管理,加快工程建设进度,并通过标段规模效应提升综合收益。在地铁线路标段划分过程中应尽量满足以下要求:

(1) 标段规模适中

根据项目合同工区划分和管理要求,力争达到土建标段划分工程量相近,每个标段资源投入相当;施工难度尽量均摊,原则上不跨监理标段划分。

(2) 划分责任明确

责任明确是划分标段的重要原则,责任在一个标段中能不能被明确地认定是划分标段正确与否的基本判定依据。

(3) 专业施工原则

根据合同文件中标段划分规定,同时结合专业特点,按照土建工程、轨道工程、机电安装及装修工程、系统工程、人防工程等划分标段。

(4) 施组优化原则

服从总体施工部署与工程安排,根据工程特点与现场实际情况,结合各后台公司施工水平、主营业务领域及技术优势,优化资源合理配置,促进均衡利用生产,确保工程安全质量和投资效益,合理划分标段数量。

(5) 确保工期原则

以业主工期目标为中心、以分项工程进度为重点、以单项工程工期确保标段节点工期、以标段节点工期确保里程碑工期实现,均衡分散工期压力,避免工期风险集中于同一个标段。

(6) 经济高效原则

根据工程项目的自身条件平衡经济与高效的关系,找到最佳的标段划分方案,实现效率与经济的统一。

结合上述的要求,建议单个土建标段车站数量宜为2~3座,区间数量宜为2~3个,合同额宜控制在5亿~8亿,每家后台公司承建标段数量不宜超过2个标段。

24　对商务统筹管理的思考

建设指挥部不是施工一线的项目部，建设指挥部商务管理关键不在于具体工作，而在于统筹。作为地铁全线工程，建设涉及建筑安装工程的各个专业，商务管理也牵涉到策划、招标、成本等各个业务领域。如何做好统筹管理，需要商务人员在实践中不断探索。例如，在概算下浮的价格模式下，承包价格可以根据不同标段的实际情况采用差别性下浮率；参建的所属单位项目部，其开源和节流两条"担子"可以交给建设指挥部和后台公司分别负责，从建设指挥部层面统筹考虑并划清责任，避免多重管理；为保证招标工作合法合规，同时规避招标风险，建设指挥部可以培养自己的招标师，加强招标能力；为应对多专业管理，商务部可以引进专业人员，将业务岗位在专业上进行细化；为保证建设指挥部的可持续发展，商务部可以设置专岗进行市场跟踪和开拓，更有力的配合工程局承接新项目。

参 考 文 献

[1] 林知炎. 建设工程总承包事务 [M]. 北京：中国建筑工业出版社，2004.
[2] 吴小刚，黄有亮. EPC与传统DBB模式下的设计管理比较研究 [J]. 建筑设计管理，2007（5）：36-38.
[3] 夏波. DB模式应用的问题与对策研究 [D]. 杭州：浙江大学，2006.
[4] 周红. EPC承包模式下可持续设计管理 [J]. 基建优化，2006（2）.
[5] 石林林，丰景春. DB模式与EPC模式的对比研究 [J]. 工程管理学报，2014（6）：81-85.
[6] 吴小刚，黄有亮. EPC与传统DBB模式下的设计管理比较研究 [J]. 建筑设计管理，2007（5）：36-38.
[7] 于百勇. CM模式在我国城市轨道交通项目管理中的应用 [J]. 公路交通科技，2004，21（1）：114-117.
[8] 吴迪，王守清. PPP模式在中国的研究发展与趋势 [J]. 工程管理学报，2014（6）：75-80.
[9] 何涛. 基于PPP模式的交通基础设施项目风险分担合理化研究 [D]. 天津：天津大学，2011.
[10] 卢汝生. 政府投资项目管理模式与总承包管理实践 [M]. 北京：中国建筑工业出版社，2009.
[11] 陈永辉. EPC工程总承包管理模式的运行探讨 [J]. 山西建筑，2010，36（27）：205-206.
[12] 陈惠哲，王昭宇. 明挖法地铁车站的施工部署与施工工艺 [J]. 中国高校科技，2006（s3）：348-349.
[13] 刘耀凯. 某软土场地地铁车站深基坑明挖法施工性状研究 [D]. 哈尔滨：哈尔滨工业大学，2013.
[14] 姚红方. 地铁隧道矿山法施工安全风险管理研究 [D]. 徐州：中国矿业大学，2016.
[15] 石祥锋，韩延飞，谭萧. 地铁隧道下穿建筑物矿山法施工风险控制 [J]. 土工基础，2011，25（4）：14-16.
[16] 蔡正. 地铁隧道盾构法施工安全风险管理研究 [D]. 徐州：中国矿业大学，2016.
[17] 张新金，刘维宁，路美丽，等. 北京地铁盾构法施工问题及解决方案 [J]. 土木工程学报，2008，41（10）：93-99.